傅正與戰後臺灣民主運動

超越黨籍、省籍與國籍

蘇瑞鏘◎著

薛　序

政治大學臺灣史研究所所長

薛化元

　　進入大學之後，透過林能士老師的介紹，開始閱讀《自由中國》。也就在這個時候，我才第一次知道傅正這號人物。而正式認識傅正先生則是在民進黨建黨以後，但也僅是點頭之交，見面打個招呼並沒有什麼機會深談。而傅正先生和我在學術上的正式結緣，則是在他病重以後。他請他的學生陳信傑通知我，說知道我在研究《自由中國》和臺灣的自由主義，所以要送一套《自由中國》的合訂本給我。我便和太太第一次到了傅正先生新店的家中，由陳信傑手中拿到《自由中國》雜誌合訂本。不久後，傅正先生就過世了。我私下想傅正先生在重病之時，送了一套《自由中國》雜誌給我，或許期待我能進行相關深入的研究也說不定。加上我個人對《自由中國》雜誌的內容和歷史定位，早就有濃厚的興趣，取得合訂本對研究更是便利許多。也就這樣《自由中國》成了我博士畢業以後，第一個十年研究的重心。包括升等，也是以《自由中國》的研究作為代表作。只是囿於時間和能力，對傅正先生的個人資料掌握相當有限，也不敢為他寫傳記。

　　就在我投入《自由中國》研究以後，我認識了現在成爲我指導學生的蘇瑞鏘。記得當時蘇瑞鏘研究中國民主黨組黨運動剛告一段落，在殷海光基金會的研討會上初次見面，便花了很多時間討論中國民主黨組黨與臺灣民主運動的相關問題。在這個研究主題下，當時他對傅正先生已經有相當的認識。此後，蘇瑞鏘不改其志，以他原來的碩士論文爲核心，繼續探討臺灣自由化、民主化的歷程及白色恐怖。我也陸續知道，在傅正日記可以開放閱讀之後，蘇瑞鏘投入不少時間，閱讀傅正先生的日記及相關檔案資料。我個人私下也希望他能在史學的基礎上，能深入研究此一主題。最近蘇瑞鏘告訴我，他寫的傅正傳記即將要脫稿，我感到非常的高興。相信這本傅正傳記的問世，可以讓臺灣，甚至有機會閱讀到這本書的人都可以進一步認識傅正先生的思想、主張以及他對臺灣自由民主的貢獻。特別是，蘇瑞鏘基本上是站在歷史學的立場進行這本傳記的寫作，本書的完成，將使臺灣史上有關自由民主重要人士的學術性傳記又增加一本，我個人更期待未來蘇瑞鏘及其他有志研究臺灣自由民主發展的學術同行，能有更豐碩的成果出版。

2007年10月24日
於政治大學臺灣史研究所

自 序

　　1990年代前期，筆者選擇了「中國民主黨組黨運動」作爲碩士論文的研究主題，在研究的過程中，逐漸認識傅正在戰後臺灣民主運動史上所扮演的角色。然當時對他的了解仍相當有限，只約略知道他曾是《自由中國》半月刊的作者與編者、後來參加「中國民主黨」的籌組、雷震案爆發時也被當局逮捕、而後又參與組織民主進步黨。直到2001年，中央研究院近代史研究所檔案館所保存的「雷震‧傅正檔案」比較完整地開放使用後，筆者在傅正友人陳宏正先生的鼓勵研究下，並透過傅正學生陳信傑先生的引介，第一次接觸到這批檔案，這才對傅正有比較深入的了解。

　　2003年，筆者即運用這批檔案寫成〈傅正與1950年代臺灣民主運動——以「《自由中國》半月刊」和「『中國民主黨』組黨運動」爲中心〉一文，並在該年國史館主辦的「20世紀臺灣民主發展」學術研討會中發表。2004年初，筆者接著完成一篇政大歷史系博士班的學期報告：〈戰後臺灣自由主義與民族主義的辯證——以「外省籍」自由主義者傅正的國家定位爲中心〉。2004年中，筆者接受國史館之邀，開始撰寫〈國史擬傳——傅正傳〉。陸續寫了這三篇合計將近九萬字有關傅正的論文，心中即興起來日進一步將傅正的一生寫成專書的念頭。而

就在2004年末，陳宏正先生鼓勵筆者在既有的研究基礎上繼續發展，以完成一部完整的傅正傳記。筆者接受了陳先生的建議，遂開始籌劃本書的撰寫工作。

接著，經過深入的研究，筆者不但更深刻地了解傅正對戰後臺灣民主運動所做的貢獻，還發現他在參與民主運動的過程中，不斷超越既定人生格局的努力，包括黨籍、省籍與國籍的超越。傅正來臺之初，不但是國民黨黨員，而且還是軍中「訓練政工的政工」。之後由於不滿國民黨當局反民主的行徑，遂脫離國民黨集團，這是「黨籍」的超越。而在主編《自由中國》和參與兩次組黨的過程中，本身為「外省」籍的傅正，不斷突破「省籍」的藩籬，一再與「本省」籍民主人士攜手合作，這是「省籍」的超越。1972年，面對臺灣的國際空間被中國排擠的危局，他曾幫助雷震完成〈救亡圖存獻議〉，其中建議國民黨高層「從速宣布成立『中華臺灣民主國』」。而民進黨成立後通過「住民自決」的決議，其中已蘊含臺灣住民放棄中華民國國籍而選擇臺灣獨立的可能性，基於民主優位的原則，傅正亦表支持，這是「國籍」的超越。2006年5月，筆者應邀在東吳大學政治學系主辦的「自由、民主與認同——傅正老師逝世15週年」研討會上發表論文；該年7月，筆者又獲邀在錢穆故居主辦的「文化講座人文對談（系列一）：自由的鬥士——雷震與傅正」討論會中擔任與談人，即開始以「超越黨籍、省籍與國籍」來定位傅正參與戰後臺灣民主運動的歷史意義，這也是本書書名的由來。

前後歷經三年、特別是最近一年，筆者暫時擱下博士論文的研究工作，全力撰寫這本傅正傳，如今終於完成。在這過

程中，曾得到許多人士與單位的幫忙，在此必需致謝：

首先，要感謝本書的催生者陳宏正先生，他不但鼓勵筆者研究傅正，還幫忙連繫出版社，甚至贊助筆者撰寫本書的經費，這是本書最重要的緣起。

其次，也要感謝對傅正及其所屬的雷震《自由中國》集團有深入研究的薛化元老師、黃卓權先生、陳信傑先生以及任育德學姊撥冗閱讀本書初稿，並提供許多寶貴意見。

其中，特別要感謝薛化元老師。這些年來，筆者在進行傅正與《自由中國》集團相關人物與事件的研究過程中，薛老師眾多權威的著作為我指引了明確的方向。特別是就讀政大歷史系博士班之後，有幸常親炙薛老師，更是直接受到深刻地啟發。至於筆者能在史學的基礎上深入研究傅正，也是得到薛老師不斷地鼓勵與指導。而在拙著初稿完成後，薛老師除給予筆者許多重要的修改意見，還撥冗為本書寫序。作為薛老師的學生，能得到老師的贈序，尤其感到無比榮幸。

再者，還要感謝以下諸位先生、女士接受筆者的訪談，依序包括陳信傑、楊順德、梁學渡、陳瑞崇、林朝億、黃怡、張世忠、黃爾璇、黃卓權、宋文明、傅山河、陳宏正、姚嘉文、周清玉等人。也要感謝以下諸位女士、先生及單位提供相關資料，包括陳菊、程積寬、陳信傑、黃爾璇、黃卓權、宋文明、傅山河、周清玉、朱建益、東吳大學政治系（張薰琳）等等。而中央研究院近代史研究所檔案館、國史館、桂冠圖書公司、中央通訊社、財團法人紀念殷海光先生學術基金會（顧忠華）、程積寬、黃卓權、宋文明、傅山河、朱建益等單位及個人，授權本書刊登他們所提供的部分資料，在此亦要表示感

謝。

　　另外，也要感謝前衛出版社社長林文欽先生的不棄與主編周俊男先生的費心，本書才得以出現在讀者面前。特別是，本書雖非源自筆者的學位論文，但作為一位史學研究者，筆者捨棄坊間常見的「報導文學型傳記」與「口述歷史型傳記」的寫法，而採用較為嚴謹的學術規格撰成這本「學術型傳記」，卻也因而增加大量的註釋與徵引文獻目錄等學術「累贅」，從而提高本書的出版成本。所幸，既重本土關懷、亦重學術品質的前衛出版社，對此能充分理解與包容，在此也要致上謝意。

　　此外，筆者在思考臺灣的民主、族群與國家認同等問題時，常向陳君愷學長請益，亦要致謝。還有許多師長親友也為拙著付出了關懷，在此雖未能一一致上謝忱，但希望大家都能感受到我內心誠摯的感激。

　　最後，謹以本書紀念傅正先生八十歲的冥誕，也要將本書獻給和傅正一樣努力追求自由民主、並能超越既定生命格局的人們。

　　　　　　　　　　蘇瑞鏘　序於台中
　　　　　　　　　　2007年9月4日，
　　　　　　　　　　傅正先生為臺灣民主受難四十七週年紀念日

目次

親身經歷了國共兩黨用槍桿子搶政權
的血淋淋教訓後，更堅定了我對民主
的信念。……所以，四十年來，我在
台灣所追求的，甚至不惜以自由為代
價乃至生命為代價所追求的，第一是
民主，第二是民主，第三還是民主。
除了民主，只有民主。

——傅正，1989

|第一章|
緒　論[1]

　　西元2000年，臺灣出現史上首見的中央政權和平轉移，
成立才14年的民主進步黨取代了長期執政的中國國民黨而成為
執政黨，這是臺灣民主發展史上重要的里程碑。由此回顧近
二十年來臺灣民主政治發展之速，當年若干民主人士能勇於突
破黨禁而成功組成戰後第一個反對黨（民主進步黨），乃是關鍵
因素之一。

　　不可否認，從歷史來觀察，反對黨的籌組乃是臺灣戰後
民主政治發展的主軸之一。然要了解戰後臺灣反對黨的籌組，
1960年的「中國民主黨」組黨運動乃是必需探討的重點，因為
它是戰後臺灣首波大規模的組黨運動，而且對日後民主進步黨
的籌組有著一定的傳承關係。而要探究從中國民主黨到民主進
步黨兩次組黨運動的傳承關係，傅正（1927-1991）是不可忽視的

---

[1] 本章部分內容乃以下列拙著中的一部分作為基礎，進一步發展而成，除非必
要，以下不再贅述。詳參：蘇瑞鏘，〈傅正與1950年代臺灣民主運動──以
「《自由中國》半月刊」和「『中國民主黨』組黨運動」為中心〉，收入：胡健國
（主編），《20世紀臺灣民主發展：第7屆中華民國史專題論文集》（臺北：國
史館，2004），頁267-268。

關鍵人物[2]。

在1950年代，傅正是雷震主辦的《自由中國》半月刊晚期的編者，而1960年5月當組黨（中國民主黨）運動正式展開之際，他與雷震是《自由中國》社的核心成員中少數積極參與組黨的人士。同年9月爆發雷震案，又與雷震同時被統治當局逮捕。26年後，再度出面籌組反對黨，終於跟其他愛好民主的人士成功組成民主進步黨，成爲戰後臺灣史上極少數在戒嚴時期參與兩次組黨的民主人士。從1950年代的《自由中國》到1960年的中國民主黨；再從中國民主黨到1980年代的民主進步黨，他在這幾件臺灣戰後史上極爲重要的民主「盛事」中能躬逢其盛，更是絕無僅有者。

除此之外，綜觀傅正參與戰後臺灣民主運動的過程，可以看到他不斷超越既有生命格局的努力。來臺之初的傅正，不但是國民黨黨員，而且還是軍中「訓練政工的政工」。之後由於不滿國民黨當局違反民主的行徑，逐脫離國民黨集團，這是「黨籍」（中國國民黨籍）的超越。而在主編《自由中國》、參與籌組中國民主黨與民主進步黨的過程中，本身爲「外省」籍的傅正，不斷突破「省籍」的藩籬，一再與「本省」籍民主人士攜手合作，這是「省籍」的超越。1972年，面對臺灣外部的國際空間逐漸被中國排擠的危局，傅正曾幫助雷震完成〈救亡圖存

---

[2] 筆者就讀於國立臺灣師範大學歷史研究所期間（1992-1995），選擇了〈「中國民主黨」組黨運動之研究〉作爲碩士論文的研究主題。在研究的過程中，逐漸了解胡適、雷震、殷海光乃至李萬居、吳三連、郭雨新、郭國基、許世賢、李源棧等民主人士在當時的作爲。而傅正（1927-1991）所扮演的角色，也逐漸爲筆者所認識。

獻議〉並提供給國民黨高層，其中建議「從速宣布成立『中華臺
灣民主國』」。而民進黨成立後通過「住民自決」的決議，其中
已蘊含臺灣住民放棄中華民國國籍而選擇臺灣獨立的可能性，
基於民主優位原則，傅正亦表支持，這些都是「國籍」(中華民
國籍)的超越[3]。

　　然而，對於傅正這樣一位具有高度生命價值的民主鬥
士，長期以來相關的研究卻是出人意料的少[4]。早年完全以傅
正為主題的學術論著幾近於零，就算是以傅正為研究主題之
一的學術著作，也是鳳毛麟角(例如：1996年田欣的〈「外省人」
自由主義者對「臺灣前途」的態度——以雷震、殷海光及傅正為例〉[5]；
2000年陳信傑的〈民主進步黨的創黨過程：外省菁英份子所扮演的角

---

[3] 蘇瑞鏘，〈超越黨籍、省籍與國籍——傅正參與戰後臺灣民主運動的三個超
　越〉，收入：東吳大學政治學系(編輯)，《自由、民主與認同——傅正老師逝
　世15週年》(臺北：東吳大學政治學系，2006)，頁13-18。

[4] 傅正為推進臺灣戰後民主政治的發展，所扮演的角色及所做的犧牲奉獻，實
　有不可忽視的重要性，然向來卻甚少受到史家的青睞。不過，誠如他自己所
　說：「有生命價值的，不一定有市場價值……在這個社會，越是具有市場價
　值的卻越沒有生命價值。」(傅中梅，〈幾句臨別贈言——寫給世新畢業班全
　體同學〉，《青年人》，6〔臺北：世界新聞專科學校，1971.06〕，頁7-9。
　按：本文為黃卓權所提供)；又說：「一個具有生命價值的人，不一定就有
　政治市場價值。……像黃先生(按：指黃興)這樣一個高貴的生命，沒有政
　治市場價值，實在是一件不值得驚奇的事。」(傅正，〈黃克強先生紀念會引
　起的感觸〉，《中華雜誌》，11：12〔臺北，1973.12〕，頁27。)有這樣的理
　解之後，吾人便可發現：有著高度生命價值的傅正，向來也少有「政治市場
　價值」與「歷史市場價值」，這未嘗不也是一件「不值得驚奇的事」。

[5] 田欣，〈「外省人」自由主義者對「臺灣前途」的態度——以雷震、殷海光及傅
　正為例〉，收入：張炎憲等(編)，《臺灣近百年史論文集》(臺北：吳三連臺
　灣史料基金會，1996)，頁331-351。

色〉[6]）。通常只能在《自由中國》半月刊、中國民主黨、民主進步黨，以及雷震等個別人物的研究中，比較可能找到一些相關的內容（例如：1993年馬之驌的《雷震與蔣介石》[7]；1995年蘇瑞鏘的〈「中國民主黨」組黨運動之研究〉[8]；1996年薛化元的《《自由中國》與民主憲政——1950年代臺灣思想史的一個考察》[9]；1999年任育德的《雷震與臺灣民主憲政的發展》[10]）。再其次，只能從一般性的介紹[11]、或者是紀念性的文章中[12]，來略加了解。

　　造成這種現象的原因甚多，傅正的「知名度」不及胡適、雷震、殷海光等人，或許是原因之一。然不可否認，史料不足也是重要的因素。在2001年之前，關於傅正已公開的第一手史

---

[6] 陳信傑，〈民主進步黨的創黨過程：外省菁英份子所扮演的角色〉（臺北：中國文化大學政治學研究所碩士論文，2000），頁109-126。

[7] 馬之驌，《雷震與蔣介石》，臺北：自立晚報社，1993。

[8] 蘇瑞鏘，〈「中國民主黨」組黨運動之研究〉，臺北：國立臺灣師範大學歷史研究所碩士論文，1995。

[9] 薛化元，《《自由中國》與民主憲政——1950年代臺灣思想史的一個考察》，臺北：稻鄉出版社，1996。

[10] 任育德，《雷震與臺灣民主憲政的發展》，臺北：國立政治大學歷史學系，1999。

[11] 例如：不著撰者，〈傅正先生事略〉，收入：國史館（編印），《國史館現藏民國人物傳記史料彙編（第7輯）》（臺北：國史館，1992），頁373-377；陳正茂，〈民國人物小傳——傅正〉，《傳記文學》，81：5（臺北，2002.11），頁144-146；鍾年晃，《失落的民進黨》（臺北：商智文化，2001），頁29-39（按：第2章為「外省籍諫師——傅正」）。

[12] 例如：宋英（等），《傅正先生紀念集》，臺北：桂冠圖書公司，1991；民主進步黨（編），《傅正先生悼念文集》，臺北：民主進步黨中央黨部，1991；財團法人紀念殷海光先生學術基金會（編），《其人雖已沒，千載有餘情：紀念雷震先生百歲冥誕暨傅正先生逝世五週年》，臺北：財團法人紀念殷海光先生學術基金會，1996。

料，主要是他在1950年代發表於《自由中國》半月刊的著作、民進黨成立前後所寫的一些文宣，以及他在其它刊物上發表的零散文章[13]。另外，就是他在1989-1990年間主編《雷震全集》（桂冠圖書公司出版）時，有時會將一些個人的回憶與看法寫在《雷震全集》的註釋裡。然而，這些史料還是相當有限。

直到2001年5月，中央研究院近代史研究所檔案館所保存的「雷震‧傅正檔案」比較完整地開放使用以後，關於傅正個人的第一手資料才算大量公開[14]。在這前後，最初似乎只有前述陳信傑的碩士論文〈民主進步黨的創黨過程：外省菁英份子所扮演的角色〉使用過這批傅正的檔案資料，然傅正也只是他的論文要處理的對象之一。

2003年筆者大量使用近史所這批傅正的解密檔案[15]，寫成〈傅正與1950年代臺灣民主運動──以「《自由中國》半月刊」和「『中國民主黨』組黨運動」為中心〉一文[16]，並在該年9月由國

---

[13] 傅正於1989年出版3冊《傅正文選》，當中即收錄不少這類文章。詳參：傅正，《傅正文選（1）：對一黨專政開火》，臺北：傅正自印，1989；傅正，《傅正文選（2）：向蔣家父子挑戰》，臺北：傅正自印，1989；傅正，《傅正文選（3）：為中國民主黨‧民主進步黨戰鬥》，臺北：傅正自印，1989。

[14] 詳參：中央研究院近代史研究所檔案館（藏），「雷震‧傅正檔案」，臺北：中央研究院近代史研究所檔案館。

[15] 在陳宏正（傅正友人）的鼓勵研究下，2001年筆者透過陳信傑（傅正學生）的引介，第一次接觸到這批檔案。

[16] 蘇瑞鏘，〈傅正與1950年代臺灣民主運動──以「《自由中國》半月刊」和「『中國民主黨』組黨運動」為中心〉，國史館（主辦），「中華民國史專題第7屆討論會：20世紀臺灣民主發展」會議論文，2003年9月24-26日。收入：胡健國（主編），《20世紀臺灣民主發展：第7屆中華民國史專題論文集》（臺北：國史館，2004），頁263-317。

史館所舉辦的學術研討會中宣讀。該文應是第一篇完全以傅正爲主題、並大量徵引近史所傅正檔案的學術著作。2004年2月，筆者撰成一篇博士班（政大歷史系）的學期報告：〈戰後臺灣自由主義與民族主義的辯證──以「外省籍」自由主義者傅正的國家定位爲中心〉[17]。之後，筆者又應國史館之邀，完成一篇約兩萬字完整的〈傅正傳〉，而於2005年12月出版[18]。2006年5月10日，東吳大學政治學系主辦了一場紀念傅正的討論會，筆者獲邀參加，並在會中宣讀〈超越黨籍、省籍與國籍──傅正參與戰後臺灣民主運動的三個超越〉一文[19]。2006年7月，筆者應錢穆故居之邀，參加其主辦的「自由的鬥士──雷震與傅正」文化講座人文對談，而整理了一篇與談稿[20]。以上這些著作，都是筆者近年來以傅正爲主題的相關研究成果。

另外，筆者近年來也發表、出版若干與傅正間接相關的

---

[17] 蘇瑞鏘，〈戰後臺灣自由主義與民族主義的辯證──以「外省籍」自由主義者傅正的國家定位爲中心〉，未刊稿。

[18] 蘇瑞鏘，〈傅正傳〉，《國史館館刊》，復刊39（臺北，2005.12），頁257-286。本文經修改補充，另成〈傅正傳──以參與戰後臺灣民主運動爲中心〉一文，將刊於《中華民國史稿：國史擬傳》第12輯，臺北：國史館。

[19] 蘇瑞鏘，〈超越黨籍、省籍與國籍──傅正參與戰後臺灣民主運動的三個超越〉，東吳大學政治學系（主辦），「自由、民主與認同──傅正老師逝世15週年」會議論文，2006年5月10日。收入：東吳大學政治學系（編輯），《自由、民主與認同──傅正老師逝世15週年》（臺北：東吳大學政治學系，2006），頁13-18。同時，筆者也將〈超越黨籍、省籍與國籍──傅正參與戰後臺灣民主運動的三個超越〉一文精簡後投書到報刊：蘇瑞鏘，〈傅正的選擇〉，《自由時報》，2006年5月11日。

[20] 蘇瑞鏘，〈自由的鬥士──雷震與傅正〉，錢穆故居（主辦），「文化講座人文對談（系列一）：自由的鬥士──雷震與傅正」與談稿（2006年7月1日），未刊稿。

著作，包括：2005年4月，拙著《戰後臺灣組黨運動的濫觴——「中國民主黨」組黨運動》一書出版[21]。2005年10月，筆者獲邀發表〈臺灣戒嚴時期政治案件中「非軍人交付軍事審判」之爭議——以雷震案為例〉一文[22]。2005年11月，又獲邀宣讀〈戒嚴時期政治案件的法律處置對人權的侵害——以1960年的雷震案為中心〉一文[23]。在這前後，筆者也發表若干相關雜文[24]。以上這些著作，都成為今天筆者撰寫本書最主要的基礎[25]。

　　此外，2006年9月任育德在《當代》雜誌上發表〈身為當代史作者的傅正〉一文[26]，該文從「當代史作者」的角度理解傅正，對筆者進一步認識傅正有極大的助益，這也是筆者撰寫本書重要的參考文獻。

---

[21] 蘇瑞鏘，《戰後臺灣組黨運動的濫觴——「中國民主黨」組黨運動》，臺北：稻鄉出版社，2005。本書主要改寫自筆者1995年國立臺灣師範大學歷史研究所的碩士論文：〈「中國民主黨」組黨運動之研究〉。

[22] 蘇瑞鏘，〈臺灣戒嚴時期政治案件中「非軍人交付軍事審判」之爭議——以雷震案為例〉，國立政治大學歷史學系、國立政治大學臺灣史研究所、國立政治大學文學院中國近代史研究中心、日本東京大學大學院總合文化研究科、國立國父紀念館（主辦），「第2屆近代中國思想與制度學術討論會」學術研討會會議論文，2005年10月22日。

[23] 蘇瑞鏘，〈戒嚴時期政治案件的法律處置對人權的侵害——以1960年的雷震案為中心〉，國史館（主辦），「中華民國史專題第8屆討論會：臺灣1950-1960年代的歷史省思」會議論文，2005年11月25日。按：會議論文集即將出版。另外，本文已通過學術審查，將刊於《國史館學術集刊》。

[24] 例如：蘇瑞鏘，〈1950年代臺灣民主發展史〉，《歷史教學新視界》，1（臺南：南一書局，2005.11），頁2-28。

[25] 本書的撰寫，主要以上述拙著為基礎，進一步發展而成。

[26] 任育德，〈身為當代史作者的傅正〉，《當代》，229（臺北，2006.09），頁62-89。

　　至於筆者撰寫本書的態度與方法，在此有必要說明。就態度
而言，本書雖非源自筆者的學位論文，但作爲一位史學研究者，
筆者仍選擇採取嚴謹的學術（特別是歷史學）研究規格，而非坊間
撰寫人物傳記常見的「報導文學式」或「口述歷史式」的寫法。

　　就方法而言，主要採取傳統史學研究的文獻分析法。依
此，本書大量收集並考證傅正所留下來的第一手史料，包括
已出版的著作與未出版的檔案資料。另外，本書也採用了訪
談法，先後正式訪問了陳信傑[27]、楊順德[28]、梁學渡[29]、陳瑞
崇[30]、林朝億[31]、黃怡[32]、張世忠[33]、黃爾璇[34]、黃卓權[35]、宋文

[27] 蘇瑞鏘（訪問、紀錄），〈陳信傑訪問紀錄〉（2006.04.24，於臺北市衡陽路居
仁餐廳）。陳信傑爲傅正任教東吳大學政治系的學生，兩人也曾同時任職於
民進黨。

[28] 蘇瑞鏘（訪問、紀錄），〈楊順德先生訪問紀錄〉（2006.05.01，於臺北縣汐止
楊宅）。楊順德爲傅正任教世界新聞專科學校（今世新大學）的學生。

[29] 蘇瑞鏘（訪問、紀錄），〈梁學渡先生訪問紀錄〉（2006.05.08，於臺北市集智
館）。梁學渡爲傅正任教東吳大學政治系的學生。

[30] 蘇瑞鏘（訪問、紀錄），〈陳瑞崇先生訪問紀錄〉（2006.05.10，於東吳大學外
STARBUCKS）。陳瑞崇爲傅正任教東吳大學政治系的學生。

[31] 蘇瑞鏘（訪問、紀錄），〈林朝億先生訪問紀錄〉（2006.05.15，於臺北林
宅）。林朝億爲傅正任教東吳大學政治系的學生。

[32] 蘇瑞鏘（訪問、紀錄），〈黃怡女士訪問紀錄〉（2006.05.21，於臺北市Lamour
烘培坊）。黃怡爲傅正任教世界新聞專科學校的學生。

[33] 蘇瑞鏘（訪問、紀錄），〈張世忠先生訪問紀錄〉（2006.06.05，於海基會經貿
處）。張世忠爲傅正任教東吳大學政治系的學生。

[34] 蘇瑞鏘（訪問、紀錄），〈黃爾璇先生訪問紀錄〉（2006.08.22，於臺北中和黃
宅）。黃爾璇爲傅正任教東吳大學政治系的同事，兩人亦同爲1986年10人秘
密創黨（民進黨）小組的成員，1986-1988年間兩人又同時任職於民進黨中央
黨部（黃爾璇爲秘書長，傅正爲政策研究中心主任）。

[35] 蘇瑞鏘（訪問、紀錄），〈黃卓權先生訪問紀錄〉（2006.08.24，於新竹關西黃

明[36]、傅山河[37]、陳宏正[38]、姚嘉文[39]、周清玉[40]等幾位傅正的門生故舊。一方面彌補已出土資料的有限，另一方面亦可與已出土資料相互參證。此外，「思想史」（intellectual history）研究法將有助於本書探討傅正思想與時代環境兩者間的互動關係[41]。特別是歷史人物展現自由意志以突破時代環境限制的一面，更是本書特別著力之處，本書第2章討論傅正早年與蔣經國／國民黨當局由親而疏、乃至決裂的歷史演變即為一例。

宅）。黃卓權為傅正任教世界新聞專科學校的學生。

[36] 蘇瑞鏘（訪問、紀錄），〈宋文明先生訪問紀錄（2）〉（2007.06.05，於臺北市YMCA一樓餐廳）。1958-1960間，宋文明與傅正同為《自由中國》半月刊的編輯委員。

[37] 蘇瑞鏘（訪問、紀錄），〈傅山河先生訪問紀錄（1）〉（2007.06.19，電話訪問）；蘇瑞鏘（訪問、紀錄），〈傅山河先生訪問紀錄（2）〉（2007.07.24，電話訪問）。傅山河為傅正胞弟。

[38] 蘇瑞鏘（訪問、紀錄），〈陳宏正先生訪問紀錄〉（2007.07.04，通信訪問）。陳宏正為傅正友人，1980年代末期曾促成傅正主編《雷震全集》並協助出版，也鼓勵傅正參選立法委員。

[39] 蘇瑞鏘（訪問、紀錄），〈姚嘉文先生訪問紀錄〉（2007.07.08，於彰化市南北管音樂戲曲館）。姚嘉文擔任民進黨第2任黨主席時，傅正在該黨中央黨部擔任政策研究中心主任。

[40] 蘇瑞鏘（訪問、紀錄），〈周清玉女士訪問紀錄〉（2007.07.14，於彰化市寓所）。周清玉與傅正同為1986年10人秘密創黨（民進黨）小組的成員。

[41] 晚近學人對思想史方法論之探討大致可區分為二大陣營：其一，側重觀念本身之分析，多採「內在研究法」，企圖釐清「單位觀念」（unit-idea）或「觀念叢」（Ideas-complex）之演變，此一趨勢可以羅孚若（Arthur O. Lovejoy）所倡之「觀念史」（History of ideas）研究為其代表；其二，側重思想與環境兩者間之交互關係，多採「外在研究法」，此一立場殆即所謂「思想史」（Intellectual History）研究，布林頓（Crane Brinton）可為一重要代表人物。黃俊傑，〈思想史方法論的兩個側面〉，收入：杜維運、黃俊傑（編），《史學方法論文選集》（臺北：華世出版社，1987），頁469-515。

　　本書將分成10章：除第1章「緒論」外，第2章「早年生涯及其政治路線的轉變」，將探討傅正來臺之初如何從「蔣經國」之路轉折到「雷震」之路，並了解他這一生政治路線重大轉折的心路歷程。特別要將其轉折的脈絡，放在1950年代前期統治當局「威權主義」與「黨國體制」逐漸鞏固的過程中來加以思考。

　　第3章「《自由中國》半月刊的作者與編者」，將探討傅正從《自由中國》的作者進而成為編者的過程中，如何宣揚民主理念。就一位作者而言，「批判救國團」、「反對蔣介石三連任總統」、「連結反對黨與地方選舉」，以及「批判國民黨黨產」的相關文章特別重要。就一位編者而言，《自由中國》從此時開始到停刊為止將近兩年半的時間裡，實際主編政論性文章的傅正，乃是該刊除雷震以外另一位靈魂人物。至於他在編務上的貢獻，則是本章要討論的另一個重點。

　　第4章「參與籌組『中國民主黨』」，將探討傅正參與該組黨運動所扮演的角色。此一部份將透過組黨運動的兩種脈絡（「地方選舉脈絡」與「思想啟發脈絡」）、兩種取向（「胡適取向」與「非胡適取向」）、兩種態度（「只鼓吹但不參與」與「既鼓吹也參與」），以及兩種角色（「檯面上的角色」與「檯面下的角色」）的對比來加以探討。

　　第5章「雷震案」，將探討戰後臺灣在修正「刑法100條」（1992年）之前，發生過許多「白色恐怖」的政治案件，1960年的雷震案即是其中著名的案例，傅正也在該案中被捕。當局以他發表過兩篇反對蔣介石尋求總統三連任的文章，將他交付感化3年。而當他被感化屆滿時卻又再度被交付感化，前後失去自由達6年又3個多月。本章將分別依「白色恐怖」、「雷震

案」，以及「傅正被兩度感化」等不同層次來詳加探討。

第6章「從出獄到再組黨」，將探討1966年出獄後、一直到1986年參與籌組民主進步黨之間，傅正在世界新聞專科學校與東吳大學政治系作育英才，如何展現其身教、言教的示範，並薰陶、啓發學生的歷史意識。另外，此一階段他仍相當關心國家的發展，本章將分析傅正在1970年代初期如何幫助雷震討論出〈救亡圖存獻議〉。再者，1979年因雷震的過世與美麗島事件的爆發，使他逐漸「復出」民主陣營，終於在1986年秘密完成民主進步黨的建黨，其復出的軌跡也是本章要討論的重點。

第7章「參與籌組民主進步黨」，將探討黨外時期組黨運動的再出發及其挫折、民主進步黨的密集籌組，以及民主進步黨從宣布組黨到召開第1屆全國黨員代表大會之間的歷史發展。特別要討論傅正在民主進步黨成立過程中的貢獻，以及他在戰後臺灣組黨運動史上的地位。

第8章「最後五年」，將探討傅正最後將近5年（1986-1991）的生命中，幾件比較重要的作爲，包括：擔任民進黨黨職、鼓吹開放「外省」人返鄉探親、首次返鄉、參與平反雷震案、主編《雷震全集》，以及競選立法委員等等。此外也要討論傅正從生病到過世期間的重要遺願，以及近年來紀念他的相關活動。

第9章「超越及其動力」，將探討傅正參與戰後臺灣民主運動的過程中，不斷超越既有生命格局的努力。將分別探討其「黨籍」的超越、「省籍」的超越，以及「國籍」的超越。此外也將分析其超越的動力，特別要深入討論其民主信念與道家情懷。

第10章「結論」，將總結本書的討論。

第二章

早年生涯及其
政治路線的轉變[1]

　　1927年傅正生於中國江蘇省，1950年來臺。原爲國民黨
黨員，起初擔任政工幹部，走的是「蔣經國之路」。然1953、
54年間卻脫離「蔣經國之路」，逐漸轉向「雷震之路」。本章除
介紹傅正來臺之前的早年生涯，也將探討傅正來臺初期如何
「從蔣經國到雷震之路」的轉折過程[2]，而且也要從國民黨當局
黨國威權體制鞏固的角度，探討傅正政治路線轉折的歷史意

---

[1] 本章部分內容乃以下列拙著中的一部分作爲基礎，進一步發展而成，除非必
要，以下不再贅述。詳參：蘇瑞鏘，〈傅正與1950年代臺灣民主運動——以
「《自由中國》半月刊」和「『中國民主黨』組黨運動」爲中心〉，收入：胡健
國（主編），《20世紀臺灣民主發展：第7屆中華民國史專題論文集》（臺北：
國史館，2004），頁270-281；蘇瑞鏘，〈傅正傳〉，《國史館館刊》，復刊39
（臺北，2005.12），頁257-262。

[2] 此處取自傅正同名的文章，〈從蔣經國到雷震之路！——叫我如何不想他〉，
收入：傅正（主編），《雷震全集（2）——雷震與我（2）》（臺北：桂冠圖書公
司，1989），頁349-367。傅正在文中自述來臺初期如何從「蔣經國之路」轉
折到「雷震之路」的心路歷程，極具史料價值。必須說明的是，本章常用「蔣
經國之路」與「雷震之路」二詞，這不僅分別指蔣、雷二人，也在指他二人背
後的政治集團、乃至於政治路線。

義。

第一節：早年生涯

傅正，本名傅中梅[3]，1927年1月14日（陰曆丙寅年12月11日）出生於中國江蘇省高淳縣[4]，父傅廷鴻、母王挑弟、姊傅秋美、弟傅山河（原名珊和）[5]，妻邢藍因（蘭英）、女傅順[6]。

---

[3] 「傅正」原是「傅中梅」的別號，日後因爲人們較熟悉他的別號，爲配合參選立法委員，而於1989年8月4日改名爲傅正。傅正戶口名簿、傅正，〈台北縣立法委員候選人傅正……〉（按：此爲傅正競選立法委員自述生平草稿，原檔案沒有標題，此處以其首句當作標題），皆收入：中央研究院近代史研究所檔案館（藏），「雷震・傅正檔案」，臺北：中央研究院近代史研究所檔案館。

[4] 傅正身分證上的生日是1927年12月11日（傅正身分證，收入：中央研究院近代史研究所檔案館〔藏〕，「雷震・傅正檔案」），然其墓碑上的生日卻是1927年1月14日。經筆者查證，陽曆1927年1月14日換算成陰曆正好是12月11日，因此推斷傅正的陽曆與陰曆生日很可能分別是1月14日與12月11日。日前經筆者詢問傅正胞弟傅山河，確認其生日是陰曆丙寅年12月11日（陽曆即是1927年1月14日）。傅山河，致蘇瑞鏘函（2007.07.10）。

[5] 臺灣警備總司令部（編），〈傅正匪嫌案偵查報告表〉，收入：陳世宏、張世瑛、許瑞浩、薛月順（編），《雷震案史料彙編：國防部檔案選輯》（臺北：國史館，2002），頁166；黃卓權（編），〈傅正先生大事年表〉（黃卓權提供，未刊稿）。必須指出，據臺灣警備總司令部所編的〈傅正匪嫌案偵查報告表〉中，其母名作「王蓮英」。然據傅山河指出，「王蓮英」乃其姨母之名，其母正確姓名應爲王挑弟。傅山河，致蘇瑞鏘函。

[6] 傅正妻的名字有作「藍因」（傅正：「另外還有藍因送給我的唯一紀念物。」詳參：傅正，「傅正日記」〔1950.01.08〕，收入：中央研究院近代史研究所檔案館〔藏〕，「雷震・傅正檔案」），亦有作「蘭英」（蘇瑞鏘〔訪問、紀錄〕，〈傅山河先生訪問紀錄(1)〉〔2007.06.19，電話訪問〕；傅山河，致蘇瑞鏘函）。結婚時間有作「1946年」（傅正：「是三十五年的九月十日，……父親很意外地而且很堅決地提出要我立刻結婚的要求。……就從這一個深晚起，

　　幼時家境還算不錯，本來以為可以過得很幸福[7]。但不幸的是，他出生在悲劇的時代；更不幸的是，他又出生在悲劇的中國[8]。

　　1937年的冬天，傅正就讀小學4年級時，中日（8年）戰爭的戰火燃燒到他江南的故鄉。他曾經回憶某一個深夜隨著父母乘一艘小船開始逃難的那一幕：「雞飛、狗叫、牛哭，完全是人間末日景象。」而在他距離日軍佔領區只有五十華里處就讀初中時，每逢日軍掃蕩，就要挑著行李逃難。他既痛恨日軍如此殘暴，又痛恨自己的國家如此衰弱。於是在1944年冬天，高中還沒畢業就自動參加了青年軍（擔任208師的二等兵）[9]（圖2-1）。

　　1945年8月戰爭結束，原本駐紮在江西的208師奉命要來「接收」臺灣，10月中傅正即隨部隊踏上「接收」臺灣的道路。

我就和另一個我所不認識的女孩子所謂『結婚』了！」詳參：傅正，「傅正日記」〔1950.06.22〕），亦有作「1948年」（傅山河，致蘇瑞鏘函）。另外，傅正胞弟傅山河表示：傅正1948年下半年結婚，1949年4月27日（陰曆3月30日）其妻生了一對雙胞胎女兒，後來有一位夭折。當時傅正已回武漢大學唸書（按：1949年5月10日傅正因國共內戰而離離武漢大學，詳下），遂不知其妻生女之事（蘇瑞鏘〔訪問、紀錄〕，〈傅山河先生訪問紀錄(1)〉；蘇瑞鏘〔訪問、紀錄〕，〈傅山河先生訪問紀錄(2)〉〔2007.07.24，電話訪問〕；傅山河，致蘇瑞鏘函）。直到1980年前後，傅正與胞弟傅山河通信，始知有女（詳見本書第八章第三節）。陳信傑認為：討論傅正的婚姻，必須理解其所屬的時代背景，「一個是現代自由戀愛的婚姻觀vs.傳統父母之命的婚姻觀，一個是國共內戰造成的大逃亡形成臺海兩岸的隔絕」（陳信傑，致蘇瑞鏘函〔2007.08.08〕）。待日後史料更為充分時，當可更進一步深入探討。

[7] 傅正，「傅正日記」（1959.01.19）。
[8] 傅正，〈我為什麼兩次參加組黨？〉，收入：傅正（主編），《雷震全集（14）——雷震文選：雷震與政黨政治》（臺北：桂冠圖書公司，1989），頁10。
[9] 傅正，〈我為什麼兩次參加組黨？〉，頁10-11。

然是年12月該部隊卻收到中止來臺的命令，改赴浙江接受預備軍官訓練[10]。

1946年6月青年軍復員，之後國民政府曾在杭州成立一所「青年軍第四大學補習班」，傅正在此經過短期補習，被分發到上海大同大學經濟系就讀[11]（1946年10月-1947年7月），其間傅正親眼見證了戰後中國破敗的景象：

> 一九四六年十月，就在這種政治局勢下到上海讀大學時，每逢清晨或夜晚從南京東路走過，總會看到露宿在大廈旁、走廊下的無數難民在乞討。在一次短短的寒流中，這些可憐的難民便死去一百多人，是由普善山莊這個我永遠記得的慈善機構收屍的經過，使我慘不忍聞。而偶然在深夜從黃金大戲院看完麒麟童的平劇走路回去時，在饑寒中瑟縮在馬路邊拉客的野雞，有時會跑過馬路來拉客，哭訴還空著肚子，而哀求只要一碗麵的代價。在號稱天堂的上海，這種人間地獄的悽慘景象，更使我不敢相信是活生生的事實[12]。

1947年，傅正轉到武漢大學政治系（1947年10月-1949年5

---

[10] 傅正，〈我在臺灣活了三十八年！——舊曆新年的一點感觸〉，《遠望》，7（臺北，1988.03），頁30。按：該文由黃卓權所提供。

[11] 馬之驌，〈追憶中梅——一個救國主義者〉，《自立晚報》，1992年5月10日。按：該文由程積寬所提供。

[12] 傅正，〈我為什麼兩次參加組黨？〉，頁12。

月）[13]（圖2-2）。這是一所「學風優良，與現實社會脈動相繫的學校」（圖2-3），傅正早年民主理念的養成，與此關係密切[14]。

不久，國共戰爭局勢逆轉，1949年5月國民黨棄守武漢，傅正遂跟隨華中長官公署白崇禧的部隊撤退[15]。12月7日到達距離海南島不遠的廣東省欽縣，卻被共軍所困，親眼目睹「白崇禧的所謂三十萬大軍，居然就在一夜之間，不戰而潰」[16]。對於如此慘絕人寰的國共內戰，傅正有著沉痛的回憶：

> 到了一九四九年五月，隨著國共戰局的急轉直下，……離開了武漢大學，隨著白崇禧的部隊，踏上漫長而又悲慘的流亡學生之路！……但最後在十二月六日的深夜，逃到廣東欽縣的小董時，隨著白崇禧的所謂三十萬大軍的全軍覆沒，我們一批流亡學生，只有夾雜在成千上萬的難民群中，在中共軍隊的槍聲下飛奔逃命，一個個用沿途叫喊對方姓名的方式連絡，最後還是逃散得七零八落。就在這一段逃命的路上，

---

[13] 傅正對武漢大學的回憶，詳參：傅正，〈珞珈山在暴風雨前夕的寧靜〉，收入：董鼐（主編），《學府紀聞》，第七冊：國立武漢大學（台北：南京出版有限公司，1981），頁378-384。按：本文由陳信傑提供。

[14] 任育德，〈身為當代史作者的傅正〉，《當代》，229（臺北，2006.09.01），頁65。另參：本書第9章第3節。

[15] 國史館（編），〈傅正先生事略〉，收入：國史館（編印），《國史館現藏民國人物傳記史料彙編（第七輯）》（臺北：國史館，1992），頁373；臺灣警備總司令部（編），〈傅正匪嫌案偵查報告表〉，頁166-167；傅正，〈我在臺灣活了三十八年！──舊曆新年的一點感觸〉，頁30。

[16] 傅正，「傅正日記」（1959.12.07）。

　　眼看無數背著幼小子女逃命的父母，因為實在無法長
久的背著跑，只有狠心的從背上解下來，丟在路旁，
而自己逃命；但有的父母，特別是母親，寧可留在路
邊等死不逃，也不願丟下孩子，有的父母雖然丟下孩
子，聽到孩子的哭叫聲，又跑一步回頭看一次，又不
忍心的跑回來，重新撿起自己的孩子；甚至有的丟了
又撿，撿了又丟，反覆幾次，不知如何是好；有的父
母，因為要不要丟下孩子而爭論、爭吵，乃至相擁而
哭。……在解放軍控制下的第一個深晚，我和成千上
萬的難民睡在地上高一塊低一塊的一大片稻田裡。就
在我的身邊，躺著一位中年男人在呻吟，我低聲詢問
的結果，才知道是流彈從他的膀胱穿過，小便正從那
裡流出來，附近卻連紅藥水也找不到[17]。

　　眼前悲慘的景象，令傅正感到前途茫茫。隨著思潮起
伏，傅正開始冷靜思考近代中國的悲劇[18]。這對日後傅正牢牢
堅持民主與和平的信念，有著極為直接而深遠的影響[19]。

　　1949年底，傅正從廣東的欽州灣偷渡到了海南島，之後
他寫信給當時的國防部總政治部主任蔣經國，表達來臺的意
願。1950年4月底、5月初，傅正終於從海南島來到臺灣[20]。

---

[17] 傅正，〈我為什麼兩次參加組黨？〉，頁12-13。

[18] 傅正，〈我為什麼兩次參加組黨？〉，頁13。

[19] 詳本書第9章第3節。

[20] 傅正，〈從蔣經國到雷震之路！──叫我如何不想他〉，收入：傅正（主
編），《雷震全集（2）──雷震與我（2）》（臺北：桂冠圖書公司，1989），頁

第二節：走上「蔣經國之路」

　　傅正與蔣經國結緣甚早，1944年底傅正為響應「十萬青年十萬軍」的號召，加入被視為日後「促成了蔣經國勢力的崛起」的青年軍[21]（當時蔣經國擔任青年軍的政治部主任）。1946年青年軍復員後，他在杭州青年軍第四大學補習班時第一次看到蔣經國。1947年5月他在上海讀大學，當時中國的學潮進入高潮階段，蔣以國防部預備幹部管理局局長的身份，坐鎮三民主義青年團上海支團部，親自指揮全上海各大專院校青年軍同學，從事平定／鎮壓學潮的工作。傅正在參與平定／鎮壓學潮這段期間，經常可以見到蔣經國[22]。然日後他醒悟當年「參加所謂平定學潮的工作，實際上成了國民黨的政治工具，還自以為是在維護正義」[23]。

　　同年7月，傅正又與20位左右的青年軍，奉蔣之命組成延

352-353。

[21] 關於蔣經國與青年軍的關係，可參：胡國台，〈蔣經國先生與青年軍〉，《近代中國》，125（臺北，1998.06.25），頁57。

[22] 傅正，〈從蔣經國到雷震之路！──叫我如何不想他〉，頁351。按：蔣經國承其父蔣介石之命鎮壓學潮之事實，有回憶錄與官方檔案為證。詳參：中國社會科學院近代史研究所中華民國史研究室（編），《黃炎培日記摘錄》（北京：中華書局，1979），頁144；「經國先生家書」，收入：國史館（藏），《蔣中正總統檔案》，卷號：002-040700-003，轉引自：任育德，〈身為當代史作者的傅正〉，頁80。

[23] 傅正，〈是歷史，也是鏡子！──寫在《我的學生時代》前面〉，收入：傅正（主編），《雷震全集（9）──雷震回憶錄：我的學生時代（1）》（臺北：桂冠圖書公司，1989），頁8。

安參觀團，並由蔣的預備幹部管理局派員率領他們到收復不久的延安參觀，然後又回到由蔣親自主持的嘉興夏令營受訓，幾乎日夜可以見到蔣，而且還可聽到蔣在不同場合所發表的革命論調[24]。

1949年底，傅正和一群流落海南島的同學想到臺灣來。由於過去傅正跟蔣經國比較有關係，於是大家請他寫信給蔣，希望能到臺灣擔任政工。1950年傅正如願來臺，之後被國防部總政治部分配到新竹國防部政幹班。不到一個月又奉派到駐守嘉義的陸軍第七十五軍政治部服務（1950年7月-1952年7月），成了蔣經國領導下的一員。1952年再被調到剛成立不久的政工幹校工作（1952年7月-1953年12月），專門負責訓練政工幹部，更成為蔣經國領導下訓練政工的政工[25]（圖2-4）（圖2-5）。

然而，就在政治事業逐漸發展之際，傅正卻在1953年底、1954年初離開了政工幹校[26]，脫離了「蔣經國之路」。

第三節：脫離「蔣經國之路」

傅正與蔣經國集團／路線由親而疏、進而決裂的轉折並非突然，而是有跡可循。當年傅正表示「雖然對國民黨並無好感」，但「因為堅決反對共產黨」，而追隨國民政府逃亡[27]。到達臺灣後，第一個晚上還露宿在高雄海港碼頭上，他便對同學

---

[24] 傅正，〈從蔣經國到雷震之路！——叫我如何不想他〉，頁353。

[25] 傅正，〈從蔣經國到雷震之路！——叫我如何不想他〉，頁353。

[26] 傅正，〈從蔣經國到雷震之路！——叫我如何不想他〉，頁355。

[27] 傅正，「傅正日記」（1959.01.19）。

說：「但願國民黨已大澈大悟，這一次不要使我再失望！」[28]然而，蔣經國的行徑很快就令他「再失望」。

例如，1951年2月25日，當時隸屬七十五軍政治部的傅正，在一次受訓的結業典禮上聽到蔣經國對他們的訓示。當時蔣要求他們做到兩點：「一是忠實性，這就是要無條件的服從領袖」；「二是鬥爭性，這就要健全的組織，組織者也就是只許我存在、不許別人存在」[29]。傅正聽後非常不以為然，還將感想告訴他的朋友。他在日記中寫道：

> 因為蔣主任在其思想正孕育成長時，只受了蘇聯式的教育，只看到了蘇聯現社會的一切現象，因此被迷住了，認為蘇聯的這一種獨裁專制的作法，才是促使蘇聯強盛的唯一原因，因而，他今天的一切鬥爭的方法都是師法蘇聯。……蔣主任和陳誠是黨的實際大權在握者，尤其是蔣主任，但由於他的基本認識之錯誤，黨將走上一種反時代的敗亡道路。……因為我們黨的決策的錯誤，一定是要被時代淘汰的[30]。

1951年4月1日傅正在日記上則寫道：「國民黨的很多壞現象還繼續保持和發揚，洵可悲和可痛也」[31]。

另外，在七十五軍政治部的這段期間，傅正主要的任務

---

[28] 傅正，〈我為什麼兩次參加組黨？〉，頁14。
[29] 傅正，「傅正日記」（1951.02.25）。
[30] 傅正，「傅正日記」（1951.02.25）。
[31] 傅正，「傅正日記」（1951.04.01）。

是「建立全軍的國民黨軍隊黨部」[32]。然就在此時，他也逐漸反省到：「似乎民主國家的軍隊裡並沒有任何黨派的活動」，「中華民國是由中國國民黨創造出來的，但是，並不因此而使中華民國變成了國民黨的私有財產」[33]。特別值得一提的是，就在這篇反省軍隊黨派化的日記中，傅正也警覺到這本日記簿有被檢查的危險，他說：

> 這幾天心裡總是不安寧，時刻在擔心我的這本日記簿會被保防人員檢查，結果將由於我這一些不滿現狀的記載被加上一頂紅帽子或者當做匪諜論罪，……我也很想以小心謹慎為原則不作這一類記載，甚至如同另一些人一樣故意記下一些虛偽的東西準備留給上官看。但是，我的良心不允許我這樣做，我必須寫下我最真實的一切，……不過，為了我的生命和安全，我應該特別警惕，隨時注意自己的日記簿可能被人偷竊。這是一個講統制思想的極權社會底悲哀[34]。

在這段日記中，除可看出傅正過人的勇氣與良知，還可看到此時傅正已警覺到臺灣正逐漸被國民黨形塑成「講統制思想的極權社會」。不久，甚至他還指出蔣介石正在走「家天下

---

32 傅正（主編），《雷震全集（36）──雷震日記（1961年）：獄中十年（1）》（臺北：桂冠圖書公司，1989），頁149，傅正註。
33 傅正，「傅正日記」（1951.05.22）。
34 傅正，「傅正日記」（1951.05.22）。

的老路」，要將大權「移到蔣經國的手裡」[35]。

凡此皆可看出，傅正對蔣經國／國民黨當局的若干言論和作風有愈來愈多的反省與批判。1952年5月26日，他在日記上就提到對蔣經國如何「由熱望而變成絕望」的心路歷程：

> 早在四、五年以前，我對他相當欽佩，並且對他寄予莫大希望，希望他能好好的為這個國家做一番事，尤其是三十七年秋天幣制改革時他奉派為上海經濟督導員在上海所謂「打虎」的時候，雖然他還是失敗了，但他初到上海時所表現的那種革命精神是可佩的，尤其是在國民黨垂亡的時候。但從我到達臺灣後不到一年，當我在去年秋天在淡水親自聽到他的高論後，我驚奇他的思想之落伍，同時在這一年多來，我更是痛恨而又惋惜他被一些肖小包圍而遠賢人而親小人，漸漸地走上自我毀滅的道路。
> 如今我對他已由熱望而變成絕望，以目前的情形看來，他是再也不會重新喚起我對他那已經毀滅了的希望。相反的，他只有一天天的加深我對他的惡感[36]（圖2-6）。

就在這個時候，傅正的日記裡就不時出現要「剷除」他

---

[35] 傅正，「傅正日記」（1952.05.26）。
[36] 傅正，「傅正日記」（1952.05.26）。

（按：指蔣經國）[37]、「打倒他」的記載[38]，甚至還痛罵蔣經國是「殺人不見血的劊子手」[39]。1952年10月26日的日記裡還寫道：「我決定從今天起我要……把蔣經國的一切罪惡寫下來，等到機會再公諸於世，……使世人認識蔣氏的眞面目」[40]。

1952年11月4日，心情苦悶的傅正決定寫一篇〈我控訴、我呼籲〉的文章，「痛斥蔣經國的奴役青年和摧殘青年」，並「設法團結中國青年」組成一個「中國青年大同盟」[41]。隔天的日記裡他寫下了一長篇〈中國青年大同盟宣言〉（草稿），文中痛批蔣介石、毛澤東，以及他的爪牙們，「都是當代的政治販子和青年販子」。他說：

> 朋友們：這多少年來，……無論是蔣介石或是毛澤東，或者是他們的狐群狗黨的爪牙們，……他們都是當代的政治販子和青年販子，……他們都是利用我們青年人的血肉長城保衛他們的地位和生命……，我們要想自己得救，我們要想我們下一代的人也能得救，我們就必須廢除奴役，擴張自由，肅清愚昧，恢復理性，反對獨裁，爭取民主，阻止戰爭，倡導和平，制止毀滅，尋求新生[42]。

[37] 傅正，「傅正日記」（1952.05.26）。原文爲：「剷除這一個危險分子，有我在，絕不許他再來危害中國。」
[38] 傅正，「傅正日記」（1952.06.02）。
[39] 傅正，「傅正日記」（1952.10.22）。
[40] 傅正，「傅正日記」（1952.10.26）。
[41] 傅正，「傅正日記」（1952.11.04）。
[42] 傅正，「傅正日記」（1952.11.05）。

1953年夏，傅正由於不滿蔣經國主持的政戰系統，對胡適強調言論自由的演講，發動所謂「個人自由與國家自由」之圍剿，於是用本名寫了一篇反對國家自由的文章：〈個人自由乎？國家自由乎？〉，寄到《自由中國》半月刊，想要「向包括蔣經國先生在內的論調公開挑戰」[43]。

由此可見，最遲在1951年初，傅正已對蔣經國／國民黨當局漸感不滿，不過當時傅正還是決定：「爲了要達到反共抗俄的當前的主要目的，只有把希望暫時寄託在中國國民黨」[44]。換句話說，爲了打倒主要敵人（共產黨），只好暫時與次要敵人（國民黨）妥協。然而，對一位熱血青年而言，與自己眼中的邪惡勢力妥協，勢必會造成內心的痛苦，而且這種痛苦將與日俱增。終於在兩年後，他於1953年1月6日的日記中痛苦地寫道：「我想到自己也做了蔣經國的工具，變成了他的犧牲品，很感痛苦，但現在又沒法解脫，真使人更加難受」[45]。到後來終於決定「想盡一切辦法，離開政工幹校，脫下軍裝」[46]。特別在1953年9月16日，他的那篇〈個人自由乎？國家自由

---

[43] 傅正，〈從蔣經國到雷震之路！──叫我如何不想他〉，頁354-355。這篇文章發表在《自由中國》，9：6（臺北，1953.09），乃是傅正（傅中梅）發表在該刊的第一篇文章。

[44] 傅正，「傅正日記」（1951.02.25）。

[45] 傅正，「傅正日記」（1953.01.06）。

[46] 傅正，「傅正日記」（1953.06.05）。日後傅正在註釋「雷震日記」時也曾指出：「我在做政工的政工時，每聽他（按：指蔣經國）發表一次自以爲是卻實際上是不通又不通的謬論，我就對他多一分藐視，唯恐不能早一天離開他。」參見：傅正（主編），《雷震全集（46）──雷震日記（1973年-1974年）：最後十年（2）》（臺北：桂冠圖書公司，1990），頁128-129，傅正註。

乎？）在《自由中國》發表之後，據說政工幹校當局相當吃驚，便對他進行調查。他「在託辭應付以後，自認為道不同不相為謀，絕不能再在只講革命而不知民主的革命學校待下去，寧可冒坐牢的危險也要離開」[47]。於是在1953年12月底，傅正毅然決然離開政工幹校，終於「跟蔣經國先生分道揚鑣」[48]。

由此可知，傅正自述他之所以離開政工幹校，主要是不滿蔣經國／國民黨當局反民主的行徑。然日後馬之驌（《自由中國》半月刊社的同事）對此則有進一步的補充，他指出：

> （傅正到政工幹校後）因非科班出身，少校官階不予核准。而且最重要的是他和教育長王昇無緣，王不但不容他，而且處處排斥他。所以在工作上使他很傷心，由傷心而消極，是可以想像到的。恰於此時蔣經國積極塑造他爸爸——蔣總統的神化形象，傅正對此非常卑視，所以決心離開「政校」了[49]。

至於離開政工幹校、甚至因此跨進國防部軍法局大門的經歷（圖2-7），傅正日後有詳細的說明：

> 在民國四十二年十二月底，……請事假獲准七天後，我就離開了政工幹校，跟蔣經國先生分道揚鑣。七天期滿，我便留下通信地址，證明我絕非軍中所謂逃

---

[47] 傅正，〈從蔣經國到雷震之路！——叫我如何不想他〉，頁355。
[48] 傅正，〈從蔣經國到雷震之路！——叫我如何不想他〉，頁355-356。
[49] 馬之驌，〈追憶中梅——一個救國主義者〉。

亡，用掛號信續假一月。……政工幹校知道我絕不會回去，便將我的案件呈報到國防部總政戰部，該部企圖用逃亡的罪名處分我，又將我的案件移送國防部軍法局。因此，在民國四十三年春，我第一次跨進了設在臺北市青島東路三號的國防部軍法局大門。經過大約兩個月的偵查，……以不起訴處分結案。……當時並沒有想到，那個當初是臺灣政治反對派聞名色變的青島東路三號大門，後來不僅會第二次進出，而且還會第三次進出，……而所有這些紀錄，又都直接間接跟我過去的老長官蔣經國先生有關[50]。

可見傅正與蔣經國之間的情雖斷、而緣卻未了，日後他在參與《自由中國》半月刊社、籌組中國民主黨，乃至於晚年籌組民主進步黨的過程中，蔣經國一直是他揮之不去的夢魘。

第四節：脫離蔣經國路線的歷史詮釋

探討傅正與蔣經國／國民黨集團由親而疏、進而決裂的過程饒富歷史意義。一方面，誠如張忠棟在一篇追憶傅正的文章中指出：

傅正參加過青年軍，替國民黨在學運中作打手，到臺灣之初，還是蔣經國的幹部，曾幾何時，他也脫離政

---

[50] 傅正，〈從蔣經國到雷震之路！──叫我如何不想他〉，頁355-356。

工幫，並且參加反對運動，從生到死，無怨無悔。從
一種角度看，他們也許都是該死的叛徒，從另一個角
度看，執掌權力的人把一批一批有血、有肉、有靈魂
的人才壓擠到反對陣營中去，讓他們成為眾人景仰的
政治良心和社會良心，這實在不可思議，可嘆亦復可
悲[51]！

　　另一方面，不只傅正，日後許多與國民黨當局決裂的開
明派人士如雷震、吳國楨、孫立人、王世杰等人，都曾經與國
民黨當局有過極為親密的一段過去。然而，就在傅正與蔣經
國／國民黨當局於1953、54年間正式決裂的前後，雷震等人與
當局的關係也逐漸惡化、而至決裂。在1953-1955年短短兩年
內，這幾位國民黨內的開明派人士一一與當局交惡，而紛紛被
免職、被開除、被幽禁（詳下），因為這段時間正是國民黨當局
「威權主義黨國體制」逐漸鞏固的時期。傅正等人與當局關係
的演變，必須放在此一歷史脈絡當中來探討[52]。

　　國民黨當局威權體制的鞏固有其內因與外緣，其內因與

---

[51] 張忠棟，〈永遠活在眾人心中〉，收入：張忠棟，《自由主義人物》（臺北：
允晨文化，1998），頁123-124。

[52] 傅正所屬的雷震／《自由中國》集團與執政當局關係的演變亦頗值得重視，
此可參考薛化元，〈從「反共擁蔣」掛帥到人權意識的抬頭──《自由中國》與
執政當局互動關係的一個歷史考察〉，《法政學報》，5（臺北，1996.01），
頁43-65；蘇瑞鏘，〈救亡與啟蒙的辯證──1950年代雷震與國民黨當局分合
關係之探討〉，《彰中學報》，23（彰化，2002.04），頁193-218；蘇瑞鏘，
〈從「擁蔣」到「批蔣」──雷震自由精神之形成、暫抑與再現〉，收入：毛慶
禎、洪健榮、李逸峰（編），《尹章義教授還曆紀念論文集》（將出版）。

國民黨的「改造」有關，而其外緣則與美國支持該政權有關。
1950年代的臺灣，「當時的統治集團是一個結合右派法西斯意
識型態、左派列寧式政黨組織，揉雜著中國舊社會幫會性與家
天下性格的政治勢力」[53]。而此一統治集團在當時所建構的政
治體制，吳乃德等學者以「威權統治」稱之[54]。例如，若林正丈
稱之為「臺灣型的威權主義體制」（其中又以「威權主義的黨國體
制」為其主要特質）[55]，而薛化元、楊秀菁則進一步稱之為「強人
威權體制」[56]。

　　此一體制的形成，固然與國民黨當局的歷史性格有關[57]，
然更與國民黨來臺以後的「改造」有關。所謂「改造」，「固然

[53] 林毓生，〈敬悼民主運動先驅者傅正先生〉，收入：宋英（等），《傅正先生紀念集》（臺北：桂冠圖書公司，1991），頁46。

[54] 李永熾指出：此一論述以吳乃德肇其端，若林正丈續其後。而薛化元為表徵兩蔣統治的強人意志，遂再加上「強人」二字。李永熾，〈兩蔣獨裁政權的成立與變化〉，《當代》，231（臺北，2006.11.01），頁10。

[55] 若林正丈（著），洪金珠、許佩賢（譯），《臺灣——分裂國家與民主化》（臺北：月旦出版社，1994），頁31-35。

[56] 薛化元、楊秀菁，〈強人威權體制的建構與轉變（1949-1992）〉，收入：李永熾，張炎憲，薛化元（主編），《人權理論與歷史論文集》（臺北：國史館，2004），頁268-315。

[57] 如同殷海光所說：「從歷史觀點看，臺灣現政權的本質只是中國大陸舊政權的延續。除此之外，舵手的人格和國民黨的性格都是臺灣現時政情的重要因素，甚至是最強力的發動機。」（殷海光，〈剖析國民黨〉，收入：林正弘〔主編〕，《殷海光全集（12）》〔臺北：桂冠圖書公司，1990〕，頁1122。）國民黨在其歷史發展當中逐漸形成兩種主要性格，一為「黨運與國運不分」，二為「領袖的意志與黨的意志有相當大的重疊」。魏誠，〈自由中國半月刊內容演變與政治主張〉（臺北：國立政治大學新聞研究所碩士論文，1984），頁124-125。

反映國民黨領導菁英痛定思痛的決心，但這改革並不是朝向民主化，而是重建政治領袖的權威」[58]。1949年國民黨當局來臺以前已有「改造」之議，然其主要原則在於確立「革命民主政黨」的思想路線、採取「民主集中制」的黨組織，並建立「小組」爲黨的基礎單位等等[59]。1950年，黨中央正式通過「改造案」，並成立「中央改造委員會」進行改造（1950-1952），其主要方向在「黨組織的整頓」、「以黨領政」、「以黨領軍」，以及「情治組織」的建立[60]。「改造」是「國民黨政權在臺灣完成全面權力滲透的轉捩點」[61]，「改造」完成後，「一個以滲透整個臺灣社會爲架構的黨組織便已建立起來了，成爲移入的國民黨政權控制臺灣社會的重要機制」[62]。而且，「國民黨因此而確立了以黨總裁蔣中正爲主的領導中心，再透過黨機器控制政府機關，如此便完成對整個國家機器的動員與控制」[63]。於是「威權

---

[58] 彭懷恩，《臺灣政治變遷四十年》（臺北：自立晚報社，1992），頁71。例如：1953年，當局「在各個學校推行書寫『主義、領袖、國家、榮譽、服務』標語的運動，特別標舉出主義、領袖──蔣介石總統──與國家並列。這與強人威權體制價值觀的確立有十分密切的關係。」薛化元，《《自由中國》與民主憲政──1950年代臺灣思想史的一個考察》（臺北：稻鄉出版社，1996），頁71。

[59] 許福明，《中國國民黨的改造（1950-1952）》（臺北：正中書局，1986），頁45-54。

[60] 若林正丈（著），洪金珠、許佩賢（譯），《臺灣──分裂國家與民主化》，頁91-101。

[61] 郭正亮，〈國民黨政權在臺灣的轉化（1945-88）〉（臺北：國立臺灣大學社會研究所碩士論文，1988），頁31。

[62] 龔宜君，《「外來政權」與本土社會──改造後國民黨政權社會基礎的形成（1950-1969）》（臺北：稻鄉出版社，1998），頁21-22。

[63] 陳明通，〈威權政體下臺灣地方政治菁英的流動（1945-1986）──省參議員及

體制的傘狀結構」逐漸被「撐起」[64]，威權主義黨國體制在臺灣
因而逐漸被確立[65]，此一過程也正是「蔣介石、蔣經國父子之
霸權在國民黨黨國中確立的過程」[66]。

　　而在此前後，蔣經國逐漸掌控了統治當局的核心機構，
特別是情治機構。國民黨政府來臺灣後，立即著手整編核心
統治機構，1949年8月成立「政治行動委員會」，蔣經國已在蔣
介石的安排下逐步掌握此機構之大權。1950年底「政治行動委
員會」改組為「總統府機要資料組」，乃由蔣經國主控。蔣經國
藉著蔣介石的名義「指揮協調」各個情治單位，使該組成為太

省議員流動的分析〉（臺北：國立臺灣大學政治學研究所博士論文，1990），
頁129。

[64] 所謂「威權體制的傘狀結構」是一種動態的政治結構，「就像一把傘：統治者
是傘的機紐，而在政黨的主軸上，撐起控制統治社會、政治社會及民間社
會的三支傘柄，將威權體制的傘張開」。胡佛，〈威權體制的傘狀結構〉，
《二十一世紀》，5（香港：香港中文大學中國文化研究所，1991.06），頁
36。以上參考並轉引自：任育德，《雷震與臺灣民主憲政的發展》（臺北：
國立政治大學歷史學系，1999），頁61。

[65] 關於威權主義黨國體制的建立，其面向甚廣。例如當局透過「依恃主義」的
運作來完成對政治社會體系的動員與控制，此一面向即不可忽視。所謂依
恃主義（clientism或中譯為侍從主義），簡言之即是存於二人之間的交換關
係。它是二元聯盟關係，在既存的社經結構下，較高地位的恩庇者（patron）
運用個人影響力與資源，對較低地位的侍從者（client），提供保護、利益或
兩者兼有，侍從者則對恩庇者回以包括個人服務的普遍性支持與協助。 Nai
－Teh Wu（吳乃德）, "The Politics of a Regime Patronage System: Mobilization
and Control within an Authoritarian Regime"（Chicago: University of Chicago
Ph.D. Dissertation, 1987）, p.14. 以上參考並轉引自：任育德，《雷震與臺灣民
主憲政的發展》，頁61。

[66] 若林正丈（著），洪金珠、許佩賢（譯），《臺灣——分裂國家與民主化》，頁
82。

上情治單位，他則成了臺灣的情治首腦。接著，1954年改組爲「國家安全局」，隸屬於「國防會議」，蔣經國被任命爲該會議的副祕書長，藉此進一步攬理大權[67]。此外，蔣經國還在其父親的授意下建立了一套政戰系統，並透過「黨小組」嚴格控制了軍隊[68]。另外，蔣介石也成立「救國團」爲黨的並行組織，並作爲蔣經國本身的權力基礎[69]。凡此種種，皆使蔣經國逐漸成爲1950年代以後臺灣政治權力的主控者之一。前監察院長王作榮曾提到此一時期蔣經國的政治角色：

> 在1950年至1960年代，可說是政府的高壓威權時代，而主控這一段時期權力的便是經國先生，這可說是人盡皆知的事。……遷臺早期，簡直是恐怖統治，以後雖稍放鬆，仍是絕對威權統治，毫無民主氣息。而且爲求將來能繼承大位，不著痕跡地、但無情地、不擇手段地整肅對自己有妨礙者，甚至一再用冤獄羅織入罪，所以我對他的印象不佳[70]。

---

[67] 薛化元、陳翠蓮、吳鯤魯、李福鐘、楊秀菁，《戰後臺灣人權史》（臺北：國家人權紀念館籌備處，2003），頁113；劉熙明，〈蔣中正與蔣經國在戒嚴時期「不當審判」中的角色〉，《臺灣史研究》，6：2（臺北：中央研究院臺灣史研究所籌備處，2000.10），頁148。

[68] 田弘茂，《大轉型——中華民國的政治和社會變遷》（臺北：時報出版公司，1989），頁91。

[69] 若林正丈（著），洪金珠、許佩賢（譯），《臺灣——分裂國家與民主化》，頁82。

[70] 王作榮，《壯志未酬——王作榮自傳》（臺北：天下遠見出版公司，1999），頁362-363。

　　另外，50年代初期國民黨當局得以順利確立「威權主義黨國體制」，亦與美國支持該政權有關。在1940年代末、1950年初，內戰失敗的國民黨政權原本危如累卵，它能否繼續生存下去，需視美國的態度。因此，爲了博取美國的支持，國民黨當局不得不在政治上製造出若干「開明」的形象，施行一些「開明」措施[71]。於是在黨內若干較具開明形象的人士（如吳國楨、孫立人、王世杰、雷震等人）在此一階段紛紛被重用[72]。

　　1950年6月韓戰爆發後，美國總統杜魯門（Harry S. Truman）派出第七艦隊巡防臺灣，暫時穩住風雨飄搖的國民黨政權[73]。1951年5月當韓戰的局面逐漸對聯軍轉趨有利之後，杜魯門決定不在臺海問題上對中共讓步，臺灣的安全因而得到進一步的確保[74]。1952年底，艾森豪（Dwight D. Eisnehower）當選美國總統，堅持反共立場的杜勒斯（John Foster Dulles）擔任國務卿，開

---

[71] 雖然這些都只是策略性的、階段性的開明。所謂「階段性開明」一詞，乃借用南方朔之語。指的是來臺初期的國民黨當局，爲了爭取美國的支援以及召喚並瓦解「第三勢力」等階段性的目標，而採取某些的自由開明態度，《自由中國》的存在，即是其中的一個面向。南方朔，〈爲有源頭活水來！──雷震先生逝世十週年祭〉，收入：傅正（主編），《雷震全集（1）：雷震與我（1）》（臺北：桂冠圖書公司，1989），頁185-186。

[72] 先是任命孫立人爲臺灣防衛司令、吳國楨爲臺灣省主席，之後更任命孫立人爲陸軍總司令、王世杰爲總統府秘書長、雷震爲國策顧問。參見：李永熾（監修），薛化元（主編），《臺灣歷史年表：終戰篇Ⅰ（1945-1965）》（臺北：國家政策資料研究中心，1990），頁92、100、106；馬之驌，《雷震與蔣介石》（臺北：自立晚報社，1993），頁31。

[73] 郭廷以，《近代中國史綱》（香港：中文大學出版社，1980），頁792。

[74] 張淑雅，〈美國對臺政策轉變的考察〉，《中央研究院近代史研究所集刊》，19（臺北：中央研究院近代史研究所，1990.06），頁470-485。

始展開強硬的反共政策，對共產國家進行反封鎖。相較於前任的杜魯門而言，此時臺灣和美國的關係更為密切，於是開始了「共同防禦條約」的談判，雙方最後於1954年12月3日簽定此約。此約的簽定，「完成了西太平洋共同防衛網，……表明美國承認並接受中華民國為其抵抗國際共產主義的全球聖戰中一個具有充分資格的伙伴」[75]。至此，臺灣已正式被納入以美國為首的防共體系當中，國民黨當局的政權愈加穩固。

在這種背景下，統治當局因為有安全感而使心態趨於保守[76]，遂逐漸揚棄先前的「開明」策略，原先被重用的黨內開明分子則一一被整肅[77]。處在同樣政治氛圍中的傅正[78]，會與統治當局決裂是可以理解的事。而與傅正一樣在1950年加入政工

[75] 邵玉銘，〈中美共同防禦條約之簽訂、終止與後果〉，收入：邵玉銘，《中美關係研究論文集》（臺北：傳記文學出版社，1980），頁111。

[76] 胡佛（發言），收入：「三十年來臺灣的發展」座談會，《中國論壇》，9：7（臺北，1980.01），頁44。

[77] 先是1953年4月，省主席吳國楨在與當局不斷的衝突之後離職，第二年在美國公開批判蔣氏父子；1953年總統府秘書長王世杰被免職；1954年12月雷震被開除黨籍；翌年8月爆發「孫立人事件」。關於這些事件，詳參：薛化元，〈戰後十年臺灣的政治初探（1945-1955）——以國府在臺統治基盤的建立為中心〉，收入：張炎憲（總編輯），《二二八事件研究論文集》（臺北：吳三連臺灣史料基金會，1998），頁24-25；李永熾（監修），薛化元（主編），《臺灣歷史年表：終戰篇Ⅰ（1945-1965）》，頁182、196、202、236；任育德，《雷震與臺灣民主憲政的發展》，頁92。

[78] 傅正認為：「那一個時期（按：指1954年國民黨開除齊世英黨籍前後），正是國民黨強化革命政黨運作的時期，只知有黨而不知有國，乃至只強調所謂黨性而不知有人性。」傅正，〈東北最後一位鐵漢〉，收入：沈雲龍、林泉、林忠勝（訪問），林忠勝（記錄），《齊世英先生訪問記錄》（臺北：中央研究院近代史研究所，1990），頁380。

行列、且在政工幹校與傅正有所來往、也同樣是「自由主義很強烈」的劉宜良（江南），就在傅正離開政工幹校後幾天，也離開了該校[79]。

以上分析可知，傅正與蔣經國／國民黨當局由親而疏、進而決裂的轉折，實有其時代環境的背景。不過，時代環境固然會對人的行為產生影響，然而人的自覺能力與自由意志相對也會左右被影響的程度。就此而論，傅正較之其他眾多國民黨內的開明派人士而言，其「從良」時間雖近似，然其「覺醒」時間之早卻少人能及。傅正與國民黨當局正式決裂的時間（1953-1954年間）與其他國民黨內的開明派人士近似，這自然有前述的歷史條件。然而，如前所述，至晚從1951年初開始（來臺不到1年），吾人即可從他的日記中看出他對國民黨當局威權統治所展現過人的警覺與激烈的批判。較之其他隨國民黨來臺的開明派人士，實屬罕見。

第五節：轉向「雷震之路」

就在逐漸遠離「蔣經國之路」的同時，傅正也漸漸走上「雷震之路」。1946年1月，傅正還在青年軍208師時，從政治協商會議的消息中知道擔任該會議秘書長的雷震其人。1953年9月16日，在發表〈個人自由乎？國家自由乎？〉之後，開始從《自由中國》的「讀者」進一步成為「作者」。再經過大約4年半的時間，又從「作者」進一步成為「編者」。

---

[79] 江南，《蔣經國傳》（臺北：李敖出版社，1993），自序頁3-4。

　　離開政工幹校之後，1955年2月傅正插班臺灣大學政治系，繼續未竟之學業[80]（圖2-8）。

　　就讀臺大政治系期間（1955年2月-1957年6月），傅正成績極為優異[81]，「深得當時任教政治系的彭明敏教授之賞識，並鼓勵其畢業後投考研究所」[82]。1957年5月2日傅正在日記上寫道：「晚訪彭先生，自學術以至政治，暢談甚歡，深夜始別」，傅正且自謂與彭「在思想方面之志同道合，私人情感介乎師友之間」[83]，畢業後二人仍常有來往[84]。此外，傅正自謂與其師劉慶瑞「思想亦甚接近」[85]，兩人的互動亦持續到畢業後。例如，1959年6月16日傅正在《自由中國》發表〈我國不是內閣制嗎？〉，傅正謂該文「曾經獲得先師劉慶瑞教授的讚譽，認

---

[80] 國史館（編），〈傅正先生事略〉，頁374。

[81] 陳正茂，〈民國人物小傳──傅正〉，《傳記文學》，81：5（臺北，2002.11），頁145。傅正在日記中曾紀錄1956學年度第1學期的成績：「中國政治思想史86分（全班第一）、行政法95分（全班第一）、淮南子94分（全班第二）、俄帝侵華史88分（全班第二）、國際問題84分、社會主義批判65分。」他認為：「大體上來講，還相當理想，只是有一門課（按：應指「社會主義批判」一門），考的太壞了，……真是慚愧的很。」（傅正，「傅正日記」〔1957.02.07〕）由此可見，傅正「在校期間成績極為優異」之說當非虛言。

[82] 陳正茂，〈民國人物小傳──傅正〉，頁145。

[83] 傅正，「傅正日記」（1957.05.02）。

[84] 例如：1959年某次彭明敏宴請臺大政治研究所的學生，也發帖子邀傅正同往（傅正，「傅正日記」〔1959.12.27〕）。1960年傅正被捕（雷震案）之前，還去找彭明敏，表示：「雷震的『自由中國』正受到國民黨特務日增的壓力，『隨時都可能出事』。」彭明敏，《自由的滋味──彭明敏回憶錄》（臺北：前衛出版社，1992），頁112。

[85] 傅正，「傅正日記」（1957.05.02）。

爲很有獨到見解，對問題很能發生澄清作用」[86]。1960年9月4日被捕（雷震案）當天早上，傅正原本即是預定要去拜訪劉慶瑞[87]。此外，其師王叔岷的老莊研究對傅正的人生觀、乃至民主信念，亦有相當重要的影響[88]。要了解傅正民主理念的形成，除武漢大學外，臺灣大學這段經歷更是重要的線索。

傅正就讀臺大期間，1956年下半年起在香港《自由人》半週刊寫「阿里山下」的專欄（圖2-9），1957年4月起並擔任《自立晚報》社的主筆（負責該報「微言」一欄的短評）[89]（圖2-10），也在《自由中國》發表文章[90]。

1956年10月1日赴該社領取稿費時第一次見到雷震，他說：「沒想到竟然一見如故，注定我正式開始走雷先生的路」[91]。1957年6月臺大畢業（圖2-11），同年8月1日進新竹關西中學任教（圖2-12）。1958年4月17日離開該校[92]，旋即加入雷震

---

[86] 傅正，〈請支持我爲民主而戰——寫在「開火」、「挑戰」、「戰鬥」三本文選前面〉，收入：傅正，《傅正文選（1）：對一黨專政開火》（臺北：傅正自印，1989），頁23。

[87] 傅正，〈組黨救國下獄的第一天——1960年9月4日〉，《自立晚報》，1988年5月23-24日。

[88] 詳本書第9章第3節。

[89] 傅正（主編），《雷震全集（11）——雷震回憶錄：雷案回憶（1）》，頁208-209。

[90] 傅正，〈我在臺灣活了三十八年！——舊曆新年的一點感觸〉，頁31；《自立晚報》社聘書，收入：中央研究院近代史研究所檔案館（藏），「雷震·傅正檔案」。

[91] 傅正，〈從蔣經國到雷震之路！——叫我如何不想他〉，頁356-357。

[92] 新竹縣立關西初級中學教職員離職證明書，收入：中央研究院近代史研究所檔案館（藏），「雷震·傅正檔案」。

主持的《自由中國》社，進一步從「作者」成為「編者」。

　　而由於雷震此後對傅正影響極為深遠，此處有必要簡介雷震的生平[93]。雷震，字儆寰，1897年6月25日出生於中國浙江省長興縣。1916年赴日本留學，幾年後進入京都帝國大學法學部政治系就讀，畢業後再入大學院（研究所）深造，以森口繁治為指導教授。森口氏提倡「國民主權說」，對他的政治思想影響頗大。1926年回到中國，之後歷任黨政要職，如國民參政會副秘書長、政治協商會議秘書長、制憲國大、行政院政務委員、國策顧問、改造設計委員等等，與統治核心的關係日漸深厚。

　　1949年，國民黨中央政權敗退到臺灣，雷震也隨之來臺。11月20日，他與胡適等人在臺北創辦《自由中國》半月刊，創刊的宗旨是想藉宣傳自由民主來對抗專制的共產政權。

---

[93] 以下關於雷震的生平，徵引自：蘇瑞鏘，〈雷震〉，收入：國史館，「國家歷史資料庫——戰後臺灣的發展」專題：「民主運動的萌芽與挫折」詞條（國史館即將公開的網路資料庫）。詳參：任育德，《雷震與臺灣民主憲政的發展》；薛化元，《《自由中國》與民主憲政——1950年代臺灣思想史的一個考察》；薛化元，〈雷震與中華民國的國家定位〉，收入：胡建國（主編），《20世紀臺灣歷史與人物：第6屆中華民國史專題論文集》（臺北：國史館，2002），頁1395-1423；薛化元，〈從「反共擁蔣」掛帥到人權意識的抬頭——《自由中國》與執政當局互動關係的一個歷史考察〉；馬之驌，《雷震與蔣介石》；蘇瑞鏘，〈臺灣戰後政黨政治的拓荒者——雷震〉，收入：李筱峰、莊天賜（編），《快讀臺灣歷史人物》（II），（臺北：玉山社，2004），頁170-176；蘇瑞鏘，〈救亡與啟蒙的辯證——1950年代雷震與國民黨當局分合關係之探討〉；蘇瑞鏘，《戰後臺灣組黨運動的濫觴——「中國民主黨」組黨運動》，臺北：稻鄉出版社，2005；范泓，《風雨前行——雷震的一生》，桂林：廣西師範大學出版社，2004。

創刊之初，該刊得到國民黨當局的大力支持。對當時風雨飄搖的國民黨政權而言，《自由中國》的民主招牌頗有助於該政權塑造開明的形象，以爭取海內外（特別是美國）的支持。而來臺後受聘爲總統府國策顧問且參與國民黨「改造」的雷震，此時也相信國民黨能透過「改造」痛改前非，朝民主化發展，以民主來反共。

然而，隨著韓戰爆發後國際情勢的轉變，美國與國民黨政權逐漸形成反共的同盟。有了美國的鼎力支持，國民黨政權的外部危機逐漸解除，其專制作爲也日漸強化，《自由中國》這塊民主招牌對其重要性已大幅降低。他對國民黨民主化的希望也逐漸落空，雙方關係遂日益惡化，此後《自由中國》刊載愈來愈多批評國民黨當局的文章。1950年代中期以後，《自由中國》與國民黨政權的衝突愈來愈激烈，特別是1956年的「祝壽專號」以及1957年「今日的問題」的系列社論，一次又一次批判國民黨政權並提出改革之道。

其中，特別是關於「反對黨」的提倡，他也試圖加以落實，不只是坐而言，更要起而行。1950年代初期，他對國民黨的改革仍寄以厚望。然而，到了50年代中期，隨著此一期望的落空，他也開始思考組織反對黨的可能性，從國民黨外部來推動民主政治。到了1960年地方選舉過後，在野人士召開了一場選舉檢討會，會中多人強烈批評國民黨在選舉中的弊端，最後並決議組織「地方選舉改進座談會」，密集展開組黨。1960年6月25日，「座談會」推出雷震等16名召集人，積極展開組黨運動（其後命名爲「中國民主黨」）。

就在「中國民主黨」即將成立之際，1960年9月4日上午，

臺灣警備總司令部以「涉嫌叛亂」爲由，拘捕了《自由中國》的發行人雷震、編輯傅正、經理馬之驌，以及離職職員劉子英等4人，史稱雷震案。其後，警總高等軍事審判庭以雷震「明知爲匪諜（按：指劉子英）而不告密檢舉」與「連續以文字（按：指《自由中國》半月刊）爲有利於叛徒之宣傳」爲由，判處他10年有期徒刑。

1970年出獄，當時臺灣的國際處境面臨前所未有的挑戰，特別是1971年聯合國代表權的喪失。於是他在1972年提出一篇給蔣介石等統治核心的〈救亡圖存獻議〉，重點包括「從速宣布成立『中華臺灣民主國』」等10條建議。

1979年3月7日病逝，享年83歲，火化後安葬於南港「自由墓園」。生前墓文自題：「自由中國半月刊發行人，中國民主黨籌備委員雷震之墓。」雷震的主要著作，可參考傅正主編、桂冠出版公司於1989-1990年間陸續出版的《雷震全集》。

傅正與雷震生命史的聯結，就從《自由中國》半月刊開始。

圖2-1：
中學時期。資料來源：傅山
河提供。

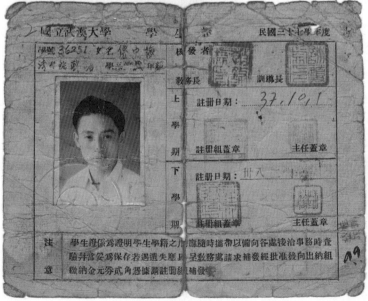

圖2-2：
武漢大學學生證。資料來源：中央研究院近代史研究所檔案館（藏），「雷震‧
傅正檔案」，臺北：中央研究院近代史研究所檔案館。

圖2-3：
武漢大學男生宿舍。資料來源：傅山河提供。

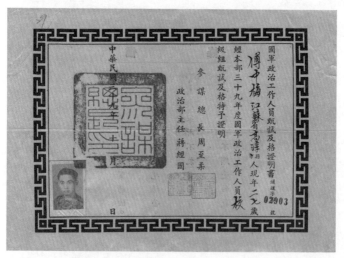

圖2-4：
國軍政治工作人員甄試及格證明書。資料來源：中央研究院近代史研究
所檔案館（藏），「雷震・傅正檔案」，臺北：中央研究院近代史研究所檔
案館。

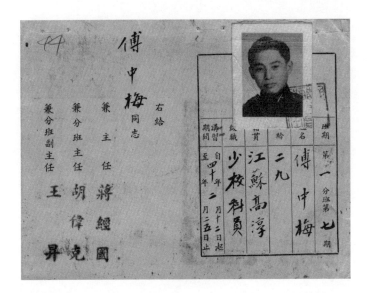

圖2-5：
國防部政治幹部訓練班講習證（正面、背面）。資料來源：中央研究院近代史研究所檔案館（藏），「雷震·傅正檔案」，臺北：中央研究院近代史研究所檔案館。

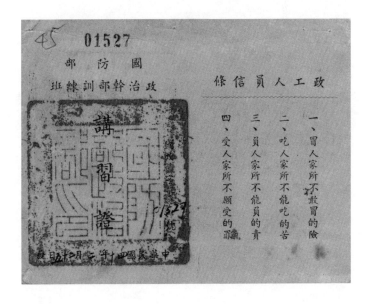

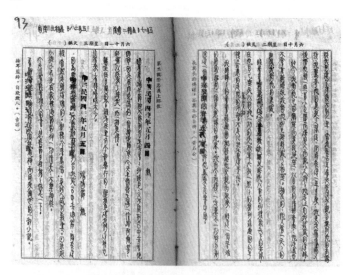

圖2-6：
談論蔣經國日記片段（1952.05.26）。資料來源：中央研究院近代史研究所
檔案館（藏），「雷震・傅正檔案」，臺北：中央研究院近代史研究所檔案
館。

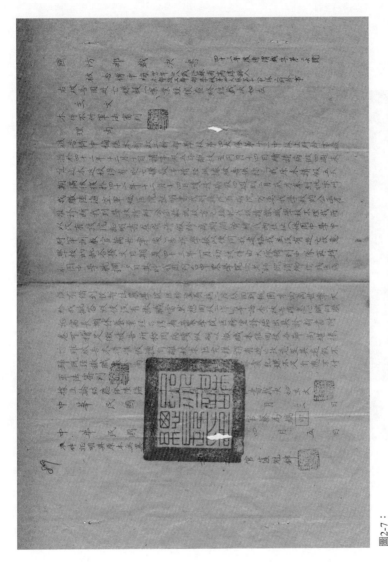

圖2-7：
國防部裁決書。資料來源：中央研究院近代史研究所檔案館（藏），「雷震・傅正檔案」，臺北：中央研究院近代史研究所檔案館。

圖2-8：
臺灣大學時期。資料來源：宋英（等），《傅正先生紀念集》（臺北：桂冠圖書公司，1991），正文前相片。

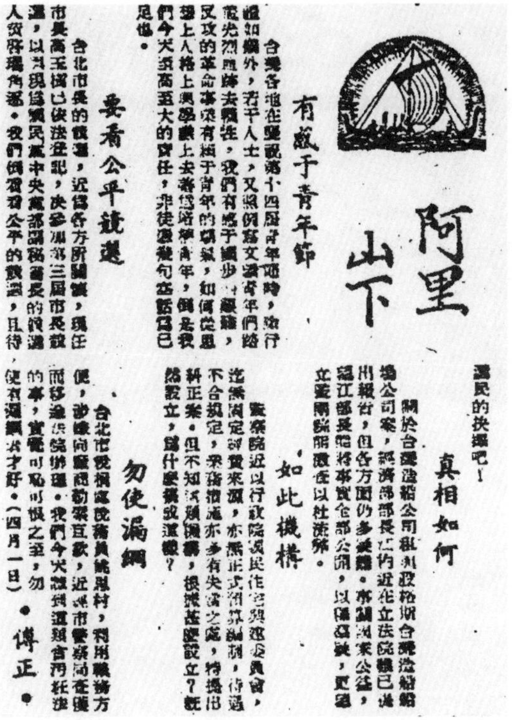

選民的抉擇吧！

阿里山下

真相如何

如此機構

有感于青年節

要看公平競選

勿使漏網

・傅正・

圖2-9：
「阿里山下」專欄。資料來源：《自由人》，1957年4月6日。

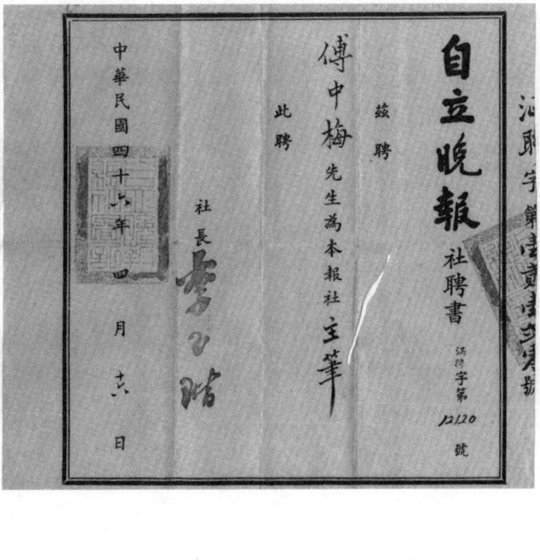

自立晚報

社聘書

茲聘

傅中梅先生為本報社主筆

此聘

社長　李玉階

中華民國四十六年四月二十六日

圖2-10：
《自立晚報》社主筆聘書。資料來源：中央研究院近代史研究所檔案館（藏），「雷震・傅正檔案」，臺北：中央研究院近代史研究所檔案館。

圖2-11：
臺大政治系畢業證書。
資料來源：中央研究
院近代史研究所檔案
館（藏），「雷震‧傅正
檔案」，臺北：中央研
究院近代史研究所檔案
館。

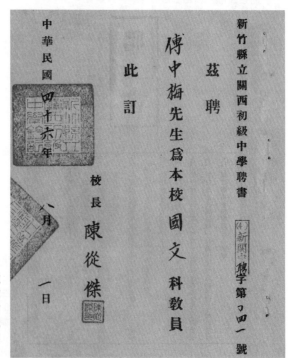

圖2-12：
新竹縣關西初中聘書。
資料來源：中央研究院
近代史研究所檔案館
（藏），「雷震‧傅正檔
案」，臺北：中央研究
院近代史研究所檔案
館。

| 第三章 |

《自由中國》半月刊
的作者與編者[1]

　　本章將探討傅正從《自由中國》的作者到編者的過程中，如何宣揚民主理念。首先，將介紹《自由中國》在戰後臺灣民主發展史上的地位。其次，就一位作者而言，傅正在批判救國團、反對蔣介石三連任總統、連結反對黨與地方選舉，以及批判國民黨黨產的相關文章特別值得探究。再者，就一位編者而言，《自由中國》從此時開始到停刊將近兩年半的時間，實際主編政論性文章的傅正，乃是該刊除雷震以外另一位靈魂人物，他在編務上的貢獻，則是本章要討論的另一個重點。

---

[1] 本章部分內容乃以下列拙著中的一部分作爲基礎，進一步發展而成，除非必要，以下不再贅述。詳參：蘇瑞鏘，〈傅正與1950年代臺灣民主運動——以「《自由中國》半月刊」和「『中國民主黨』組黨運動」爲中心〉，收入：胡健國（主編），《20世紀臺灣民主發展：第7屆中華民國史專題論文集》（臺北：國史館，2004），頁282-294；蘇瑞鏘，〈傅正傳〉，《國史館館刊》，復刊39（臺北，2005.12），頁262-269。

第一節：《自由中國》半月刊的歷史地位

1949年，當國民黨當局在內戰中失利、政權風雨飄搖之際，胡適、雷震、王世杰、杭立武等人在上海聚會，大家「主張辦個刊物，宣傳自由與民主，用以對抗共產黨一黨專政的極權政治，以之挽救人心」[2]，於是決定在上海辦日報（胡適命名為《自由中國》）[3]。幾個月後，雷震等人來到臺灣，日報沒辦成，遂於1949年11月20日在臺灣創辦《自由中國》半月刊。

這份標榜自由與反共的刊物，當時得到統治當局的鼎力相助。1950年3月蔣介石「復職」後，雷震受聘為總統府國策顧問，並參與國民黨的「改造」。在「改造」會議上多次提出改革的建言。然而，「對胡適、雷震這些人士而言，他們期待的改造是朝向民主自由的方向改造，卻沒有想到日後的改造，乃是朝向強人威權統治的方向改造」。這與《自由中國》對當局民主改革的憧憬，必然隱含著結構性的矛盾。1951年《自由中國》刊出了一篇由夏道平執筆的社論：〈政府不可誘民入罪〉，痛陳保安司令部不當的金融管制，特別是批評當時「一件有計劃而大規模的誘人入罪的金融案」。然這篇文章刊出後，卻引起統治當局高度的忿怒。雙方關係的惡化，到了50年代中期以後更為表面化。1956年10月31日乃蔣介石70歲的生日，《自由中國》推出「祝壽專號」，邀請胡適等

---

[2] 傅正（主編），《雷震全集（11）——雷震回憶錄：雷案回憶（1）》（臺北：桂冠圖書公司，1989），頁58-59。

[3] 傅正（主編），《雷震全集（11）——雷震回憶錄：雷案回憶（1）》，頁59。

多位海內外知名知識分子分別撰文，對蔣氏個人及對執政黨
提出檢討和建言。然卻引起統治當局的高度不滿，並大力圍
剿該刊。1957年《自由中國》又推出一系列社論——「今日的
問題」，全面檢討並批判反攻大陸、軍事、財政、經濟、美
援運用、政府機構、中央政制、地方政制、立法院、新聞自
由、救國團、教育、政治心理與作風，以及反對黨等問題。
其中，殷海光執筆的一篇社論〈反攻大陸問題〉，認爲「反攻
大陸」的公算在相當時期內並不大，因此希望官方不要有馬
上想回大陸的心理，以免許多政策都是過渡性的措施，不求
徹底，不求永久。因此主張「實事求是，持久漸進，實質反
共」。然此文一出，卻被當局指爲「反攻無望論」。1960年，
蔣介石兩任總統任期屆滿，依憲法規定不得再連任，然當局
最後仍逐漸透過大法官解釋以及修改臨時條款使蔣介石達成
三連任。在這段期間，《自由中國》共發表數十篇文章加以反
對。日後，傅正也因爲此時在《自由中國》發表兩篇反蔣三連
任之文章而入獄。1960年9月4日上午，警總以「涉嫌叛亂」
爲由，拘捕了《自由中國》的發行人雷震、編輯傅正、經理馬
之驌以及離職職員劉子英等4人，史稱「雷震案」或「雷案」。
《自由中國》也隨之停刊，1960年9月1日第23卷第5期就成了
該刊的最後一期。在戰後臺灣史上，無論是推廣民主自由理
念、或者是實際參與政治改革運動，《自由中國》都具有極爲
重要的地位。雖然該刊最後以悲劇收場，然其所播下的思想
種籽則影響了從1970年代逐漸抬頭的黨外民主運動。當時臺
灣許多反對運動者的自由、民主訴求，固然較《自由中國》的
主張有更進一步的發展，然當年《自由中國》的相關主張，幾

乎都被延續下來[4]。

　　從1949年11月20日創刊、到1960年9月1日出版最後一期為止，這份刊物是臺灣主張民主自由最重要的刊物之一。誠如學者薛化元指出：「《自由中國》是一份主張民主憲政的自由主義刊物，在1949-1960年的臺灣，也是臺灣最具有代表性的自由主義刊物」，「就政論雜誌而言，《自由中國》的主張在臺灣歷史民主憲政思想發展上有其獨特而不可抹滅的地位」[5]。

---

[4]　本段文字取自：蘇瑞鏘，〈《自由中國》〉，收入：國史館，「國家歷史資料庫──戰後臺灣的發展」專題：「民主運動的萌芽與挫折」詞條（國史館即將公開的網路資料庫），以下不再贅述。詳參：薛化元，《《自由中國》與民主憲政──1950年代臺灣思想史的一個考察》，臺北：稻鄉出版社，1996；薛化元，〈從「反共擁蔣」掛帥到人權意識的抬頭──《自由中國》與執政當局互動關係的一個歷史考察〉，《法政學報》，5（臺北，1996.01），頁43-66；薛化元，〈《自由中國》「反對黨」主張的歷史考察〉，《臺灣風物》，45：4（臺北，1995.12），頁9-45；薛化元，〈《自由中國》對中央政府體制主張的分析（1949-1960）──臺灣自由主義思想的一個考察〉，收入：李鴻禧教授六秩華誕祝賀論文集編輯委員會（編輯），《現代國家與憲法：李鴻禧教授六秩華誕祝賀論文集》（臺北：月旦出版社，1997），頁1207-1260；薛化元，〈《自由中國》雜誌自由民主理念的考察──1950年代臺灣思想史研究之一〉，《臺灣史研究》，2：1（臺北，1995.06）；林淇瀁，〈意識型態・媒介與權力：《自由中國》與50年代臺灣政治變遷之研究〉，臺北：國立政治大學新聞學系博士論文，2003；魏誠，〈自由中國半月刊內容演變與政治主張〉，臺北：國立政治大學新聞研究所碩士論文，1984；顏淑芳，〈自由中國半月刊的政黨思想〉，臺北：中國文化大學政治學研究所碩士論文，1989；張忠棟，《胡適・雷震・殷海光──自由主義人物畫像》，臺北：自立晚報社，1990；蘇瑞鏘，《戰後臺灣組黨運動的濫觴──「中國民主黨」組黨運動》，臺北：稻鄉出版社，2005。

[5]　薛化元，〈《自由中國》民主憲政史料的歷史意義〉，《臺灣史料研究》，8（臺北：財團法人吳三連臺灣史料基金會，1996.08），頁123。

而這份刊物之所以有如此重要的歷史地位，除了有大量讀者的閱讀與傳播之外[6]，該刊的作者與編者更是居功厥偉。就此而論，對該刊而言，由「讀者」進而成為「作者」與「編者」的傅正，其所扮演的角色自然不可忽略。在傅正去世以後，學者張忠棟指出：「傅正對臺灣民主的貢獻，首在言論方面。他在《自由中國》後期參與編務，撰寫抨擊時政的文字，無不尖銳火爆」[7]。因此，想要了解傅正一生民主志業的濫觴及其奮鬥的意義，必先了解他在《自由中國》的思想與作為。

第二節：作為《自由中國》的作者

作為《自由中國》的作者（圖3-1），傅正所發表過的文章為數甚多，且經常在該刊（特別是後期）若干議論中扮演不可忽視的角色。他的文章所發揮的影響力，可從當時統治當局的激烈反應略窺一二[8]。特別是，當雷震案爆發之時，被下獄的4人之中，唯有傅正純粹是因為發表在《自由中國》的文章而賈禍[9]，

---

[6] 曾擔任《自由中國》社經理的馬之驌指出：該刊從1954年開始賺錢，1956年初版「祝壽專號」之後每期至少印七、八千本。參見：馬之驌，《雷震與蔣介石》（臺北：自立晚報社，1993），頁126-128。

[7] 張忠棟，〈永遠活在眾人心中〉，收入：張忠棟，《自由主義人物》（臺北：允晨文化，1998），頁122。

[8] 詳參：陳世宏、張世瑛、許瑞浩、薛月順（編），《雷震案史料彙編：國防部檔案選輯》（臺北：國史館，2002），頁1-188。

[9] 「初審判決書」寫道：「雷震明知為匪諜而不告密檢舉，……連續以文字為有利於叛徒之宣傳，……。劉子英意圖以非法之方法顛覆政府，而著手實行，……。馬之驌預備以非法之方法顛覆政府。」（《中央日報》，1960年10月9日。）另外，「傅正感化裁定書」則指出：傅正曾在《自由中國》撰刊〈護憲

其重要性可見一斑。

　　就數量而論，筆者以薛化元主編的《《自由中國》全23卷總目錄暨索引》為主，再參酌「傅正日記」等新史料，統計出傅正在《自由中國》發表過的「主要」文章，計有66篇（詳見表3-1：「《自由中國》半月刊傅正主要文章一覽表」）。不過，這66篇文章並不包含1958年10月1日至1959年4月16日間共計14期的「短評」（總計85篇，大部分為傅正所寫[10]）以及尚未能辨識的傅正文章（包括若干社論以及用化名和代筆所寫的文章）[11]。就此觀之，相

乎？毀憲乎？──望國大代表作明智的抉擇〉，「意圖以文字方式強使國大代表貫徹其意見」；又撰刊〈豈容御用大法官濫用解釋權〉，「妄指大法官為御用之工具，曲解大法官會議，依權責所為國大代表總額問題之解釋。」「（軍事檢察官）認其內容超越學術研究，意見討論之範圍，係挑撥分化，破壞法統，阻撓國民大會集會，與匪之統戰策略相呼應，便利匪幫之叫囂」，《中央日報》，1960年10月9日。

[10] 傅正，〈《雷案回憶》補注〉，收入：傅正（主編），《雷震全集（11）──雷震回憶錄：雷案回憶（1）》，頁208-209。比較重要的短評例如：〈伍藻池闖下「言禍」〉，《自由中國》，19：12（臺北，1958.12.16）（據傅正，「傅正日記」〔1958.12.10〕，收入：中央研究院近代史研究所檔案館〔藏〕，「雷震‧傅正檔案」，臺北：中央研究院近代史研究所檔案館）；〈撤銷警備總司令部！〉，《自由中國》，20：1（臺北，1959.01.01）（據傅正〔主編〕，《雷震全集（40）──雷震日記（1959年-1960年）：第一個10年（8）》〔臺北：桂冠圖書公司，1990〕，頁10）；〈谷鳳翔逍遙法外！〉，《自由中國》，20：3（臺北，1959.02.01），據傅正（主編），《雷震全集（11）──雷震回憶錄：雷案回憶（1）》（臺北：桂冠圖書公司，1990），頁209。

[11] 在眾多無法辨識的社論中，不少為傅正所撰，特別是1958年出任該社編輯之後。例如，傅正曾指出：「1958年負責『自由中國』半月刊編務後，有關地方選舉方面的社論，幾乎全由我一人執筆。」傅正，〈請支持我為民主而戰──寫在「開火」、「挑戰」、「戰鬥」三本文選前面〉，收入：傅正，《傅正文選（1）：對一黨專政開火》（臺北：傅正自印，1989），頁24。

較於該社從創刊之初就開始撰稿的「兩支健筆」夏道平和殷海光[12]，晚期才正式加入的傅正，其所發表的文章數量並不遑多讓。尤其他在該刊晚期發表的文章，「密度」之高更是可觀，對那段時期的影響自然不容小覷。

　　就內涵而論，薛化元曾將《自由中國》有關「民主憲政思想」的1297篇文章，分為7大類（憲政基本精神、基本人權、中央政府體制、政黨、地方自治與選舉、基本國策，以及憲法變動等7大領域）與20個項目[13]。在這當中，傅正所發表的文章遍及這7大類以及至少16個項目[14]，可見其觸角甚廣。其中，對於傅正個人與整個《自由中國》而言，批判救國團、反對蔣介石三連任總統、連結反對黨與地方選舉，以及批判國民黨黨產等相關文章，特別值得深入探討。

一、批判救國團

　　「中國青年反共救國團」（按：以下簡稱「救國團」）成立於1952年10月，由蔣經國擔任團主任[15]。學者指出：救國團是

---

[12] 張忠棟曾指出：「夏道平與殷海光，是當年《自由中國》雜誌的兩支健筆。在《自由中國》發行的十一年之中，他們兩位是自始至終的撰稿人，所寫的文字，包括社論、專論、公開信和翻譯，兩人分別都在百篇以上。」張忠棟，〈夏道平與殷海光〉，收入：張忠棟，《自由主義人物》，頁79。

[13] 薛化元，《《自由中國》與民主憲政──1950年代臺灣思想史的一個考察》，頁179-181。

[14] 薛化元，《《自由中國》與民主憲政──1950年代臺灣思想史的一個考察》，頁 411-494。

[15] 李永熾（監修），薛化元（主編），《臺灣歷史年表：終戰篇I（1945-1965）》（臺北：國家政策資料研究中心，1990），頁172。蔣經國與救國團的關係，可參：陳三井，〈蔣經國先生與中國青年反共救國團〉，《近代中國》，92

「國民黨在校內實施黨化教育的一支主要力量」[16]，以及國民黨政府用來滲透校園的組織[17]。就當時任職於救國團的柏楊（郭衣洞）日後看來，救國團則是一個「蔣經國培植私人勢力的迷你王國」[18]。

該團成立之初，《自由中國》就開始刊登相關的論述文章[19]。然直到1957年底爲止，「《自由中國》的文章中並未質疑救國團的存在問題，而僅僅主張改造救國團」[20]。而「首次公

（臺北，1992.12.01），頁35-50。

[16] 薛化元，《《自由中國》與民主憲政——1950年代臺灣思想史的一個考察》，頁280。

[17] 龔宜君，《「外來政權」與本土社會——改造後國民黨政權社會基礎的形成（1950-1969）》（臺北：稻鄉出版社，1998），頁127。

[18] 柏楊（口述），周碧瑟（執筆），《柏楊回憶錄》（臺北：遠流出版公司，1996），頁216。

[19] 徐復觀，〈青年反共救國團的健全發展的商榷〉，《自由中國》，7：8（臺北，1952.10.16）。必需指出的是，該文雖頗爲溫和委婉，卻仍引起統治者的不滿。從下面雷震致函胡適（1952年10月29日）的一段話，多少可看出：「七卷八期登了徐佛觀（筆者按：徐復觀）兄論青年反共救國團之文章（此文經弟與子水先生數度刪改，寫得委婉得很），社會上十分同情，而經國先生則認爲我們與他過不去，不應於此時發表此文，十分震怒（此話係立委王委員新衡傳達的）。過去關於青年反共救【國】團的消息，雖報上迭有登載，但團章未公佈，內容不詳，無從批評起。佛觀來函此事關係子孫後代，憤而草寫此文，弟等感於此事關係今後學校教育，不能不登載此文，並與子水先生妥爲刪改，不意結果仍如此，可見今日辦刊物之不易也。」參見：「中央研究院近代史研究所胡適紀念館館藏檔」，今收入：萬麗鵑（編註），潘光哲（校閱），《萬山不許一溪奔——胡適雷震來往書信選集》（臺北：中央研究院近代史研究所，2001），頁33-34。蔣經國不滿《自由中國》的情形，也可參見當時任職於救國團的柏楊之回憶。柏楊（口述），周碧瑟（執筆），《柏楊回憶錄》，頁217-219。

[20] 薛化元，《《自由中國》與民主憲政——1950年代臺灣思想史的一個考察》，

開主張撤消救國團的言論，要等到第18卷1期中才出現」[21]，這是指社論〈「今日的問題」之（十二）：青年反共救國團問題〉一文[22]，執筆者正是傅正。日後傅正曾回憶撰寫這篇社論的心路歷程，他指出：

> 救國團這個無法無天的單位，是由蔣經國所一手組成，目的無非是控制青年學生，……我在抗戰勝利後的上海讀大學時，就在一九四七年五月學潮時，曾經有被他利用的痛苦經驗，回到臺灣以後更親眼看到他在北投復興崗政工幹校等組救國團的經過，對於蔣經國組成的救國團了解很深，所以在這篇社論中最後明白主張：「解決青年救國團問題的辦法，只有一個，就是撤銷青年救國團」[23]。

1958年6月傅正再撰社論〈再論青年反共救國團撤銷問題〉[24]，1960年9月1日又撰社論〈三論青年反共救國團撤銷問題〉[25]，要求撤銷救國團的立場始終一貫。甚至到了晚年自編

頁284。

[21] 薛化元，《《自由中國》與民主憲政──1950年代臺灣思想史的一個考察》，頁284。

[22] 社論，〈「今日的問題」之（十二）：青年反共救國團問題〉，18：1（臺北，1958.01.01）。

[23] 傅正（主編），《雷震全集（39）──雷震日記（1957年-1958年）：第一個10年（7）》（臺北：桂冠圖書公司，1990），頁214-215，傅正註。

[24] 社論，〈再論青年反共救國團撤銷問題〉，18：11（臺北，1958.06.01）。

[25] 社論，〈三論青年反共救國團撤銷問題〉，23：5（臺北，1960.09.01）。

《傅正文選》時，他更將這3篇主張撤銷救國團的文章收入「我如何直接向小蔣無法無天挑戰？」一類當中[26]。當時同屬《自由中國》編輯委員的夏道平，日後在回憶傅正時指出：

> 《自由中國》的社論中針對蔣經國的一些組織和其作為的強烈指責，大都出自傅正的手筆。當時如果沒有這位曾經親身深入蔣氏政工系統而熟悉其中奧秘的傅正，《自由中國》的撰稿人，誰也寫不出內容那麼翔實而擊中要害的那些近似「檄文」的文章[27]。

由此可見，傅正這些文章對《自由中國》批判救國團的發展史而言，具有重要的意義。對傅正個人的生命史而言，更是他從「蔣經國之路」轉向「雷震之路」的具體展現。

二、反對蔣介石三連任總統

1960年，蔣介石兩任總統任期屆滿，依憲法規定不得再連任，然當局最後仍透過大法官解釋與修改臨時條款等途徑，使蔣介石得以達成三連任[28]。在這過程中，許多民主人士（如

---

[26] 傅正，《傅正文選（2）：向蔣家父子挑戰》（臺北：傅正自印，1989），頁231-262。

[27] 夏道平，〈悼念傅正——民主運動的獻身者〉，收入：宋英（等），《傅正先生紀念集》（臺北：桂冠圖書公司，1991），頁32。

[28] 過程詳見：薛化元、楊秀菁，〈強人威權體制的建構與轉變（1949-1992）〉，收入：李永熾，張炎憲，薛化元（主編），《人權理論與歷史論文集》（臺北：國史館，2004），頁290-293；薛化元，《臺灣開發史》（臺北：三民書局，2003），頁173。

胡適、張君勱、李璜、左舜生等人）一再反對修改憲法，也建議蔣
介石不可違憲連任，許多刊物（如《祖國》、《民主潮》、《民主中
國》、《新中國評論》等等）也有這樣的呼籲[29]。

其中，特別是《自由中國》，更在1年4個月內發表相關社
論11篇、專論20篇，以及通訊7篇加以反對。篇幅之多，超過
該刊所討論過的任何事件[30]。而傅正對該議題至少發表過十多
篇文章[31]，數量之多恐無人能及[32]。

其實，早在1958年5月，傅正就擬寫〈最佳時機〉的短評，
間接表達反對蔣修憲三連任，只是據說《自立晚報》不敢登[33]。
無獨有偶，1959年1月，他又擬寫一篇〈修憲與勸進〉的短評，
借古諷今，這回則據說是《自由中國》不敢登，傅正認為是雷
震怕觸怒蔣介石[34]。

1959年1月4日，蔣經國發表一篇〈我們是為勝利而生

---

[29] 蘇瑞鏘，《戰後臺灣組黨運動的濫觴——「中國民主黨」組黨運動》，頁
47-48。

[30] 傅正，〈種籽發芽了！——雷震案的歷史意義〉，《自立晚報》，1988年10月
13日。轉引自：傅正，《傅正文選（3）：為中國民主黨・民主進步黨戰鬥》
（臺北：傅正自印，1989），頁368。

[31] 詳見本章表3-1：《自由中國》半月刊傅正主要文章一覽表。

[32] 傅正日後表示：「在國民大會開會以前，《自由中國》半月刊所發表的反對
修憲連任運動的社論，十之八九都是由我執筆，此外，我還寫過好幾篇專
論。」傅正，〈組黨救國下獄的第一天——1960年9月4日〉，《自立晚報》，
1988年5月23-24日。轉引自：傅正（主編），《雷震全集（3）——雷震風波：
雷案始末（1）》（臺北：桂冠圖書公司，1989），頁41。另見：傅正（主
編），《雷震全集（4）——雷震風波：雷案始末（2）》（臺北：桂冠圖書公司，
1989），頁447，傅正注。

[33] 傅正，「傅正日記」（1958.05.20）。

[34] 傅正，「傅正日記」（1959.01.09）。

的！〉的文章，傅正從文中「老人與海」的隱喻，配合當時若
干政治跡象，嗅出「一個政治大颱風又將降臨臺灣」(按：指蔣
氏父子可能推動修憲連任)，遂成一文，刊登在該年2月16日的
《自由中國》[35]。值得注意的是，這篇文章是《自由中國》反對
三連任的眾多文章中，最早表達對蔣可能三連任疑慮的文章之
一[36]。直到3個月後，胡適和蔣勻田仍相信蔣介石不會推動三
連任[37]。

　　此後，隨著蔣介石企圖三連任的跡象愈來愈明顯，傅正
反對的文章也就愈寫愈多。日後，他也因這段期間發表在《自
由中國》2篇「反蔣三連任」的文章而入獄[38]。

　　值得一提的是，當蔣介石三連任運動如火如荼展開之
際，傅正在日記上寫道：

　　　　今天修憲連任運動者的這一套把戲，的確有些像是
　　　　袁世凱稱帝時所出現的情形。悲哀的是：當袁世凱
　　　　那樣一個時代，還有梁任公和蔡鍔等人起來公然反

[35] 方望思(傅正筆名)，〈請看香港發出的臺灣政治颱風警報〉，《自由中國》，
　　20：4(臺北，1959.02.16)，頁19。這段經過可參見雷震，「雷震日記」
　　(1959.05.20)傅正注，收入：傅正(主編)，《雷震全集(40)──雷震日記
　　(1959年-1960年)：第一個10年(8)》，頁92。
[36] 稍早《自由中國》已刊登一篇社論表達疑慮，但不及傅正此文之明顯。詳
　　見：社論，〈欣幸中的疑慮──關於蔣總統反對修憲的聲明〉，《自由中
　　國》，20：1(臺北，1959.01.01)，頁7。
[37] 雷震，「雷震日記」(1959.05.20)，收入：傅正(主編)，《雷震全集(40)──
　　雷震日記(1959年-1960年)：第一個10年(8)》，頁92。
[38] 分析詳參本書第5章。

抗，……今天有資格做梁任公和蔡諤的也不是沒有，
但一個個卻沒有一點道德上的勇氣，……只留下極少
數幾個傻瓜，還要發表反對意見，尤其像我這樣過於
不肯妥協的人，仍然激烈反對！但是，大勢所趨，一
切都不可挽救，只求留一點正氣在天地間而已[39]！

同年3月7日的日記中，傅正更將這種「明知其不可爲而爲
之」的態度表露無遺：

胡秋原昨天跟他（按：指雷震）說，關於修憲連任的
事，最好不要再寫文章了，因為這是一件沒有希望的
事。……
嚴格而言，我們今天所從事的民主自由運動，也是件
沒有多大希望的事。至於我們「自由中國」這些年來
所討論到的問題，大半又全是沒有希望的事。可是，
我們身為言論界的一分子，有責任說話，也有義務說
話，……所以，我們還是應明知其無望而仍舊依理而
說[40]。

日後張忠棟指出：「（傅正）這些三十年以前寫的文章（按：
指撤銷救國團、反蔣三連任等文章），今天讀來，或許不覺其中有
甚麼大不了，但是回想當年那種封閉高壓的環境，卻不能不佩

---

[39] 傅正，「傅正日記」（1960.02.14）。
[40] 傅正，「傅正日記」（1960.03.07）。

服作者的率眞與大膽」[41]。

三、連結反對黨與地方選舉

關於《自由中國》「反對黨」主張的形成與發展，薛化元曾指出：

> （《自由中國》）其「反對黨」的主張並非從創立之初即告確立，而是隨著歷史時空環境的變化逐漸開展。而在形成新的「反對黨」對當時臺灣有其必要性的共識以後，《自由中國》對反對黨的組成方式及其功能的看法，基本上仍可分為兩個不同的面向在發展：其一是期望由中國大陸來臺的民主自由人士出面組織，由胡適領導的反對黨；另一個面向則是由地方選舉所帶引出的反對黨主張[42]。

相較之下，「前者在《自由中國》很早就出現了」，而「《自由中國》的反對黨主張在早期卻完全排除與地方選舉的關係」[43]。一直要到1957年，《自由中國》才「第一次使其反對黨主張與地方選舉發生關係，並將臺灣本土政治人物納入反對黨的思考」[44]。這是指《自由中國》檢討該年地方選舉時，傅正

---

[41] 張忠棟，〈永遠活在眾人心中〉，頁122。

[42] 薛化元，〈《自由中國》「反對黨」主張的歷史考察〉，《臺灣風物》，45：4（臺北，1995.12），頁11-12。

[43] 薛化元，〈《自由中國》「反對黨」主張的歷史考察〉，頁12、21。

[44] 薛化元，〈《自由中國》「反對黨」主張的歷史考察〉，頁22。薛化元老師曾

在〈對本屆地方選舉的檢討〉一文中所說：

> 經過這次的教訓，無論是在野黨及無黨無派人士，都
> 該深深警惕。要知道國民黨的競選技巧與手段，已經
> 是越來越高明了。……為今之計，在野黨及無黨無派
> 人士（按：以「本省籍」政治人士為主），實在該面對現實政
> 治環境，進行大團結；而如何化解歧見、結成一個強
> 大的反對黨組織，似乎尤有必要[45]。

在《自由中國》鼓吹反對黨的人士裡，傅正是最先指出要
結合地方選舉者。然當時此一構想仍與雷震等人所推動的反對
黨理念有相當的差距。薛化元指出：

> 包含雷震的這群來自中國大陸的自由派心目中推動的
> 反對黨，並不是以地方選舉為核心的政黨，也不是以
> 臺籍政治人物為核心的政黨，在此一時刻至少雷震對
> 一個單純以地方選舉為核心的政黨是為頗具戒心的。
> 因為實際參與地方選舉的主要正是臺灣本土的政治人
> 物，而來自中國大陸主張自由民主的政治菁英，縱然
> 投入此一舞臺，囿於主客觀的條件，難以成為主要的

當面向筆者強調，《自由中國》在此一面向的發展過程中，傅正角色的重要
性，對筆者的研究方向有著深刻的啟發。
[45] 傅正，〈對本屆地方選舉的檢討〉，《自由中國》，16：9（臺北，1957.05.01），
頁13。

力量[46]。

不過，雖然傅正此一頗具前瞻性的呼籲在最初並未受到重視，但日後反對黨的籌組，卻是朝向此時傅正主張的方向來發展。對《自由中國》社而言，這是其「反對黨思維」與「地方選舉」連結的開始；對傅正個人而言，其日後的民主志業，更是朝此一大方向來發展，極具歷史意義。

四、批判國民黨黨產

作為《自由中國》的作者，傅正對救國團、蔣介石三連任，以及反對黨與地方選舉等議題著墨甚多，然另有若干議題的論述亦不可忽視，對於國民黨黨產的檢討即是一例。

1960年6月1日，《自由中國》刊出一篇由傅正執筆的社論：〈國庫不是國民黨的私囊！——從民社黨拒受宣傳補助費說到國民黨把國庫當作黨庫〉，他「呼籲大家制止國民黨把國庫當做一黨的私囊」。該文指出：

> 國民黨把持中國政權幾十年以來，其間雖歷經軍政、訓政、而憲政，但卻始終以革命英雄自居，以為天下是老子打來的，中華民國只是國民黨一黨的私產。因此，國民黨經常把國庫看成了黨庫，予取予求；甚至透過政府的權力，運用種種手法，搜刮黨費。這幾十年來，國民黨由國庫中掠奪所得，究竟到何種地步？

---

[46] 薛化元，〈《自由中國》「反對黨」主張的歷史考察〉，頁25。

又究竟龐大到何種地步？非但局外人無從瞭解，即連
國民黨當局，恐怕也由於掠奪的時間過久、範圍過
廣、方式過多、數字過大，已經無從計算了。……
國民黨的經費，又從那裡來呢？說到這裏，我們便不
得不指出國民黨搜刮黨費的種種手法。

國民黨搜刮黨費的主要手法，便是透過政府主管單位
的權力，公開列入政府預算，甚至乾脆將整個組織納
入政府機關，變成行政單位的一部分。……國民黨的
各級黨部，已經有形無形構成政府單位的一部分，可
以把政費當做黨費！……

國民黨由於開支過大，所以對於黨費的搜刮，除掉上
述方式之外，還另有其他各種手法。……

總之，國民黨搜刮黨費的手法，早已到了無所不用其
極的地步了[47]！

最後，這篇社論還警告當局說：「時至今日，如果國民
黨……硬把國庫當做黨庫，乃至把國家當做一黨私產，不過是
自絕於人民，自取滅亡而已！」[48]

1960年傅正爲文檢討國民黨的黨產問題，對今天追討國

---

[47] 社論，〈國庫不是國民黨的私囊！──從民社黨拒受宣傳補助費說到國
民黨把國庫當作黨庫〉，《自由中國》，22：11（臺北，1960.06.01），頁
335-336。

[48] 社論，〈國庫不是國民黨的私囊！──從民社黨拒受宣傳補助費說到國民黨
把國庫當作黨庫〉，頁336。

民黨不當黨產的運動而言，極具啓發價值。從近來李筱峰[49]、陳君愷[50]等歷史學者徵引這篇將近半個世紀前的文章，來抨擊今天國民黨不當黨產的問題，即可看出該文的重要價值。

---

[49] 李筱峰指出：「國民黨讓『國庫通黨庫』確實有悠久的歷史。早在四十六年多前，雷震主辦的《自由中國》雜誌，就以〈國庫不是國民黨的私囊〉爲題，發表社論〔一九六○年六月一日第二十二卷十一期〕指出：『這幾十年來國民黨由國庫中掠奪所得，究竟到何種地步？又究竟龐大到何種地步？非但局外人無從了解，即連國民黨當局，恐怕也由於掠奪的時間過久、範圍過廣、方式過多、數字過大，已經無從計算了。』四十六年前，雷震他們就指出國民黨掠奪多少國庫，已經難以估計。時至今日，這些糊塗帳就更難說清了。……國民黨過去能夠『黨庫通國庫』，當然是兩蔣時代的『一黨專政』與『黨國不分』的產物，怎麼會『一切的疑惑都發生在李登輝時期』？這種答案，期中考一定不及格。四十六年前上述《自由中國》那篇社論發表時，李登輝根本還未加入國民黨。」李筱峰，〈我的一道期中考題〉，《自由時報》，2006年11月12日。

[50] 陳君愷在徵引該文之後進一步指出：「這個血淋淋的實例（按：指「雷震案」），正可以破除許多人所謂的『黨產是過去威權時代的產物，不能用今天民主時代的標準去看當年』的說法。因爲『當年』就有人（按：指傅正）公開反對國民黨擁有黨產！因此，不是當時『民智未開』、人民不懂得反對，而是當時的國民黨政權比較蠻橫粗暴！進一步申言之：正是因爲當年的批評與反對未能成功，所以才讓國民黨得以肆無忌憚的累積了如此龐大的黨產！而重要的是：這篇社論的撰稿者傅正，後來成爲民主進步黨的創黨黨員；因此，民進黨追討國民黨黨產的行動，不僅只是試圖索求遲來的正義，亦不啻是繼承傅正的遺志；更豈非是要還給傅正等爲了追求民主而受難的人，一個最起碼的公道。」陳君愷，〈從轉型正義觀點看國民黨黨產問題〉，財團法人臺灣智庫（主辦），「轉型正義經驗比較國際研討會」會議論文，2007年7月28日；Chun-kai Chen, "The Problem of the KMT's Assets, from the Perspective of Transitional Justice," *International Conference on the Comparative Studies of Transitional Justice*（Taipei: Taiwan Thinktank, July 28, 2007），p.171.

表3-1:《自由中國》半月刊傅正主要文章一覽表

	作者	著作	卷期(出版日期)
1	傅中梅(本名)	個人自由乎?國家自由乎?	9:6(1953.09.16)
2	傅正	國家主義與世界主義(上)	13:6(1955.09.18)
3	傅正	國家主義與世界主義(下)	13:7(1955.10.01)
4	傅正	國家要把人當人	15:7(1956.10.01)
5	傅正	關於反共團結運動	15:12(1956.12.16)
6	陸大順(筆名)	國民黨可以不守選舉法規嗎?	16:8(1957.04.16)
7	傅正	對本屆地方選舉的檢討	16:9(1957.05.01)
8	傅正	劉自然案帶來的血的教訓!	16:11(1957.06.01)
9	傅正	從責任政治說到反對黨	17:7(1957.10.01)
10	社論	青年反共救國團問題(「今日的問題」之十二)	18:1(1958.01.01)
11	傅正	所謂「勿蹈民盟路線的覆轍——由『聯合報』一篇社論引起的一點意見」	18:7(1958.04.01)
12	社論	安全室是幹什麼的?	18:9(1958.05.01)
13	社論	再論青年反共救國團撤銷問題	18:11(1958.06.01)
14	社論	國民黨當局還不懸崖勒馬?	18:12(1958.06.16)
15	社論	國民黨當局應負的責任和我們應有的努力	19:1(1958.07.01)
16	傅正	一個免試升學學校教員對免試升學的意見	19:1(1958.07.01)
17	社論	從速救助中國大陸流亡學生!	19:5(1958.09.01)
18	方望思(筆名)	請看香港「聯合評論」	19:5(1958.09.01)
19	社論	扼殺民營報紙的又一辦法	19:6(1958.09.16)
20	社論	呼籲從速召開反共救國會議——並請蔣總統釋疑	19:9(1958.11.05)
21	社論	政府不應用經濟方法打擊民營報紙!	19:11(1958.12.01)
22	王建邦(筆名)	請政府切實保障人權!	19:11(1958.12.01)
23	社論	取消一黨專政——從黨有、黨治、黨享走向民有、民治、民享的大道	20:2(1959.01.16)
24	社論	痛定思痛談免試升學	20:3(1959.02.1)
25	方望思(筆名)	請看香港發出的臺灣政治颱風警報	20:4(1959.02.16)
26	傅正	地方自治乎?省府官治乎?——對省府所擬地方自治法規七種修正草案的總評	20:5(1959.03.01)
27	社論	治安機關無權查扣書刊——從「祖國周刊」被扣說到書報雜誌審查會報之違法	20:6(1959.03.16)
28	社論	當前臺灣警政問題的嚴重性!	20:11(1959.06.01)
29	方望思(筆名)	海外對總統三任問題的反應	20:11(1959.06.01)
30	傅正	我國不是內閣制嗎?	20:12(1959.06.16)
31	社論	憑甚麼查扣「自由人」?	21:1(1959.07.01)

32	社論	解決臺灣省政體制的根本辦法——省長必須實行民選	21：3（1959.08.01）
33	方望思（筆名）	左舜生先生的答辯	21：4（1959.08.16）
34	傅正	修憲已沒有「合法途徑」了！	21：5（1959.09.01）
35	社論	撤銷軍人之友社！	21：7（1959.10.01）
36	社論	從「自由人」被扣說到「自由人」停刊	21：8（1959.10.16）
37	傅正	從本刊的「讀者投書」說到國是問題	21：10（1959.11.16）
38	社論（雷震/傅正）	請速停辦「大陸來臺國民調查」！	21：11（1959.12.05）
39	方望思（筆名）	請重視海外對總統連任問題的看法	21：11（1959.12.05）
40	社論	重申我們反對修憲的意見	21：12（1959.12.16）
41	社論	「死亡宣告」可以適用於國大代表嗎？	22：1（1960.01.01）
42	社論	「臨時條款等於憲法」！——根據第一屆國民大會第二次會議的記載	22：2（1960.01.16）
43	方望思（筆名）	中國留學生的號角響了！	22：2（1960.01.16）
44	社論	紅白壽慶送往迎來——從臺北市長黃啓瑞娶兒媳「大擺流水席」說到官場風氣	22：3（1960.02.01）
45	傅正	護憲乎？毀憲乎？——望國大代表作明智的抉擇！	22：4（1960.02.16）
46	紀仁（筆名）	駁某畫報「論所謂蔣總統的『連任』問題」	22：4（1960.02.16）
47	社論	不要再玩政治魔術！——告國民黨當局	22：5（1960.03.01）
48	社論	豈容「御用」大法官濫用解釋權？	22：5（1960.03.01）
49	方望思（筆名）	海外人士的十二點國是意見	22：5（1960.03.01）
50	雷震（傅正代筆）	敬向國大代表同仁說幾句話	22：5（1960.03.01）
51	社論	對於地方選舉的兩點起碼要求	22：6（1960.03.16）
52	方望思（筆名）	港報一致抨擊彭孟緝！	22：6（1960.03.16）
53	社論	就地方選舉向國民黨再進一言	22：7（1960.04.01）
54	社論	請投在野黨和無黨無派候選人一票！	22：8（1960.04.16）
55	社論	國民黨豈可重演違法競選的故技？	22：8（1960.04.16）
56	傅正	黃啓瑞能向臺北市民交代嗎？	22：8（1960.04.16）
57	雷震（傅正代筆）	人心！人心！人心！——從臺中縣、臺南市、雲林縣事例說到唐秘書長和田部長的談話	22：8（1960.04.16）
58	本刊資料室	看臺灣各縣市群雄角逐！——關於全省二十一縣市選局報導	22：8（1960.04.16）
59	社論	這樣的地方選舉能算「公平合法」嗎？	22：9（1960.05.01）
60	傅正	評「工商日報」對南韓政治風暴的看法	22：10（1960.05.16）
61	社論	國庫不是國民黨的私囊！——從民社黨拒受宣傳補助費說到國民黨把國庫當作黨庫	22：11（1960.06.01）

62	傅正執筆	選舉改進座談會的聲明	22：12（1960.06.16）
63	傅正執筆	選舉改進座談會鄭重要求內政部長連震東公開答覆	23：1（1960.07.01）
64	社論	創辦新報的限制該解除了吧！——今天連違法的根據也沒有了	23：2（1960.07.16）
65	社論	評選舉監察辦法修正案——國民黨黨政當局再不要玩弄手法了	23：4（1960.08.16）
66	社論	三論青年反共救國團撤銷問題	23：5（1960.09.01）

※資料來源：薛化元（主編），《《自由中國》全23卷總目錄暨索引》（臺北：遠流出版公司，2000），頁132、245-246；傅正，「傅正日記」（1957.04.30）、（1958.04.06）、（1959.01.26）、（1960.01.07）、（1960.01.20）、（1960.01.21）、（1960.02.23）、（1960.02.29）、（1960.04.01）、（1960.04.09）、（1960.04.13）、（1960.08.07），收入：中央研究院近代史研究所檔案館（藏），「雷震・傅正檔案」，臺北：中央研究院近代史研究所檔案館；傅正，《傅正文選（1）：對一黨專政開火》（臺北：傅正自印，1989），頁93-103、115-122、153-163、261-266；傅正，《傅正文選（2）：向蔣家父子挑戰》（臺北：傅正自印，1989），頁243-256；傅正（主編），《雷震全集（40）——雷震日記（1959年-1960年）：第一個10年（8）》（臺北：桂冠圖書公司，1990），頁92、343。

第三節：作為《自由中國》的編者

脫離「蔣經國之路」後，傅正雖然嚮往「雷震之路」，然由《自由中國》社的「作者」成為「編者」的過程並不是很順遂。

就讀臺大期間（1955年2月-1957年6月），傅正偶爾給《自由中國》半月刊寫稿。臺大畢業後，雷震便有意留他在《自由中國》社工作。然據說編輯委員中，有人擔心出身政工系統的傅正是來滲透的，也擔心他過去曾與蔣經國有過一段關係而開罪了蔣，因而未能接受[51]。直到1958年1月，原任主編黃中已離

---

[51] 傅正，〈從蔣經國到雷震之路！——叫我如何不想他〉，收入：傅正（主

職去美國,該年3月胡適又決定要回臺灣接任中央研究院院長,雷震推斷大約不至於因爲用他而遭到蔣經國的明顯報復,也就邀他接替黃中的工作[52]。

1958年4月開始,傅正正式成爲《自由中國》的編輯委員(圖3-2)(圖3-3)。與傅正同一時期的編輯委員,計有雷震、殷海光、夏道平、戴杜衡、申思聰、金承藝、宋文明、聶華苓、毛子水,以及傅正等10人[53]。除擔任編輯委員,傅正也負責實際的編務。當時雷震給他和聶華苓分派工作:理論(政治)版由他負責,文藝版則由聶負責[54]。2003年出版的《雷震回憶錄之新黨運動黑皮書》中,雷震也寫道:「傅正(字中梅)是編輯主任,所有文章除開文藝作品的稿子由主編文藝的聶華苓主管外,其他所有應登或不登的稿件,都由傅正主管」[55]。《自由中國》從此時開始到停刊將近兩年半的時間,實際主編政論性文

───────────

編),《雷震全集(2)──雷震與我(2)》(臺北:桂冠圖書公司,1989),頁357。傅正在日記當中也提到:「雷公告訴我在上次向編輯委員會提出來的時候,由於大家聽說我是政工幹校出來的,便對我不敢信任,深怕是來做滲透工作的。同時,又怕我如果真跟蔣經國搞的不好,則可能因爲我的來,而更給自由中國社帶來麻煩。」參見:傅正,「傅正日記」(1958.01.31)。另外,雷震的日記也有提及。參見:雷震,「雷震日記」(1958.02.04),傅正(主編),《雷震全集(39)──雷震日記(1957年-1958年):第一個10年(7)》,頁225-226。

[52] 傅正,〈從蔣經國到雷震之路!──叫我如何不想他〉,頁357。

[53] 蘇瑞鏘(訪問、紀錄),〈宋文明先生訪問紀錄(2)〉(2007.06.05,臺北市YMCA一樓餐廳)。

[54] 傅正,「傅正日記」(1958.04.21);蘇瑞鏘(訪問、紀錄),〈宋文明先生訪問紀錄(2)〉(2007.06.05,臺北市YMCA一樓餐廳)。

[55] 雷震,《雷震回憶錄之新黨運動黑皮書》(臺北:遠流出版公司,2003),頁94。

章的傅正[56]，也就成了該刊除雷震以外的另一位靈魂人物。

傅正在《自由中國》裡全力以赴，生活工作重心都在此[57]。平時除了要處理一般編輯工作（如定期赴印書館清校[58]）之外，還需撰寫大量的稿件，其中包括社論、一般性文章[59]，以及短評（傅正建議開闢的專欄）[60]。有時還需代雷震寫文章[61]，或幫同仁

---

[56] 傅正也曾指出：「我從《自由中國》的讀者、作者、而編者，並且在最後一段時期擔任了實際主編的工作」，參見：傅正，〈對殷海光先生的一段懷念〉，收入：林正弘（主編），《殷海光全集（18）》（臺北：桂冠圖書公司，1990），頁277。

[57] 蘇瑞鏘（訪問、紀錄），〈宋文明先生訪問紀錄（2）〉。

[58] 多是雷、傅、聶三人同往，參見傅正，「傅正日記」（1958.04.26）、（1958.11.11）、（1958.11.26）等等。

[59] 詳參本章表3-1：《自由中國》半月刊傅正主要文章一覽表。

[60] 這段期間，《自由中國》一共登出85篇「短評」（參見：薛化元〔主編〕，《《自由中國》全23卷總目錄暨索引》〔臺北：遠流出版公司，2000〕，頁251-254），多數為傅正所作，此乃根據傅正指出：「《自由中國》的『短評』欄，完全是出於我的建議，而從民國四十七年十月一日的第十九卷第七期開始。……我並不想成為我一人的專欄，所以，最初一、兩次，除大部份由我執筆外，偶爾總有一、兩條是別的編輯委員所寫。到後來，由於很多人不習慣或不喜歡寫短評，便在事實上成了我的專欄。……從民國四十八年三月十六日開始，先在每條短評後面注一個『正』字或『梅』字，表示是由我執筆，偶爾也注一個『田』字，暗示是雷先生執筆，實際上還是我執筆，只是表示好像並非全由我一人執筆而已。最後，從同年五月一日（筆者按：20卷9期）起，終於停止了這一欄。」傅正，〈《雷案回憶》補注〉，收入：傅正（主編），《雷震全集（11）──雷震回憶錄：雷案回憶（1）》，頁208-209。

[61] 例如：雷震，〈敬向國大代表同仁說幾句話〉，《自由中國》，22：5（臺北，1960.03.01）；雷震，〈人心！人心！人心！──從臺中縣、臺南市、雲林縣事例說到唐秘書長和田部長的談話〉，《自由中國》，22：8（臺北，1960.04.16）。

找資料[62]，甚至常要設法避免登出的文章會發生法律問題[63]。另外，這段時期由於他和「本省」籍政治菁英接觸日廣，也就經常幫忙這些政治菁英修改稿件（如幫楊金虎）、甚至議會質詢稿（如幫郭雨新）[64]。

　　此外，傅正還常在社裡陪各路訪客聊天[65]，其中常有來要求「申冤」者[66]，必要時還真得幫他們陳情，如官家良即是一例[67]。更棘手的是，他不時還要面對統治當局的壓力，如孫秋

---

[62] 傅正，「傅正日記」（1958.11.20）。

[63] 例如，傅正擔心夏道平撰寫的社論稿〈如此司法——奉命不上訴〉可能闖禍，而去找法律書籍來研讀。過了一天仍無法解決，只好託雷震請端木愷律師審閱，最後再根據端木愷的意見加以修改（傅正，「傅正日記」〔1958.11.10〕、〔1958.11.11〕）。日後傅正與端木愷的「緣」，還延續到東吳大學時期（詳本書第6章第1節）。

[64] 如幫楊金虎修改〈建設臺灣模範省〉的稿子（傅正，「傅正日記」〔1958.04.03〕）、幫郭雨新修改他即將在省議會提出的總質詢稿（傅正，「傅正日記」〔1960.08.17〕）。陳信傑曾告訴筆者，傅正跟他提起過，當年在《自由中國》時，常替一些「本省」籍政治人物修改文章，因為他們多半受日本教育，中文書寫並不流利。

[65] 傅正，「傅正日記」（1959.01.20）、（1959.01.24）、（1960.04.07）等等。

[66] 傅正，「傅正日記」（1958.05.25）、（1958.11.27）等等。

[67] 官家良少校被誣指涉及某滅門血案，拘禁期間受到相關單位的酷刑逼供。在獲得不起訴處分後，來向《自由中國》陳情，由傅正接待（雷震，「雷震日記」〔1959.09.29〕傅正註，收入：傅正〔主編〕，《雷震全集（40）——雷震日記（1959年-1960年）：第一個10年（8）》，頁168-169；傅正，「傅正日記」〔1959.01.25〕）。傅正將其陳情書送交編輯委員會討論，雷震說寧可關門也要登出（傅正，「傅正日記」〔1959.02.03〕）。不久即登出：官家良，〈官家良「申冤」的陳情書〉，《自由中國》，20：5（臺北，1959.03.01）。值得一提的是，當傅正讀到官家良被施刑的慘狀，不免感慨地說：「我讀了一遍又一遍，想到自己近幾年來的揭發黑暗和罪惡，早被他們視為眼中釘，有一天落到他們的手裡，遭遇必定比官家良還慘！但是，我既已決

源案[68]、陳懷琪事件（詳下），有時候還得應付可能是特務們所設的圈套[69]。

同屬《自由中國》編輯委員的宋文明，日後指出：「（傅正）他參加自由中國雖說最晚，但他對自由中國出力之勤，用心之專，犧牲之大，除創辦人雷儆寰之外，恐怕就要算他了」[70]。

雖然如此，傅正擔任編輯期間，也有一些思慮欠周的地方。例如他一手處理陳懷琪的投書，即因思慮欠周而造成《自由中國》發行人雷震被控「偽造文書」、「誹謗」，以及「有利於叛徒之宣傳」[71]。他在《自由中國》的同事馬之驌日後即指

心為公理正義而奮鬥，任何後果，都不必計較了！」（傅正，「傅正日記」〔1959.01.28〕）。雷震、傅正二人對公理正義的堅持，由此可見一斑。

[68] 例如，1958年12月16日《自由中國》登出一篇社論〈從憲法保障人民身體之自由說到取締流氓辦法〉批評警備總部非法逮捕孫秋源，警總去函要求更正。見雷震，「雷震日記」（1959.01.12）、（1960.01.18）傅正註，收入：傅正（主編），《雷震全集（40）──雷震日記（1959年-1960年）：第一個10年（8）》，頁9-10、231。

[69] 雷震，「雷震日記」（1960.04.04）、（1960.04.06），收入：傅正（主編），《雷震全集（40）──雷震日記（1959年-1960年）：第一個10年（8）》，頁283-285；傅正，「傅正日記」（1960.04.04）、（1960.04.05）。

[70] 宋文明，〈可歌可泣的民主運動者〉，收入：宋英（等），《傅正先生紀念集》，頁51。

[71] 《自由中國》半月刊第20卷第2期（1959年1月16日）登了兩則讀者投書，一為〈軍人也贊成反對黨〉，二為〈革命軍人為何要以「狗」自居？〉，署名者為陳懷琪。可是後來有一位叫做陳懷琪的軍人去函否認，《自由中國》在第20卷第4期已予更正，不料這位陳懷琪認為《自由中國》未照登他長達萬餘字的來函，即在黨報、官報、軍報用廣告方式登出。接著這位陳懷琪就在臺北地方法院控告《自由中國》半月刊發行人雷震「偽造文書」、「誹謗」，以及「有利於叛徒之宣傳」等三項罪名。參見：雷震，〈國民黨早以陳懷琪為迫害雷震工具〉，收入：傅正（主編），《雷震全集（11）──雷震回憶錄：雷案回憶

出：「假如對此『事件』加以分析檢討，所得的結論——完全是
《自由中國》編輯的疏失，而造成的訟案。……如《自由中國》
的編輯，對此類文稿，事前、事後處理得當，就不會發生問題
了」[72]。該文所指的「編輯」，應該是指傅正。

　　然不論如何，傅正在擔任編輯這段期間，對《自由中國》
的貢獻及其重要性是有目共睹的。特別是，從「反對蔣介石三
連任總統」與「1960年的地方選舉」的相關文章中，也可看出傅
正作為該社編者所扮演的重要角色。

　　有關《自由中國》反對蔣介石三連任總統的過程，與作為
《自由中國》作者的傅正其文章的特色，筆者在上一節已有詳
述。而作為《自由中國》編者的傅正，在這過程中亦扮演著頗
為積極的角色。例如，傅正在1960年1月16日的日記上提到：

> 　　今天，我們在開編輯會議時，我認為直到第三任總統
> 選出為止，每一期都該對修憲連任問題，正面表示意
> 見。……我們便該趁勢掀起一個高潮，並盡最大努力

（1）》頁66-67。當時一手處理陳懷琪讀者投書的傅正回憶當時的處理情形：
「陳懷琪的讀者投書，是由我當時一手處理的。……但控告案發生後，……
我們仍將陳的原投書和更正函送請美軍某單位鑑定，經核對結果，儘管其
中有故意改換筆跡之處，仍可推斷是出於一人之手，但美軍單位深恐引起
不必要困擾，不能出證明。我們當時已將兩者照相製版，準備在最後不得
已時提出。後因王雲五出面調解，而不了了之。沒想到，民國四十九年雷
案發生後，又舊事重提，並成為雷先生的罪名之一，而且在十月三日雷案
審訊前兩日的十月一日，先就陳懷琪控告案開調查庭，偏偏不傳我這個就
關在同一地址的看守所的當事人作證。」傅正，〈《雷案回憶》補注〉，收
入：傅正（主編），《雷震全集（11）——雷震回憶錄：雷案回憶（1）》頁204。
[72] 馬之驌，《雷震與蔣介石》，頁300-302。

去找幾位知名人士，繼續寫這種文章在我們的雜誌上
發表。最後，大家都贊成我的意見[73]。

由此可以看出，不論作爲「作者」或「編者」，傅正皆對
「反蔣三連任」的問題表現出高度的積極作爲。

1960年3月21日蔣介石連任總統之後，由於省議員暨縣市
長選舉將在4月24日舉行，於是《自由中國》與執政者對立的
焦點，也逐漸從修憲三連任問題轉移到地方選舉問題上[74]。此
時傅正眼見非國民黨籍的候選人「連一點臨時宣傳的機會都
沒有」，而認爲《自由中國》「應該挺身而出，給非國民黨籍
的候選人壯壯聲勢」。因此，他向雷震建議出版《臺灣地方自
治與選舉的檢討》（民、青兩黨與「本省」籍地方人士的文章彙編，
約30篇、14萬字），援助非國民黨籍的候選人。而「他（按：指雷
震）起初還不大同意，最主要的是怕沒有銷路。但據我（按：
指傅正）的分析，這事不至於有太多問題，所以他也就欣然贊
同」[75]。

3月底，傅正收到臺中縣長參選人王地寄來的限時信，王
地要求傅正「在輿論上加以支持」。於是，傅正決定在選前4
月16日出版的《自由中國》上面，「給在野黨及無黨無派候選

---

[73] 傅正，「傅正日記」（1960.01.16）。傅正對於當時國大修憲問題的關切，亦
可參見：傅正，「傅正日記」（1960.02.23）。

[74] 薛化元，《《自由中國》與民主憲政──1950年代臺灣思想史的一個考察》，
頁169。

[75] 傅正，「傅正日記」（1960.03.05）、（1960.03.19）。雷震在其日記中也提過此
事，見雷震，「雷震日記」（1960.03.15），收入：傅正（主編），《雷震全集
（40）──雷震日記（1959年-1960年）：第一個10年（8）》，頁270。

人做一次最後的輿論支持」[76]。果然,該期就登出10篇左右與地方選舉相關的文章。除了何春木、楊基振等「本省」籍地方人士的文章與民社黨的聲明,傅正一個人就寫了4篇相關的文章[77],對支援在野黨及無黨無派候選人的選舉不遺餘力。

傅正日後指出:「遠在一九五四年便開始寫批評地方選舉的文章,一九五八年負責『自由中國』半月刊編務後,有關地方選舉方面的社論,幾乎全由我一人執筆」[78]。從作為《自由中國》的作者到編者,傅正皆對地方選舉表現出相當高度的關注。此一關注,更對日後傅正組黨志業的發展有著重大的影響[79]。

作為《自由中國》的編者,傅正之所以能相當程度地影響該刊後期的發展,除了高度的理想和過人的衝勁,他與雷震二人的志同道合也是重要的因素。早在1957年5月,當時傅正結識雷震僅及半載,他在日記中就寫道:「雷先生之政治認識與抱負,既與我不謀而合,諒此後當可於共同理想下,作艱苦之

---

[76] 傅正,「傅正日記」(1960.03.29)。

[77] 傅正的文章計有:〈請投在野黨和無黨無派候選人一票!〉、〈國民黨豈可重演違法競選的故技?〉、〈人心!人心!人心!──從臺中縣、臺南市、雲林縣事例說到唐秘書長和田部長的談話〉,以及〈看臺灣各縣市群雄角逐!──關於全省二十一縣市選局報導〉。詳參:《自由中國》,22:8(臺北,1960.04.06)。

[78] 傅正,〈請支持我為民主而戰!──寫在「開火」、「挑戰」、「戰鬥」三本文選前面〉,收入:傅正,《傅正文選(1):對一黨專政開火》,頁24。宋文明也說傅正在《自由中國》負責「地方問題」的討論。蘇瑞鏘(訪問、紀錄),〈宋文明先生訪問紀錄(2)〉(2007.06.05,臺北市YMCA一樓餐廳)。

[79] 詳本書第4章與第7章。

犧牲，庶不負此段情誼」[80]。當年與雷震、傅正一起負責編輯
《自由中國》的聶華苓，40年後栩栩如生地回憶起當年這一段
共事的經歷：

> 他（按：指傅正）本在青年救國團工作，卻向救國團的眼
> 中釘《自由中國》投稿。雷先生大叫好。兩團火，一拍
> 即合。辦公室可熱鬧了。兩人嗓門都大，一篇文章，
> 兩人叫幾聲好，就決定了，而且樂不可支，和孩子一
> 樣高興。他們是志同道合的朋友。讀者作者來訴苦，
> 傅正是知音，他們的苦，他全受過。訴苦的人帶來一
> 篇揭露時弊的文章。傅正說：「好！放心！一定登！」
> 雷先生呢？當然也是一聲好[81]。

　　就在忙完地方選舉之後，這「兩團火」要在臺灣這塊土地
上繼續燃燒他們的熱情。然接下來這一回，整個《自由中國》
社幾乎只有他們兩人並肩實際行動，但在廣大的臺灣社會，他
們卻得到意想不到的掌聲，而這掌聲一直迴響到21世紀的今天
依然繚繞不絕，這就是「中國民主黨」組黨運動。

---

[80] 傅正，「傅正日記」（1957.05.16）。
[81] 聶華苓，〈雷震說：我有何罪？（上）〉，《中國時報》，1996年7月1日。

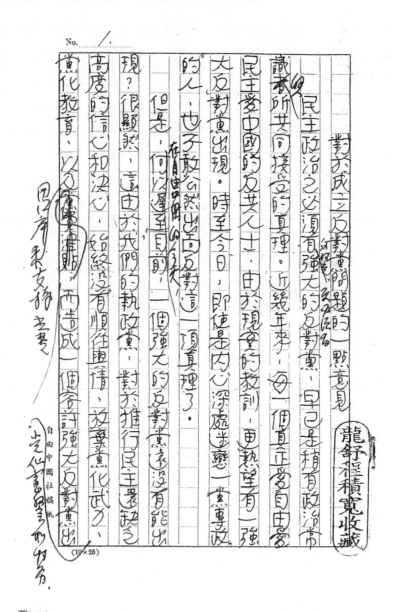

圖3-1：
討論反對黨問題手稿。資料來源：程積寬提供。

圖3-2：
《自由中國》半月刊創刊10週年同仁合照（前排左二為傅正）。資料來源：宋英
（等），《傅正先生紀念集》（臺北：桂冠圖書公司，1991），正文前相片。

圖3-3：
1970年代前《自由中國》半月刊社同仁及其他友人合照（上圖前排左二為傅正，下圖左一為傅正）。資料來源：宋文明提供。

| 第四章 |

參與籌組
「中國民主黨」[1]

　　「中國民主黨」組黨運動是戰後臺灣首度大規模組織反對黨的運動，參與者包含從事地方選舉的「本省」籍政治人物與《自由中國》半月刊為核心的「外省」籍知識份子。他們分別歷經多年的努力，在1960年5月18日宣佈開始籌組反對黨。然同年9月4日卻爆發「雷震案」，組黨運動的氣勢急轉直下，翌年地方選舉之後胎死腹中。本章除簡介該組黨運動的發展史，並將深入探討傅正在這過程中所扮演的角色（圖4-1）。

---

[1] 本章部分內容乃以下列拙著中的一部分作為基礎，進一步發展而成，除非必要，以下不再贅述。詳參：蘇瑞鏘，《戰後臺灣組黨運動的濫觴——「中國民主黨」組黨運動》，臺北：稻鄉出版社，2005；蘇瑞鏘，〈中國民主黨〉，收入：國史館，「國家歷史資料庫——戰後臺灣的發展」專題：「民主運動的萌芽與挫折」詞條（國史館即將公開的網路資料庫）；蘇瑞鏘，〈反對黨問題〉，收入：國史館，「國家歷史資料庫——戰後臺灣的發展」專題：「中央體制的變革」詞條（國史館即將公開的網路資料庫）；蘇瑞鏘，〈傅正與1950年代臺灣民主運動——以「《自由中國》半月刊」和「『中國民主黨』組黨運動」為中心〉，收入：胡健國（主編），《20世紀臺灣民主發展：第7屆中華民國史專題論文集》（臺北：國史館，2004），頁294-311；蘇瑞鏘，〈傅正傳〉，《國史館館刊》，復刊39（臺北，2005.12），頁269-275。

第一節：「中國民主黨」組黨運動的發展[2]

最遲在1951年，當時還是國民黨員的傅正就已期盼加入另一政黨[3]。之後成為《自由中國》社的一份子，繼而跟隨雷震參與組織「中國民主黨」。不久「雷震案」爆發，他也隨之入獄。然已將組黨作為一種志業的他，並不因此而放棄組黨的理想，26年後終於組成民主進步黨。

傅正去世後，學者張忠棟說傅正對臺灣民主的貢獻「尤在先後參與中國民主黨和民主進步黨的籌組」[4]。因此，要了解傅正一生的組黨志業，必須從「中國民主黨」組黨運動開始談起。

「中國民主黨」組黨運動乃是戰後臺灣組黨運動的濫觴，其傳承與發展有著複雜的歷史脈絡。從歷史傳承的角度來觀察，臺灣史上的組黨運動雖可追溯到日治時期，然原有的組黨傳統在戰後初期卻沒有直接延續下來。此乃由於戰後初期臺灣經歷「二二八事件」、「掃紅」，以及「土地改革」，不論左翼或

---

[2] 本節主要以拙著《戰後臺灣組黨運動的濫觴──「中國民主黨」組黨運動》頁246-251為基礎，進一步發展而成。原徵引的資料，除非必要，以下不再贅引。若需進一步了解者，可直接參閱拙著。

[3] 傅正在日記當中陳述對蔣經國等國民黨領導人的不滿之後，進一步說道：「總之，而今而後，我應該真正由於自己的認識而加入另一個政黨，開始我新的政治生活。」傅正，「傅正日記」（1951.02.25），收入：中央研究院近代史研究所檔案館（藏），「雷震・傅正檔案」，臺北：中央研究院近代史研究所檔案館。

[4] 張忠棟，〈永遠活在眾人心中〉，收入：張忠棟，《自由主義人物》（臺北：允晨文化，1998），頁122。

右翼人士皆遭壓制，加上在二二八事件的陰影下，官方又對臺灣本土人士所欲組成帶有政治意味的團體，採取高壓政策，更使得臺灣本土政治人士幾無結社（特別是政治結社）空間可言。因此，戰後初期臺灣本土的政治人士，若非加入既有的政黨（國民黨、民社黨，以及青年黨），便是以無黨籍身分參政。雖在臨時省議會中對政黨政治有過零星的呼籲，但未曾公開提出組黨的主張，更遑論組黨的行動。直到1957年地方選舉之後，由於對選舉過程的不滿，才有具體的結社主張與行動。在此情形下，1950年代在臺灣討論「反對黨」主張及其可能組成途徑的主要代表，是由雷震主導的《自由中國》[5]。

在1950年代初期，《自由中國》的「外省」籍民主人士，已開始點點滴滴介紹反對黨的重要性。然而，一來由於當時臺灣外部有來自中國／中共的威脅，救亡的迫切性不容忽視；二來由於統治當局為了爭取美國的支持，而有一些較為開明的作為。這些原因都使得當時《自由中國》的知識分子，雖希望臺灣能出現政黨政治，然多對國民黨寄以厚望，大體上仍是支持國民黨與蔣介石。因此，對於政黨政治，多停留在理念上的支持。

到了1950年代中期，統治當局由於取得美國的鼎力相助，逐漸解除外在來自中國／中共的壓力；加上「改造」完成後，「黨國體制」逐漸確立，於是其專制的態度較之50年代初期更為明顯。如此一來，使得不少以《自由中國》為中心的「外省」籍人士漸感不滿，雙方的衝突不斷升高。較之50年代

---

[5] 主要論述詳參：薛化元，〈《自由中國》「反對黨」主張的歷史考察〉，《臺灣風物》，45：4（臺北，1995.12），頁9-10。

初期，此時該刊也更加積極倡議反對黨的理念。特別是從1955年開始，雷震已不再將促成反對黨的希望，單純寄託在統治當局身上，而是期待促使在野民社黨與青年黨的團結，進而形成強大的反對黨。

到了1950年代晚期，《自由中國》集團與統治當局的衝突更加劇烈，這也促使他們對反對黨的期盼，進展到行動上的積極鼓吹。在此一階段，1957年是《自由中國》反對黨主張的重要分水嶺。該年年初，牟力非主張在野黨欲求作為健全的反對黨，須從健全自身以獲得廣大民眾的支持為始。該年地方選舉之後，傅正更呼籲在野黨及無黨無派人士應進行大團結，結成一個強大的反對黨組織。這是該刊首次將反對黨主張關聯到地方選舉，並將「本省」籍政治人物納入其反對黨的思考，別具歷史意義。

也就在1957年地方選舉之後，不少參與這次選舉的民主人士（「本省」籍地方政治人士為主），憤於選舉不公，而有將在野反對勢力加以組織化的企圖，「中國地方自治研究會」的結社申請即為顯例。這也提供「外省」籍民主人士與「本省」籍地方政治人士結合的契機，整個組黨運動邁入新的階段。到了1960年的地方選舉之後，再次因為憤於選舉不公，而決定以「地方選舉改進座談會」（以下簡稱「選改會」）為主體，正式展開反對黨的籌組[6]。值得注意的是，隨著組黨運動的展開，該運動的

---

[6] 1960年5月18日下午，若干在野黨及無黨無派人士，在臺北民社黨總部召開一場「在野黨及無黨無派人士本屆地方選舉檢討會」。在會議中，許多人批判執政當局處理剛結束的地方選舉並不公正，楊金虎發言時更指出：「想將來臺灣的選舉能夠辦好，我們把希望寄託在執政黨，那是永遠沒有希望的。

主體已非《自由中國》爲主的「外省」籍民主人士，而是「本省」籍民主人士[7]。

前面指出，戰後初期歷經「二二八事件」、「掃紅」以及「土地改革」的打擊，「本省」籍菁英的政治活動一時受到壓抑。然而，他們在日治時期參與政治抗爭的經驗與精神之傳承並未斷絕，只是一時隱爲「伏流」，而在1950年代晚期組黨階段則又「浮現」[8]，並成爲組黨運動的主體。

事實上，從1950年代晚期開始，「本省」籍民選政治菁英

除非各位先生，大家能聯合團結起來，組織一個強有力的在野黨，來對抗國民黨。」最後大家做成決議：「即日組織地方選舉改進座談會。在座出席人員爲當然會員，各地得設分會。爲了實行方便起見，由主席團推出約略30人，擔任促進選舉改進工作。至於另組新的強大反對黨問題，由座談會與民青兩黨協商進行。」其後，根據「518會議」的決議，6月15日他們發表一篇聲明，有兩點決議：第一，要成立「地方選舉改進座談會」；第二，要籌組新政黨。此後，反對黨（中國民主黨）的籌組，即以「地方選舉改進座談會」爲主而展開。1960年6月25日，「地方選舉改進座談會」推選出16位召集人，作爲籌組「中國民主黨」的核心人士。從7月19日到8月13日，「地方選舉改進座談會」依序在臺中、嘉義、高雄以及中壢四地，召開分區的巡迴座談會，試圖深入群衆。到了9月4日雷震案爆發後，才正式成立「中國民主黨籌備委員會」，來取代「地方選舉改進座談會」。蘇瑞鏘，〈地方選舉改進座談會〉，收入：國史館，「國家歷史資料庫——戰後臺灣的發展」專題：「民主運動的萌芽與挫折」詞條（國史館即將公開的網路資料庫）；李筱峰，《臺灣民主運動四十年》（臺北：自立晚報社，1987），頁74-78。

[7] 剛出版的《高玉樹回憶錄》中也指出：「（1960年5月以後）經過三個月的奔走、號召，表明願意參加新黨的，外省人有立法委員齊世英、成舍我和青年黨的夏濤聲等；其餘……幾乎都是清一色、享有盛名的本省民主鬥士了。」高玉樹（口述），吳君瑩（紀錄），林忠勝（撰述），《高玉樹回憶錄：玉樹臨風步步高》（臺北：前衛出版社，2007），頁116。

[8] 蘇瑞鏘，〈評介任育德，《雷震與臺灣民主憲政的發展》〉，《近代中國史研究通訊》，33（臺北：中央研究院近代史研究所，2002.03），頁179。

之所以積極組黨，有其「歷史脈絡」與「內在動因」。就「歷史脈絡」而言，早在日治時期，當時若干「本省」籍政治菁英已累積相當豐富的政黨經驗（部分在戰後且加入「中國民主黨」的籌組）。就「內在動因」而言，則與參選有關。因為既然想參與選舉，當然會對當選有高度的期待，若能將志同道合者加以組織，自然會提高當選的可能。亦即是說，組織政黨乃是選舉活動的「內在需求」[9]。因此，1957年與1960年兩次選舉之後，這些參與選舉的「本省」籍菁英皆因慣於選舉不公，而從籌組「中國地方自治研究會」進而朝向籌組「中國民主黨」之路邁進[10]。

---

[9] 蘇瑞鏘，〈戰後臺灣歷史發展「動因」與「脈絡」的再思考──以「中國民主黨」組黨運動為中心〉，收入：現代學術研究基金會，《現代學術研究（專刊13）──戰後臺灣歷史省思》（臺北：現代學術研究基金會，2004），頁101。

[10] 在1950年代，由於「族群二重結構」（即中央政治舞臺主要為「外省」籍政治人物所掌控，地方政治舞臺則是「本省」籍政治人物所擅場）的影響，大致上已排除「本省」籍菁英參與中央政治的可能，「本省」籍菁英大體上只剩地方政治舞臺可供揮灑。再加上國民黨當局「侍從政治」的操作，使得地方選舉雖仍持續進行，但地方政治舞臺卻逐漸被這些與國民黨當局存在侍從關係的「本省」籍菁英所掌控。凡此皆使得與國民黨處在對立面、同時也是比較具有民主意識的在野派「本省」籍菁英（如「五龍一鳳」），所能立足的政治舞臺愈來愈狹小。而當此一愈來愈小的政治舞臺又有可能因為選舉不公而進一步萎縮、乃至消失之際，這些在野民主派的「本省」籍地方菁英自然必需積極捍衛結社權，透過政治結社來團結在野民主勢力，以保有僅存的民主實踐場域。就政治結構面而言，「五龍一鳳」等「本省」籍政治菁英之所以會在1957年地方選舉之後積極籌設「中國地方自治研究會」，實有其迫切性與必要性。（蘇瑞鏘，〈臺灣（臨時）省議會「五龍一鳳」對結社權的態度──以「中國地方自治研究會」為中心〉，收入：臺灣省諮議會〔編輯〕，《「深化臺灣民主、促進地方建設」學術研討會會議論文集》〔臺中：臺灣省諮議會，2004〕，頁53。）而「本省」籍政治菁英之所以會在1960年地方選舉之後，更進一步組織「中國民主黨」，實與彼等在1957年選後籌設「中國地方

　　然而，就在反對黨運動如火如荼地展開、且即將成立前不久，1960年9月爆發了雷震案，《自由中國》社的4名成員以「涉嫌叛亂」的「罪名」遭警總逮捕，旋即入獄，其中包括組黨運動領袖之一的雷震。反對黨的組織受到嚴重的打擊，整個組黨運動隨即消沈下去。此後雖仍有不少組黨人士想力挽狂瀾，但仍無力回天，終於在翌年1月的地方選舉中打完「最後一役」。

　　「中國民主黨」組黨運動失敗的主因，固然是當局的鎮壓所致，然更深一層觀察，則頗為複雜。從組黨運動的外部來看，有政治環境的侷限（如體制上的限制、黨國領導人的不寬容、權威型政治文化的不良影響）、社會經濟條件的匱乏，以及國際大環境，皆有利於統治當局對反對勢力採取鐵腕手段等等。另就組黨運動的內部來看，亦因組黨人士群眾資源的貧乏使得動員力量極為有限，而高層領導人之間的不和諧，更抵銷了動員的力量。

　　從戰後臺灣政治發展的脈胳來看，「中國民主黨」組黨運動的失敗，代表著統治當局自50年代初期開始建構的「臺灣型威權主義黨國體制」之確立。此後反對運動的空間較之50年代更為狹窄，一直到70年代後期才又明顯出現新一波的反對運動，而且要到80年代中後期才逐漸開花結果。

　　就目標取向來檢驗該「運動」的成效，不可諱言這是一場失敗的反對黨運動，然對日後臺灣的民主運動而言，該「運動」卻有著深遠的影響。因為這場組黨運動「已為臺灣的民主

自治研究會」，有其歷史條件與脈絡的一致性。

政治播了種，少數有強烈民主意識的人，不因政治迫害而改變初衷，堅強地活了下來，延續了民主運動，傳承了民主思想」[11]。在這類「少數有強烈民主意識的人」當中，傅正即扮演著延續與傳承的關鍵角色。

以下將透過組黨運動的兩種脈絡（「選舉活動脈絡」與「思想啟發脈絡」）、兩種取向（「胡適取向」與「非胡適取向」）、兩種態度（「只鼓吹但不參與」與「既鼓吹也參與」），以及兩種角色（「檯面上的角色」與「檯面下的角色」）的對比，來探討傅正在「中國民主黨」組黨運動中的歷史定位。

第二節：「選舉活動的脈絡」與「思想啟發的脈絡」[12]

回顧近百年臺灣民主運動的發展，其理念與主張有兩條主要脈絡：一條是日治時期臺灣政治抗爭的「縱向傳承」，另一條則是「五四」以降中國自由主義的「橫向移植」[13]。從1950

---

[11] 謝學賢，〈敢於身體力行的雷震〉，收入：傅正（主編），《雷震全集（2）──雷震與我（2）》（臺北：桂冠圖書公司，1989），頁300。

[12] 關於組黨運動兩種脈絡的深入討論，詳參：蘇瑞鏘，〈戰後臺灣歷史發展「動因」與「脈絡」的再思考──以「中國民主黨」組黨運動爲中心〉，頁89-111。本段即以該文爲基礎，進一步發展而成，除非必要，以下不再贅述。

[13] 後者以50年代《自由中國》集團爲代表，經過許多自由主義者的努力，自由民主理念逐漸沉澱、內化而爲臺灣重要的生命質素，且再進一步「縱向傳承」給日後的民主運動者（蘇瑞鏘，〈評介任育德，《雷震與臺灣民主憲政的發展》〉，頁172）。另外，有關臺灣史「橫的移植」與「縱的繼承」的討論，可詳參：陳君愷，《臺灣「民主文化」發展史研究》（臺北：記憶工程股份有

年代開始鼓吹、1960年開始籌組、一直到1961年才正式結束
的反對黨籌組運動（「中國民主黨」組黨運動），事實上即是上述
兩條脈絡的交錯推衍：一條是側重「地方選舉的脈絡」（以下
稱「前者」），另一條則是側重「思想啓發的脈絡」（以下稱「後
者」）。「前者」以從事地方選舉的「本省」籍政治人物爲主（尤
其是省議會「五龍一鳳」[14]），「後者」則以《自由中國》半月刊爲核

限公司，2004），頁116-117。

[14] 1957年4月21日，臺灣舉行第三屆臨時省議會議員及縣市長的選舉，結果宜
蘭縣的郭雨新、臺北市的郭國基、雲林縣的李萬居、嘉義縣的許世賢、臺
南縣的吳三連，以及高雄市的李源棧等無黨籍人士皆當選省議員。他／她
們是戰後臺灣（臨時）省議會中最具代表性的反對勢力，同一時期也是臺灣
在野地方勢力中「本省」籍政治人物的代表，人稱「五龍一鳳」。在1950-60
年代，由於中央民意代表並沒有進行定期改選，使得人民無法透過選舉來
參與中央的政治，因此，作爲當時定期舉辦改選的民意機構中，層級最高
的（臨時）省議會裡的主要在野勢力，「五龍一鳳」的政治態度自然具有相當
的代表性。特別在1960年《自由中國》半月刊停刊以後，「五龍一鳳」在臺
灣省議會的表現，更是1960年代傳承在野主張的代表。他們要求政治改革
的主張，成爲日後臺灣在野人士的先驅，在戰後臺灣民主政治的發展過程
中，具有極爲重要的歷史地位。「五龍一鳳」在（臨時）省議會裡的言論，可
參閱臺灣省諮議會編著的《臺灣省參議會、臨時省議會暨省議會時期史料彙
編計畫》。蘇瑞鏘，〈五龍一鳳〉，國史館，「國家歷史資料庫──戰後臺灣
的發展」專題：「民主運動的萌芽與挫折」詞條（國史館即將公開的網路資料
庫）。詳參：臺灣省諮議會（編著），《臺灣省參議會、臨時省議會暨省議會
時期史料彙編計畫》，臺中：臺灣省諮議會，2001；薛化元，〈中央民意代
表延任與臺灣本土政治精英的態度：以「五龍一鳳」爲中心（1950-1969）〉，
財團法人吳三連臺灣史料基金會等（主辦），「邁向21世紀的臺灣民族與國
家」研討會，1999年12月21、22、23日；薛化元，〈臺灣（臨時）省議會對地
方自治改革的主張──以五龍一鳳爲中心的討論〉，收入：臺灣省諮議會（編
輯），《「深化臺灣民主、促進地方建設」學術研討會會議論文集》（臺中：
臺灣省諮議會，2004），頁35-49；蘇瑞鏘，〈臺灣（臨時）省議會「五龍一

心的「外省」籍知識份子（尤其是雷震）為主。

在「中國民主黨」組黨運動的發展過程中，「前者」固然受過「後者」相當珍貴的民主思想之啓發，然其從事組黨運動實有其自身的「內在動因」與「歷史脈絡」。

「前者」從事組黨運動的「內在動因」，可就獲取政治權力的角度來觀察。因為既然想參選，當然期待能當選，而將志同道合的一群人加以組織化，自然會提高當選的可能性。也就是說，組織政黨乃選舉活動的「內在需求」，從選舉活動是可以「開出」組黨運動（不論能否組成）。研究政黨聞名的法國學者迪韋爾熱（Maurice Duverger）就曾指出，政黨的源起有「選舉及議會源起」與「外力源起」兩大類[15]，可見「選舉活動」與「政黨源起」之間的確有著密切的關聯性[16]。

另外，在臺灣史上，此一「內在動因（需求）論」是有著經驗事實的「歷史脈絡」可循，此一脈絡可上溯到日治時期1935年的地方選舉[17]。楊肇嘉（「臺灣地方自治聯盟」主要領導人之一）日後指出：在這次臺灣史上首度的地方選舉當中，「『自治聯盟』所推薦的各地候選人，差不多都百分之百的當選」[18]，由此

鳳」對結社權的態度——以「中國地方自治研究會」為中心〉，頁51-58。

[15] Maurice Duverger, *Political Parties: Their Organization and Activity in the Modern State*, New York: John Wiley & Sons, 1959. 中譯：迪韋爾熱（著），雷競璇（譯），《政黨概論》（香港：青文文化公司，1991），頁vii-xx。

[16] 雖然迪韋爾熱的「政黨源起論」主要是來自西方的歷史脈絡，然用來思考臺灣政黨的成因，仍具相當程度的參考價值。

[17] 從1935年臺灣首度地方選舉來思考戰後選舉活動與組黨運動的關係，得益於學長陳君愷的啓發。

[18] 楊肇嘉，《楊肇嘉回憶錄》（臺北：三民書局，1988），頁310。關於「臺灣地

即可看出政黨（或準政黨）組織之有無對候選人的重要性。

　　順著1935年地方選舉的「歷史脈絡」，戰後參與地方選舉的政治勢力（特別是缺乏政黨奧援的反對勢力）自然有組織化的企圖，這種企圖隨著一次又一次選舉的舉行而愈加明顯。1957年4月的地方選舉之前，王燈岸（日治時期民族運動參與者）向石錫勳（日治時期臺灣文化協會理事）建議：「籌組民主法治啓蒙團，仿傚日據時期的文化協會的文化演講，赴全省各地舉開啓蒙演講」[19]。不久，若干非國民黨的參選者召開了一場關於選舉的座談會。選後，更進一步在5月18日召開了一場關於選舉的檢討會，因爲不滿「選舉不公」，會中已決定要籌組「中國地方自治研究會」[20]，發起人絕大部分爲「本省」籍政治菁英[21]。這些作爲皆明顯透露出反對勢力有組織化的企圖，雷震更將「中國地方自治研究會」視爲「反對黨之先聲」[22]。然而，該會的申請

方自治聯盟」與1935年地方選舉的概況，另可參考：鄭牧心，《臺灣議會政治40年》（臺北：自立晚報社，1991），頁46-50。

[19] 王燈岸，《礦溪一老人》（彰化：王燈岸自印，1980），頁129。這個巡迴座談會的運動模式，日後爲「中國民主黨」組黨運動所依循。

[20] 關於「中國地方自治研究會」的籌組，詳參：蘇瑞鏘，〈臺灣（臨時）省議會「五龍一鳳」對結社權的態度——以「中國地方自治研究會」爲中心〉，頁51-58。

[21] 該會的發起人共有80人，政治菁英就有73人。其中，「本省籍」有72人，佔90%。見〈中國地方自治研究會發起人一覽表〉，收入：中央研究院近代史研究所檔案館（藏），「雷震‧傅正檔案」。

[22] 雷震，「雷震日記」（1958.08.02），收入：傅正（主編），《雷震全集（39）——雷震日記（1957年-1958年）：第一個10年（7）》（臺北：桂冠圖書公司，1990），頁346。郭雨新也認爲「自治研究會將來就是反對黨」，見雷震，「雷震日記」（1958.08.16），收入：傅正（主編），《雷震全集（39）——雷震日記（1957年-1958年）：第一個10年（7）》，頁352。王地亦指出：「中國地方

並未通過，1959年2月這些地方政治菁英曾召開一次討論會，
會中「楊金虎、王地慷慨陳詞，主張乾脆組織反對黨」[23]。這些
地方政治菁英也經常透過議會的質詢[24]或提案[25]，來鼓吹政黨
政治。1960年的地方選舉再次因為不滿「選舉不公」，使得這
些參與選舉的政治人物順著1957年選舉的歷史脈絡[26]，終於在
當年的5月18日宣佈組黨。

　　值得注意的是，雷震在參與5月18日宣佈組黨的會議翌
日，寫下這樣的一段日記：

> 關於組黨問題……我說明這次會議，我非主動者，但
> 是贊成人，我們不參加，他們也要自動地出來組織，
> 因選舉舞弊太甚[27]。

　　自治研究會不是反對黨，將來可能發展為反對黨」，見雷震，「雷震日記」
　　（1959.02.24），收入：傅正（主編），《雷震全集（40）——雷震日記（1959年
　　-1960年）：第一個10年（8）》（臺北：桂冠圖書公司，1990），頁34。
[23] 謝漢儒，《早期臺灣民主運動與雷震紀事——為歷史留見證》（臺北：桂冠圖
　　書公司，2002），頁128。另見：傅正（主編），《雷震全集（40）——雷震日記
　　（1959年-1960年）：第一個10年（8）》，頁34。
[24] 郭國基在省議會倡導兩黨政治，他的質詢見《臺灣省臨時省議會公報》，
　　10：14、10：15（1957.10.08），頁10-12。另外，李萬居也透過質詢批判政
　　府對反對黨的態度。見《臺灣省臨時省議會公報》，13：13（1959.02.24），
　　頁271；《臺灣省議會公報》，2：23（1960.04.12），頁961。
[25] 楊金虎在國民大會提案呼籲政府協助組織強大的反對黨，參見：楊金虎，
　　《七十回憶（上）》（臺北：龍文出版公司，1990），頁197-198。
[26] 李筱峰指出：「從其後的歷史發展看，組黨運動確實是循著選舉改進座談會
　　而進行下去的。」李筱峰，《臺灣民主運動40年》，頁73。
[27] 雷震，「雷震日記」（1960.05.19），收入：傅正（主編），《雷震全集（40）——
　　雷震日記（1959年-1960年）：第一個10年（8）》，頁310-311。除此之外，從

　　從雷震這段日記當中的「我們」與「他們」，可以看出從1950年代開始鼓吹、一直到1960年正式展開籌組的「中國民主黨」組黨運動，的確存在兩條脈絡。而且從「我們不參加，他們也要『自動』地出來組織」這句話也可看出：「他們」（指從事地方選舉的「本省籍」政治人物）之所以會推動組黨，有其「自」身的內在「動」因，雖然他們曾受過「《自由中國》集團」自由主義思想間接的啓發。誠如學者薛化元曾指出：「因為地方選舉不公進而主張成立反對黨，在臺灣歷史的脈絡中則以實際參加選舉的臺灣本土政治人物為主導」，「地方選舉發展出來的組黨脈絡，與戰後臺灣自由主義思想發展關係並不直接」[28]。

1960年5月18日會議當中宣佈籌組反對黨的翌日開始、到同年9月4日雷案爆發爲止，參與這次會議的雷震（「《自由中國》集團」的靈魂人物）也在日記中寫下許多這類值得再三推敲、琢磨與玩味的話：

（5月20日）「我並說明此會非我發起，我是贊成，來者之中除臺北外，只有楊金虎一人認識。」傅正（主編），《雷震全集（40）──雷震日記（1959年-1960年）：第一個10年（8）》，頁312。

（8月10日）「下午周棄子來，我和他談及此事，我說我過去提倡反對黨，今天大家要組織，我又不出來參加，做人的道理，也是不應該的。」傅正（主編），《雷震全集（40）──雷震日記（1959年-1960年）：第一個10年（8）》，頁367。

（8月12日）「吳三連表示參加座談會至此爲止，以後新黨不參加。我問他爲什麼對我講？也不是我要組黨。」傅正（主編），《雷震全集（40）──雷震日記（1959年-1960年）：第一個10年（8）》，頁369。

（9月1日）「他（按：王師曾）怕新黨爲地方性，怕把臺灣人搞起來而不得了。故有人說我玩火。我說這個黨是五月十八日座談會的結果，我參加時並未說到新黨，這是老百姓的呼聲。」傅正（主編），《雷震全集（40）──雷震日記（1959年-1960年）：第一個10年（8）》，頁393-394。

[28] 薛化元，〈臺灣自由主義思想發展的歷史考察（1949-60）：以反對黨問題爲中心〉，《思與言》，34：3（臺北，1996.09），頁257。必須指出：這絕不意

必需指出的是，1950年代後期，當組黨運動隨著選舉的內在需求而逐漸展開之際，之前長期鼓吹組黨的「《自由中國》集團」竟出現「鼓吹者眾而參與者寡」的現象[29]。若非雷震決定與從事地方選舉的政治人物合作組黨，該集團對整個1950年代以降的組黨運動將僅具思想啓發的意義，這兩條組黨運動的脈絡極可能成爲兩條「平行線」。

而在雷震連結這兩個脈絡的過程當中，傅正扮演頗爲重要的角色。上一章已提過，作爲一位「作者」，傅正是第一位使《自由中國》的反對黨主張與地方選舉發生關係、並將臺灣本土政治人物納入反對黨思考的關鍵人物。而作爲一位「編者」，傅正也在《自由中國》大力支援臺灣本土政治人物參與地方選舉、乃至組黨運動。在本章中，筆者也將再三舉證說明傅正在連結兩個組黨脈絡過程中的重要性，以凸顯他在1950年代臺灣民主運動中所特有的歷史地位。

味《自由中國》等「外省」籍自由主義者對「中國民主黨」組黨運動、乃至戰後臺灣的民主發展甚少貢獻。相反地，1950年代的《自由中國》，「放在戰後臺灣史的脈絡來考察，對於整個臺灣民主運動的開展，有其不容忽視的關鍵地位」（薛化元，《《自由中國》與民主憲政──1950年代臺灣思想史的一個考察》〔臺北：稻鄉出版社，1996〕，頁5）。筆者亦曾指出：「胡適、雷震、殷海光等自由主義者對戰後臺灣民主政治的發展有著極其感人的貢獻，後人當感恩戴德，不應或忘。」（蘇瑞鏘，〈評介任育德，《雷震與臺灣民主憲政的發展》〉，頁180。）只是對該集團的歷史地位，應就不同面向做切割評價而已。

[29] 詳本章第4節：「只鼓吹但不參與的態度」與「既鼓吹也參與的態度」。

第三節：「胡適的取向」與「非胡適的取向」

以雷震為首的「《自由中國》集團」，長久以來一直殷切地期盼胡適能出面領導組黨運動[30]。然而，對胡適而言，或許是因為「自由主義者為維護本身的自由發言位置，常與實際政治保持若即若離的關係」[31]；或許是因為晚年批評國民黨當局的強度已不及早年[32]；或許是因為「沒有精力與勇氣」[33]，導致他

---

[30] 任育德，《雷震與臺灣民主憲政的發展》（臺北：國立政治大學歷史學系，1999），頁247-264。

[31] 陳儀深，《近代中國政治思潮——從鴉片戰爭到中共建國》（臺北：稻鄉出版社，1997），頁132。這種所謂「不感興趣的興趣（disinterested-interest）」之態度，胡適似乎特別明顯。學者陳儀深曾舉1947年蔣介石想請胡適擔任國府委員兼考試院長為例，說明當時胡適深怕「若做了國府委員，或做了一院院長，……結果是毀了我三十年養成的獨立地位，而完全不能有所作為」。陳儀深，《近代中國政治思潮——從鴉片戰爭到中共建國》，頁132。

[32] 陳儀深指出：「胡適對威權政治所表現的抗議精神，則明顯有階段之分，大致說來，中日戰爭可作為其抗議精神由強轉弱的分水嶺。」（陳儀深，〈國共鬥爭下的自由主義（1941-1949）〉，《中央研究院近代史研究所集刊》，23〔臺北，1994.06〕，頁264。）勞榦亦指出：相較於胡適在1920年代末期公開指責蔣介石和批評國民政府的言論態度，「1950年代末期的胡適，似乎顯得疲憊與無奈」。勞榦，〈在時代風暴邊緣——胡適式自由主義的困境〉，《中國論壇》，31：3（臺北，1990.12.01），頁11。

[33] 早在1951年5月31日，胡適就曾寫信給蔣介石，建議蔣「老實承認黨內的各派系的存在，並勸告各派系各就歷史與人事的傾向或分或合，成立獨立的政黨」，「但我（指：胡適）沒有精力與勇氣，出來自己組黨」。胡適，〈胡適之先生上蔣介石總統萬言書全文〉，《中國人物》，1：1（臺北，1997春），頁6；《聯合報》，1997年2月27日。

對該組黨運動的基調一直是「支持但不領導」[34]。乃至該「黨」正式開始籌組時,他的態度依舊如此[35]。

不過,相較於雷震等人,本身即屬該集團一份子的傅正,似乎很早就看清楚胡適的基調。例如,1958年4月8日胡適回臺,稍談到組黨問題,翌日傅正在日記上就指出:「胡先生……他之不可能出來組織反對黨,是我早就料定了的」[36]。5月3日傅正去拜訪臺大教授王叔岷,兩人皆認為:要想胡適在政治上領導反對黨很難[37]。甚至24天後胡適公開提倡組織一個「不希望取得政權的在野黨」[38],引起很大的迴響,然而傅正當時卻指出:「他(按:指胡適)贊成有一個知識份子的新政黨出現,並不表示他願意參加這一政黨,更不表示他願意領導組黨。……這是我的老看法,還沒改變」[39]。在11月18日的日記中,傅正更清楚地表示:有志於以反對黨救國的人士,應該離開胡適而另做新的打算,他說:

> 今天雷公(按:指雷震)和我說,胡先生仍舊表示對政治無興趣。其實,這完全在我意料之內。……在我看

34 蘇瑞鏘,《戰後臺灣組黨運動的濫觴──「中國民主黨」組黨運動》,頁150。
35 1960年8月1日China News和China Post的報導。轉引自:胡頌平(編著),《胡適之先生年譜長編初稿(9)(1960年)》(臺北:聯經出版公司,1984),頁3332。
36 傅正,「傅正日記」(1958.04.09)。
37 傅正,「傅正日記」(1958.05.03)。
38 胡適,〈從爭取言論自由談到反對黨〉,《自由中國》,18:11(臺北,1958.06.01),頁9。
39 傅正,「傅正日記」(1958.05.27)。

來，今天一切有志於以反對黨救國的朋友，應該不必
老是把希望寄託在胡先生身上了。……假使每一個有
志於以反對黨救國的自由反共人士，真有決心和信心
的話，便該離開胡先生而另做新的打算。否則，恐怕
將永無希望[40]。

1959年1月30傅正向雷震表示：「把組織反對黨的希望放
在他（按：指胡適）身上，便一定會落空」，同時也提到：「雷公
對胡先生的崇拜，似乎有幾分近乎狂熱，總是替他辯護」[41]。

雷震等人太過在意胡適個人的態度，這種非常菁英主義
式的思維，對日後組黨運動的失敗多少會有所影響。傅正日後
在校註雷震日記時，回憶起當年這種情形，不免感慨地說：

雷先生所犯的最大錯誤，也是當時民主運動人物的最
大錯誤，便是將籌組反對黨領導人的希望，完全放在
胡適身上，直到一九六○年正式進行組黨救國運動
時，大家仍寄望於胡先生出面領導。……中國民主黨
之胎死腹中，這實在也是重要原因之一[42]。

學者陳儀深也曾分析《自由中國》這種菁英主義式的思維
與組黨失敗的關係，他說：

[40] 傅正，「傅正日記」(1958.11.18)。
[41] 傅正，「傅正日記」(1958.01.30)。
[42] 傅正(主編)，《雷震全集(39)——雷震日記(1957年-1958年)：第一個10年
(7)》，頁165，傅正註。

殷海光、雷震……他們對政治改革的思維方式……就是太仰賴一、二人的權威影響力。……或許由於時代的限制,他們都還沒有建立「民間社會」的自覺,也還沒有想到去動員群眾的壓力,宜乎一旦國民黨逮捕二、三人之後,這一波改革的浪潮就煙消雲散[43]。

1960年4月20日的「傅正日記」中,有一段胡適與雷震關於組黨的對話,相當重要:

> 據雷公今天跟我說起:前些時有一次單獨探望胡適先生時,胡先生曾經向他慨歎的表示,中國這局面沒有希望,除非有一個反對黨出來。但是,當雷公希望胡先生出面領導時,胡先生卻又拒絕,但表示如果一旦組成,就在組成的當時,正式發表聲明,要求全世界支持這個組織。據說,胡先生還特別提醒雷公,要組織反對黨,必須聯絡臺灣的地方人士。
> 雷公由於胡先生的態度轉變,感到興奮,甚至很樂觀的認為,一年內一定組成。……但因為我深知胡先生的性格,不是一個可以斷然決然從事政治運動的人,所以並不如雷公那樣樂觀。不過,我一直認為,今天在臺灣從事政治運動,必須抓住兩種對象:一是臺灣地方人士,一是各大專學校學生[44](圖4-2)。

---

[43] 陳儀深,〈自由主義的兩種類型──《獨立評論》與《自由中國》的比較〉,《中國論壇》,31:1(臺北,1990.10.10),頁17。

[44] 傅正,「傅正日記」(1960.04.20)。

從這段日記可以看出，雖然傅正對胡適出面領導組黨並不抱希望，但他在抓住、聯絡「臺灣地方人士」的看法卻是同胡適一致。另外，決議組黨之後雷震去見胡適，雷說胡「對新黨甚興奮，並謂不和臺灣人在一起，在新黨不會有力量」[45]。由這些史料或許可以感受到，雖然胡適始終不願出面領導組黨，卻給組黨人士指引了另一條可行之路：「要和臺灣人在一起，新黨才會有力量。」可惜當時大多數的組黨人士仍將希望寄託在胡適身上，對胡適態度「可能的」轉變感到「興奮」與「樂觀」[46]，似乎無法體會胡適此處的用心。有趣的是，對胡適早已不抱組黨期待的傅正，最後卻走上胡適所「指引」的新方向：積極連結臺灣地方民主人士。

從胡適終究不願意出面領導組黨運動的歷史發展，可以看出當年傅正的「先覺者」角色。由上述這些史料也可看出：從「期望胡適領導反對黨」逐漸轉折到「期望地方選舉（抓住『臺灣地方人士』）帶引出反對黨」的過程中，傅正所代表的「先驅者」角色，其意義更為深遠。

對日後的發展而言，誠如學者任育德所指出：「一九八〇年代他（按：指傅正）參與民進黨組黨，即採群眾取向，而不採精英主義的思考，可說是正式實行自己的理念」[47]。

---

[45] 雷震，「雷震日記」（1960.05.25），收入：傅正（主編），《雷震全集（40）——雷震日記（1959年-1960年）：第一個10年（8）》，頁315。

[46] 事實上，胡適不願領導組黨的態度終究沒有轉變，雷震等人對胡適的「興奮」與「樂觀」最後證明只是一種錯覺。

[47] 任育德，〈身為當代史作者的傅正〉，《當代》，229（臺北，2006.09.01），頁75。

第四節：「只鼓吹但不參與的態度」與「既鼓吹也參與的態度」

在整個組黨運動的發展過程中，「鼓吹者眾而參與者寡」是一個饒富歷史意義的現象，究其原因甚為複雜，不同群體乃至於不同人之間都不盡相同[48]。其中，與雷震、傅正關係最為密切的《自由中國》社，特別值得深入探討。

一、傅正既是鼓吹者也是參與者

關於組黨運動的鼓吹，《自由中國》社曾扮演極為重要的角色。然而，到了1960年5月18日正式進入籌組階段，卻出現「鼓吹者眾而參與者寡」的現象，整個《自由中國》社只有雷震與傅正兩人以具體的行動實際參與[49]。雷震在回憶「中國民主黨」組黨運動時即指出：「對於組織反對黨一事，我在《自由中國》半月刊上雖曾極力鼓吹，……可是實際組織反對黨，大家顧慮甚多，不敢輕易著手」[50]。另外，在鼓吹階段，雷震極力

---

48 詳參：蘇瑞鏘，《戰後臺灣組黨運動的濫觴——「中國民主黨」組黨運動》，頁97。

49 傅正，〈《自由中國》的時代意義〉，收入：澄社（主編），《臺灣民主自由的曲折歷程——紀念雷震案三十週年學術研討會論文集》（臺北：自立晚報社，1992），頁367；胡虛一，〈讀「愛荷華憶雷震」書後〉，收入：李敖（編著），《雷震研究》（臺北：李敖出版社，1988），頁160；蘇瑞鏘（訪問、紀錄），〈宋文明先生訪問紀錄(2)〉（2007.06.05，臺北市YMCA一樓餐廳）。

50 傅正（主編），《雷震全集(12)——雷震回憶錄：雷案回憶(2)》（臺北：桂冠圖書公司，1989），頁351。

拉攏了一些國民黨和民、青兩黨熱衷反對黨的人士，然最後積極參與組黨而比較具有代表性者，也只有齊世英、夏濤聲、楊毓滋、謝漢儒等寥寥數位[51]。

　　雷震與傅正參與組黨以後，《自由中國》社的同仁雖也樂見反對黨的組成，但仍和實際的組黨活動保持一定的距離。部分原因是對實際政治沒有興趣[52]，另外一個原因則是想「把『組黨』之事和『自由中國』之事分開」。被殷海光戲稱「留學雷家」的胡學古（虛一）曾於1984年指出：「『自由中國』雜誌社的工作同人〔仁〕，只有傅正兄隨雷參加了所謂『組黨救國』的實際工作和活動」；又說：《自由中國》社的同仁當中，「除了傅正兄當時對『反對黨運動』的興趣，比較濃厚，完全介入外，其他的編委，大多置身事外，且不願把『籌組反對黨』的事，和『自由中國』雜誌社扯在一起」[53]。該社編委殷海光也曾說：「雷先

---

[51] 蘇瑞鏘，《戰後臺灣組黨運動的濫觴──「中國民主黨」組黨運動》，頁92。

[52] 《自由中國》社編委之一的宋文明表示：當年雷震組黨時，他和另外幾位編委夏道平、殷海光「當即表明對實際政治並不熱心」。宋文明，〈可歌可泣的民主運動者〉，收入：宋英（等），《傅正先生紀念集》（臺北：桂冠圖書公司，1991），頁51。

[53] 胡虛一，〈讀「愛荷華憶雷震」書後〉，頁160、169。較之1984年之說法，胡虛一在2002年的說法則稍有差異。2002年胡指出：「他（按：指傅正）一直說在《自由中國》社裡面追隨雷震組織新黨的只有他一個。《自由中國》社的朋友都贊成反對黨，不是只有他一個拋頭露臉跟著雷震這裡跑那裡跑。」薛化元（訪問），薛化元（紀錄），〈胡學古先生訪問紀錄〉（2002年12月24日，訪於臺北市胡宅），收入：許雪姬（編），《「戒嚴時期政治案件」專題研討會論文暨口述歷史紀錄》（臺北：財團法人戒嚴時期不當叛亂暨匪諜審判案件補償基金會，2003），頁266。

生應把『組黨』之事和『自由中國』之事分開」[54]。另外，該社另一編委夏道平也曾告訴該社經理馬之驌：「當『地方自治座談會』一開始時，我就和雷先生談過，在反對黨籌備期間，《自由中國》一定積極支持，一旦反對黨組織成功，你們應另辦一刊物，讓《自由中國》仍維持它原來的立場」[55]。終究而言，還是認為《自由中國》應有獨立於反對黨之外的立場。

這種「把『組黨』之事和『自由中國』之事分開」的態度（即讓《自由中國》維持獨立的立場），另可聊舉一例說明。1960年8月20日，組黨人士在《自由中國》社舉行召集人會議，會中討論到「選舉改進座談會」辦公室地點的問題，傅正建議暫時附設在《自由中國》社裡，大家一致贊同[56]。然而三天後雷震卻接到夏道平的信，夏反對將座談會辦公室地點設在《自由中國》社[57]。由此可見該社其他編委對組黨多採「鼓吹但不積極參與」的態度，但傅正顯然不能認同這樣的態度，他說：

　　《自由中國》半月刊鼓吹反對黨十年多，而我們自己也

---

[54] 胡虛一，〈讀「愛荷華憶雷震」書後〉，頁170。
[55] 馬之驌，《雷震與蔣介石》（臺北：自立晚報社，1993），頁147。
[56] 傅正，「傅正日記」（1960.08.20）。
[57] 後來雷決定接受夏的意見，但傅不贊成雷此一決定（傅正，「傅正日記」〔1960.08.23〕）。雷震，「雷震日記」（1960.08.23）亦有記載夏反對一事（傅正〔主編〕，《雷震全集(40)——雷震日記(1959年-1960年)：第一個10年(8)》，頁383）。胡虛一也曾指出：雷震「曾擬在『自由中國社』大門口掛個什麼『中國民主黨籌備委員會辦公室』的招牌，亦被其同仁夏道平、金承藝、馬之驌等人堅決反對，沒有掛上去」。胡虛一，〈讀「愛荷華憶雷震」書後〉，頁169。

一向堅決主張臺灣必須有一強大反對黨,現在既有這
樣一個機會,我們為什麼不盡力一試?中國知識份子
的最大毛病,就是只能坐而言,不能起而行,難道我
們也應該這樣[58]?

因此,在整個《自由中國》社裡,傅正與雷震是少數既以

---

[58] 雷震,「雷震日記」(1960.05.20),收入:傅正(主編),《雷震全集(40)
——雷震日記(1959年-1960年):第一個10年(8)》,頁312,傅正註。不
過,當雷案爆發後組黨運動胎死腹中,《自由中國》也隨之停刊。22年後
傅正似有幾分「悔意」地說:「為了組黨救國運動,最後非但『中國民主
黨』胎死腹中,又連帶使『自由中國』陪葬,這是一個失策。」(李寧〔採
訪〕,〈紀念雷震先生專訪——蓋棺三年話雷震〉,《政治家》,24〔臺北,
1982.03.01〕,頁19。)事實上,早在正式組黨之前,統治當局就已對《自由
中國》的言論深感不滿,甚至想要動手捉人。例如:1951年《自由中國》刊
載〈政府不可誘民入罪〉的社論,嚴厲抨擊保安司令部的不當金融管制,就
幾乎觸發一次文字獄(張忠棟,〈雷震和國民黨分手的開始〉,收入:張忠
棟,《胡適‧雷震‧殷海光——自由主義人物畫像》〔臺北:自立晚報社,
1990〕,頁78-79)。另外,從2002年國史館最新出版的《雷震案史料彙編》
也可看出,最晚在1958年10月31日,警備總部就曾上簽呈給行政院,指控
《自由中國》蓄意叛亂顛覆政府,對雷震擬依法究辦。然觀其內容,全屬
《自由中國》之言論,當時反對黨並未開始籌組(詳參:陳世宏、張世瑛、
許瑞浩、薛月順〔編〕,《雷震案史料彙編:國防部檔案選輯》〔臺北:國
史館,2002〕,頁13-19)。此外,由當年警備總司令部的〈總統府軍事會談
報告參攷資料〉(2000年由當年的警備總司令黃杰之家屬流出)也可看出這種
情形:1959年(正式組黨之前),警備總部只根據該刊的言論就建議:「先
將該刊負責人,依法逮捕審辦,該刊暫時停止發行,俟判決後,再依法撤
銷登記。」(警備總司令部,〈總統府軍事會談報告參攷資料〉,收入:《臺
北市二二八紀念館活動成果(2000-2001)》〔臺北:臺北市二二八紀念館,
2001〕,頁108。)因此,筆者不大相信雷、傅二人若不參與組黨,《自由中
國》即能長久保全。

言論「鼓吹」、也以實際行動積極「參與」組黨運動者[59]。

二、傅正用「激將法」刺激雷震決心組黨

前面討論過，在正式決定組黨之後，若干民主人士出現雖「鼓吹」卻不「參與」的現象，當時連雷震也帶有幾分踟躕。傅正晚年主編《雷震全集》並註解雷震日記時曾指出：

> 在5月18日選舉檢討會決議組黨後，由於《自由中國》半月刊編輯委員有不同意見，而蔣勻田又有十分情緒性反應，使得雷先生受到相當困擾。因此，雷先生就問我的意見。
>
> 我坦白表示，……《自由中國》半月刊鼓吹反對黨十年多，而我們自己也一向堅決主張臺灣必須有一強大反對黨，現在既有這樣一個機會，我們為什麼不盡力一試？
>
> 這就是後來雷先生說我的激將法刺激了他[60]！

---

[59] 此處筆者無意去比較「鼓吹者」與「參與者」孰優孰劣，只是想突顯傅正在這當中所扮演的特殊角色。

[60] 雷震，「雷震日記」（1960.05.20），收入：傅正（主編），《雷震全集（40）——雷震日記（1959年-1960年）：第一個10年（8）》，頁312，傅正註。在另一段「雷震日記」的註解中，傅正也寫到：「等到雷先生在十年前去世以後，我在整理他的遺稿中發現：他的積極領導組織中國民主黨，也受了我的激將法的刺激。」雷震，「雷震日記」（1960.03.16），收入：傅正（主編），《雷震全集（40）——雷震日記（1959年-1960年）：第一個10年（8）》，頁271-272，傅正註。

對《自由中國》社而言，傅正不只鼓吹組黨，也參與組黨，而且更進一步用「激將法」刺激對參與組黨有著幾分踟躕的雷震。傅正這臨門一「激」，使雷震得以順利跨越從「鼓吹者」到「參與者」之間的障礙，對日後組黨運動的發展，影響相當深遠。

第五節：「檯面上的角色」與「檯面下的角色」

從1960年5月18日決議組黨、到9月4日雷案爆發之前，「選改會」有一連串的會議。一方面，該會開始選出領導階層，並進一步著手規劃未來的走向。另一方面，該會也在各地舉行分區巡迴座談會，企圖深入各地，爲日後新政黨的成立奠定紮實的地方基礎，整個「中國民主黨」的籌組活動即以「選改會」之名而展開[61]。

在這過程中，有許多人參與組黨的工作，然日後吾人多半只記得「檯面上」的領導份子，特別是「選改會」的十幾位召集人[62]。若干「檯面下」對組黨有相當貢獻和影響的人士，卻往往被忽略。

胡虛一曾說傅正參與組黨時，「跟著雷震不過是提提皮

---

[61] 蘇瑞鏘，《戰後臺灣組黨運動的濫觴——「中國民主黨」組黨運動》，頁121。

[62] 雷震、李萬居、高玉樹、夏濤聲、吳三連、郭雨新、齊世英、楊毓滋、石錫勳、王地、楊金虎、許世賢、黃玉嬌、郭國基、李源棧、謝漢儒等人爲「選改會」的召集人，也是組黨過程中比較是「檯面上」的領導份子。這些人的相關背景可參考：李筱峰，〈知識分子與政治革新運動〉，收入：中國論壇編輯委員會（主編），《知識分子與臺灣發展》，（臺北：聯經出版公司，1989），頁255-256。

包，還不夠資格跟他們平起平坐」[63]。其實，以傅正的輩分與地位，當時固然還不夠資格跟雷震等「檯面上」的領導份子平起平坐，然他卻是被忽略的「檯面下」重要人物[64]。

傅正當時的身分是「選改會」的秘書，同時又兼任「選改會」三大委員會中的「組織委員會」(郭雨新為召集人)的秘書與「宣傳委員會」(夏濤聲為召集人)的秘書[65]，稍後進而成為「中國民主黨」的籌備委員兼秘書[66]。這段期間，他自稱「負責幾乎所有文稿的起草乃至各地座談會的部署」[67]。

在「文稿的起草」方面，傅正自謂「當時百分之九十到百分之九十五的文字，包括招待記者的稿子都由我負責」[68]。日後傅正被捕時，絕大部分的組黨文件也隨之被搜走，總統蔣介石還親自以電話指示警備總司令黃杰「暫不發還」[69]。

[63] 薛化元(訪問)，薛化元(紀錄)，〈胡學古先生訪問紀錄〉，頁266。

[64] 宋文明即認為組黨時傅正檯面下的貢獻比檯面上更多。蘇瑞鏘(訪問、紀錄)，〈宋文明先生訪問紀錄(2)〉。

[65] 傅正，〈團結、組黨、爭民主──為紀念郭雨新先生逝世一週年而寫〉，收入：郭惠娜、林衡哲(編)，《郭雨新紀念文集》(臺北：前衛出版社，1989)，頁90。

[66] 傅正，〈憑什麼將我連續兩次感化？──對國民黨的一點公開控訴〉，收入：傅正(主編)，《雷震全集(5)──雷震風波：雷案始末(3)》(臺北：桂冠圖書公司，1989)，頁877。

[67] 傅正，〈從蔣經國到雷震之路！──叫我如何不想他〉，收入：傅正(主編)，《雷震全集(2)──雷震與我(2)》，頁361。

[68] 不著撰者，〈政黨政治的催生者：傅正──「中國先驅」創刊號專訪〉，《中國先驅》，1(臺北，1987.03.01)。轉引自：傅正，《傅正文選(3)：為中國民主黨‧民主進步黨戰鬥》(臺北：傅正自印，1989)，頁229。

[69] 「黃杰工作日記」(1960.09.04)、(1960.09.16)，收入：陳世宏、張世瑛、許瑞浩、薛月順(編)，《雷震案史料彙編：黃杰警總日記選輯》(臺北：

　　至於「各地座談會的部署」方面，從7月19日至8月13日間，該會在臺中、嘉義、高雄、中壢等地舉行「分區巡迴座談會」，試圖深入群眾，進而動員群眾[70]。從當時「選改會」召集人之一的謝漢儒2002年出版的《早期臺灣民主運動與雷震紀事──爲歷史留見證》一書中，即可看出傅正當時所扮演的積極角色[71]。另外，雷震7月13日的日記也寫到：

> 繼至謝漢儒處，談了各地聯絡工作，要加緊進行。我勸他與傅正十七日去，要去分別接洽，不可專靠郭發。郭太老實，只是人熟，無計劃，而不適宜於此類工作[72]。

　　由此可見在雷震眼中，傅正頗適宜到各地接洽聯絡，而

國史館，2003），頁106、144；傅正，〈組黨救國下獄的第一天──1960年9月4日〉，《自立晚報》，1988年5月23-24日。轉引自：傅正（主編），《雷震全集(3)──雷震風波：雷案始末(1)》（臺北：桂冠圖書公司，1989），頁35-36。今天還能看到的殘餘文件，主要是刊登在《自由中國》的幾篇文章，例如：〈選舉改進座談會的聲明〉，《自由中國》，22：12（臺北，1960.06.16）；〈選舉改進座談會鄭重要求內政部長連震東公開答覆〉，《自由中國》，23：1（臺北，1960.07.01）。另外，從《傅正日記》中還可以看到一些組黨宣言和政綱的草擬過程以及摘要（特別是1960年8月份的「傅正日記」）。再者，中央研究院近代史研究所館藏的「雷震・傅正檔案」中也有少數零散的手稿。

[70] 蘇瑞鏘，《戰後臺灣組黨運動的濫觴──「中國民主黨」組黨運動》，頁122-130。

[71] 謝漢儒，《早期臺灣民主運動與雷震紀事──爲歷史留見證》，頁275-302。

[72] 雷震，「雷震日記」（1960.07.13）。收入：傅正（主編），《雷震全集(40)──雷震日記（1959年-1960年）：第一個10年(8)》，頁348。

傅正的表現似乎也沒令雷震失望[73]。

這些起草文稿和接洽聯絡的「檯面下」工作經驗，看起來瑣瑣碎碎，但卻是二十多年後傅正參與籌組民主進步黨時不可或缺的重要經驗[74]。

另外，透過與「本省」籍地方政治人物面對面的接觸，傅正不但累積許多人脈，也得以實際了解「本省」人的想法與作法，無形中豐富了「外省」籍背景的傅正原本所少有的臺灣歷史經驗，進而能增加「設身處地的理解」（sympathetic understanding）。日後他在幾乎清一色為「本省」人的黨外陣營和民進黨群體中能扮演「族群對立的融解者」[75]，早年這段經驗實不容忽視。

---

[73] 例如，傅正與謝漢儒合作，成功避開赴臺南召開座談會可能發生的衝突。詳見：謝漢儒，《早期臺灣民主運動與雷震紀事──為歷史留見證》，頁295-298；傅正（主講），「『自由中國』與中國民主黨（1949-60）」，收入：〈民主的香火：中國民主運動發展史（2）──臺灣部分（1946-81）〉，《八十年代》，4：1（臺北，1982.02），轉引自：傅正，《傅正文選（3）：為中國民主黨・民主進步黨戰鬥》，頁265-266。

[74] 詳本書第7章。筆者面訪陳信傑時，他一再強調傅正當時雖是「檯面下」人物，但從工作中所獲得的實際經驗，卻對他晚年籌組民進黨有很大的助益。例如晚年秘密串聯組黨人士的經驗，即傳承自早年的組黨經驗。關於傅正兩次組黨經驗傳承，目前最權威的研究成果乃是陳信傑，〈民主進步黨的創黨過程：外省菁英份子所扮演的角色〉（臺北：中國文化大學政治學研究所碩士論文，2000），頁109-126。

[75] 張俊宏，〈族群和海峽對立的融解者〉，《中國時報》，1991年6月7日。

圖4-1：
為「中國民主黨」戰鬥的歷史紀錄。資料來源：傅正，《傅正文選（3）：為
中國民主黨‧民主進步黨戰鬥》（臺北：傅正自印，1989），封面相片。

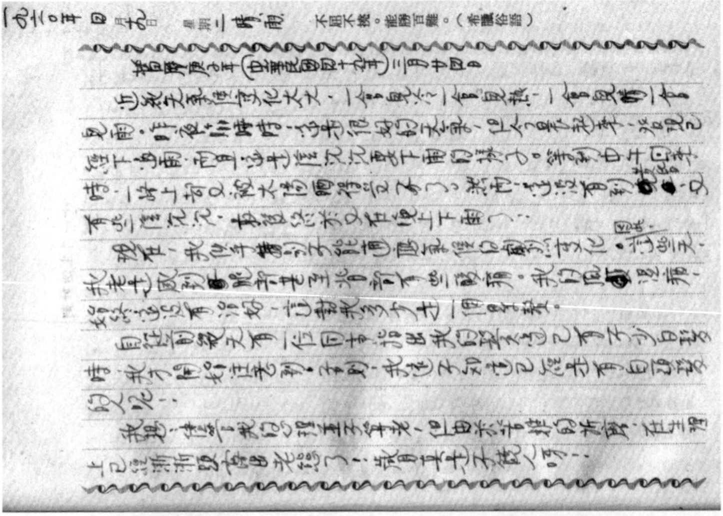

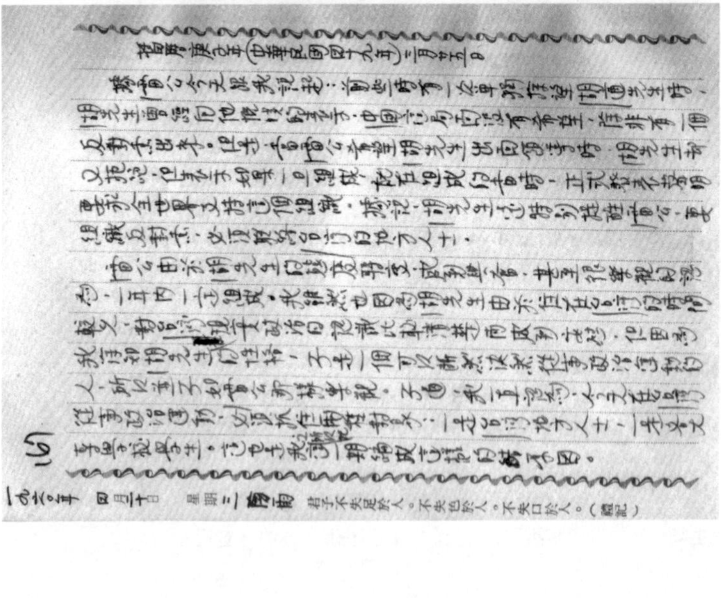

圖4-2：
談論胡適與組黨日記片段（1960.04.20）。資料來源：中央研究院近代史研究所檔案館（藏），「雷震・傅正檔案」，臺北：中央研究院近代史研究所檔案館。

| 第五章 |

雷震案[1]

　　戰後臺灣在修正「刑法100條」（1992年）之前，發生過許多
「白色恐怖」的政治案件，1960年的雷震案即是其中著名的案
例，傅正也在該案中被捕。當局以他發表過兩篇反對蔣介石尋
求總統三連任的文章，將他交付感化3年。而當他被感化屆滿
時卻又再度被交付感化，前後失去自由達6年又3個多月。本章
將分別依「白色恐怖」、「雷震案」，以及「傅正被兩度感化」等
不同層次來詳加探討。

---

[1] 本章部分內容乃以下列拙著中的一部分作為基礎，進一步發展而成，除非
必要，以下不再贅述。詳參：蘇瑞鏘，〈臺灣戒嚴時期政治案件中「非軍人
交付軍事審判」之爭議──以雷震案為例〉，國立政治大學歷史學系、國立
政治大學臺灣史研究所、國立政治大學文學院中國近代史研究中心、日本
東京大學大學院總合文化研究科、國立國父紀念館（主辦），「第二屆近代
中國思想與制度學術討論會」學術研討會會議論文，2005年10月22日；蘇瑞
鏘，〈戒嚴時期政治案件的法律處置對人權的侵害──以1960年的雷震案為中
心〉，國史館（主辦），「中華民國史專題第8屆討論會：臺灣1950-1960年代
的歷史省思」會議論文，2005年11月25日（按：本文已通過審查，將收入《國
史館學術集刊》中）；蘇瑞鏘，〈傅正傳〉，《國史館館刊》，復刊39（臺北，
2005.12），頁275-276；蘇瑞鏘，《戰後臺灣組黨運動的濫觴──「中國民主
黨」組黨運動》（臺北：稻鄉出版社，2005），頁159-211。

第一節：白色恐怖的年代

　　戰後臺灣實施戒嚴期間（1949-1987年）、甚至直到廢止「懲治叛亂條例」（1991年）與修正「刑法100條」（1992年）為止，中國國民黨（按：以下簡稱國民黨）當局以觸犯「政治刑法」為由[2]，逮捕、拘禁、審問、處罰為數眾多的「政治犯」。這些政治人權侵害案件[3]，一般俗稱「白色恐怖」（White Terror）案件[4]，意指國民黨當局「以動員戡亂時期戒嚴體制為核心，強調基於反共

---

[2] 關於政治犯罪，有廣狹不等的定義，可參考：林山田，〈論政治犯罪〉，《刑事法雜誌》，34：3（臺北，1990.06），頁2-5。本文基本上採用接近林山田所界定的「最狹義」，指行為人觸犯普通刑法的內亂罪與外患罪、特別刑法的懲治叛亂條例等一般所稱的「叛亂罪」。另參：裘佩恩，〈戰後臺灣政治犯的法律處置〉（臺北：臺灣大學法律研究所碩士論文，1997），頁3-7；Austin T. Turk, *Political Criminality : The Defiance and Defense of Authority*, California: Sage Publications, 1982.

[3] 筆者曾收集過四百多篇相關文獻，可參考：蘇瑞鏘，〈戰後臺灣戒嚴時期政治案件之研究〉，國立政治大學歷史學系博士論文研究計劃（2005年6月13日），未刊稿；蘇瑞鏘，〈白色恐怖與轉型正義──戰後臺灣政治人權侵害案件的研究意義與相關資料介紹〉，《彰中學報》，24（彰化：國立彰化高中，2007.01），頁125-152。

[4] 「白色恐怖」一詞的由來，一說淵源自法國大革命。學者指出：法國大革命時期，「由於反抗雅克賓恐怖統治也包括支持波旁（Bourbons）王室的保皇黨，波旁王室又以白色為代表色，故就將當時對雅克賓採取報復的恐怖活動稱為『白色恐怖』」。Duncan Townson, ed., *Dictionary of Modern History 1789-1945* (London: Penguin Books, 1994), pp.840-841, 912-913。參考並轉引自：劉熙明，〈蔣中正與蔣經國在戒嚴時期「不當審判」中的角色〉，《臺灣史研究》，6：2（臺北：中央研究院臺灣史研究所籌備處，2000.10），頁140。

及避免顛覆政府事件，所採取一連串的鎮壓異己行為」[5]。在「轉型正義」逐漸受到重視的今天[6]，這些政治人權侵害案件也漸受矚目。

戰後臺灣眾多政治人權侵害案件的發生，有其歷史背景。第二次世界大戰結束後，根據聯合國盟軍最高統帥麥克阿瑟所發佈的第一號命令，中華民國（國民黨）政府代表盟軍接收臺灣，同時卻也將當時中國的一黨訓政體制引進臺灣。1947年7月，為戡平共產黨的叛亂，當局下令總動員，此時尚未行憲，臺灣就已隨之進入非常時期。1949年5月全臺戒嚴，更使臺灣長期籠罩在戒嚴體制之下。1950年韓戰爆發，美軍介入臺灣海峽，得到美國支持的蔣介石，藉此契機逐漸建構強人威權體制。從1950年代開始，中國國民黨當局即透過許多侵害人權的法律與行政命令的施行，使得臺灣人民的基本人權無法得到法律的保障，更不要說是憲法的保障[7]。

其中，國民黨當局更是透過軍事審判的進行[8]、周密的

5 其中除部分真為匪諜案之外，冤錯假案不斷。許雪姬（等），《臺灣歷史辭典》（臺北：行政院文化建設委員會，2004），頁267，薛化元，〈白色恐怖〉條。
6 所謂「轉型正義」的問題，是指國際間若干國家由專制轉型為民主之後，面臨如何處理當年高壓政治的歷史遺留問題。可參：Ruti G. Teitel, *Transitional Justice*, New York: Oxford University Press, 2000.中譯：璐蒂・泰鐸（著），鄭純宜（譯），《變遷中的正義》，臺北：商周出版社，2001。
7 薛化元、陳翠蓮、吳鯤魯、李福鐘、楊秀菁，《戰後臺灣人權史》（臺北：國家人權紀念館籌備處，2003），薛化元，〈作者序〉，頁6-7；薛化元（編著），《臺灣開發史》（臺北：三民書局，2003），頁171。
8 相關法制有：陸海空軍審判法、軍事審判法、軍事審判法施行法、臺灣省戒嚴時期軍法及司法機關受理案件劃分暫行辦法、臺灣地區戒嚴時期軍法機關自行審判及交法院審判案件劃分辦法等等。

政治刑法與相關命令的訂定[9]、大法官的相關解釋[10]、對情治
單位與司法（特別是軍法）單位的掌控，甚至是政治層峰的介

---

[9] 例如：戒嚴法、懲治叛亂條例、戡亂時期檢肅匪諜條例、刑法內亂外患章、戡
亂時期危害國家緊急治罪條例、戡亂時期檢肅匪諜舉辦連保連坐辦法、戡亂時
期匪諜交付感化辦法、戡亂時期預防匪諜再犯管教辦法、匪諜自首辦法、匪
諜檢舉辦法、妨礙軍機治罪條例、國家總動員法、妨礙國家總動員懲罰暫行
條例、處理思想犯（政治犯）辦案應注意事項等等。其中，懲治叛亂條例被視
爲統治當局製造白色恐怖的關鍵法律。特別是該法的第二條第一項（俗稱「二
條一」）的絕對死刑，更是白色恐怖時期奪去最多人命的法條，「二條一」規
定：「犯刑法第一百條第一項、第一百零一條第一項、第一百零三條第一項、
第一百零四條第一項之罪者，處死刑。」其中涉及刑法的部份，第一百條第一
項規定：「意圖破壞國體、竊據國土，或以非法之方法變更國憲、顛覆政府，
而著手實行者，處七年以上有期徒刑；首謀者處無期徒刑。」第一百零一條第
一項規定：「以暴動犯前條第一項之罪者，處無期徒刑或七年以上有期徒刑；
首謀者，處死刑或無期徒刑。」第一百零三條第一項規定：「通謀外國或其派
遣之人，意圖使該國或他國對於中華民國開戰端者，處死刑或無期徒刑。」第
一百零四條第一項規定：「通謀外國或其派遣之人，意圖使中華民國領域屬於
該國或他國者，處死刑或無期徒刑。」另外，爲貫徹「司法一元主義」，憲法第
九條即規定：「人民除現役軍人外，不受軍事審判。」然而，長期以來統治當
局卻以非常狀態爲由，透過「懲治叛亂條例」等相關法令的建構，使得觸犯政
治刑法者，即使並非軍人也要交付軍事審判。如此一來，便有違反憲法第九條
之虞。該條例1949年5月24日制定，同年6月21日公佈施行。其後歷經1950年及
1958年兩度修正，直到1991年5月17日，因爲爆發「獨臺會事件」，在「知識界
反政治迫害聯盟」及學生集結靜坐的壓力下，才由立法院廢止（5月22日公佈廢
止）。蘇瑞鏘，〈懲治叛亂條例〉，收入：國史館，「國家歷史資料庫——戰後
臺灣的發展」專題：「民主運動的萌芽與挫折」詞條（國史館即將公開的網路資
料庫）。詳參：薛化元、陳翠蓮、吳鯤魯、李福鐘、楊秀菁，《戰後臺灣人權
史》（臺北：國家人權紀念館籌備處，2003），頁101；林山田，《五十年來的臺
灣法制(1945-1995)》（臺北：林山田發行，1996），頁55-58；《總統府公報》，
230號（臺北，1949.06.21），頁1；蘇瑞鏘，〈臺灣戒嚴時期政治案件中「非軍人
交付軍事審判」之爭議——以雷震案爲例〉。

[10] 例如：大法官第68、80、129、272、477號解釋等等。

入[11]……等手段，製造出許多「不當審判」[12]，對人權造成相當
大的戕害[13]，也導致政治上的「白色恐怖」氛圍長期籠罩全臺。
當時的「不當審判」與由此所產生的政治肅殺氣氛，從目前眾
多的政府檔案中即可見一斑。

　　例如：在行政院研考會「檔案管理局」的檔案中[14]，可以看
出：1954年臺南開元寺僧證光法師（高執德），被控「連續藏匿
叛徒」、「明知爲匪諜而不告密檢舉」，以及「幫助藏匿犯人」
等罪名，原判被處12年有期徒刑[15]，然總統蔣介石卻以高執德
「罪情甚重」爲由，指示「應發還嚴爲覆審」[16]。之後覆判，高
執德即被改判死刑[17]。

---

[11] 如總統蔣介石直接介入「雷震案」的審判，詳下。

[12] 一般來說，「不當審判」是指「不當的拘捕、審訊與判刑等入人於罪的措施」
（劉熙明，〈蔣中正與蔣經國在戒嚴時期「不當審判」中的角色〉，頁140）。
另外，據「戒嚴時期不當叛亂暨匪諜審判案件補償條例」比較嚴格的界定，
所謂「戒嚴時期不當叛亂暨匪諜審判案件之受裁判者」，係指「人民在戒嚴
解除前，因觸犯內亂罪、外患罪或戡亂時期檢肅匪諜條例，經判決有罪確
定或裁判交付感化教育者」。

[13] 可參：陳君愷、蘇瑞鏘，〈威權統治時期校園政治案件中的人權侵害初
探〉，國立臺灣大學社會科學院、財團法人戒嚴時期不當叛亂暨匪諜審判案
件補償基金會（主辦），「臺灣人權與政治事件學術討論會」會議論文，2005
年12月8日。按：論文集即將出版。

[14] 「檔案管理局」，網址：http://www.archives.gov.tw，特別是「國家檔案」。

[15] 〈臺灣省保安司令部判決〉，(43)審三字第108號。收入：檔案管理局「國家
檔案」。

[16] 〈總統府代電〉，臺統(二)適字第0208號。收入：檔案管理局「國家檔案」。

[17] 關於該案的分析，可參：闞正宗、蘇瑞鏘，〈臺南開元寺僧證光（高執德）
的「白色恐怖」公案再探〉，中央研究院近代史研究所兩岸發展研究群（主
辦），「冷戰初期的海峽兩岸」會議論文，2004年9月10日。收入：《中華人
文社會學報》，2（新竹：中華大學人文社會學院，2005.03），頁252-288。

除高執德案，也有不少經過蔣介石「指示」的個案，刑期往往越判越長、甚至死刑，徐會之亦是一例。1950年，前總統府參軍徐會之（黃埔一期）涉嫌「叛亂」，原被判刑5年，然公文送到蔣介石手上，蔣卻親批「應即槍決可也」[18]。

這種肅殺的政治氣氛，由國史館館藏的《蔣中正總統檔案》（俗稱「大溪檔案」）中，亦可窺見一二[19]。

另外，從一般民眾的直接感受，也可嗅出這種政治氣氛。例如，殷海光說：（人們對）「島上無所不在的恐慌（bugaboo）都有一種近乎非本能的反應」[20]；葉石濤說：「這種恐怖感統治了所有日常生活，已達到食不知味，睡不知覺的地步」[21]；楊逸舟則指出：「除了蔣介石本人與特務頭子蔣經國之外，沒有一個人可以保証自己的生命安全」[22]，由前總統嚴家淦也曾被歸類為「匪嫌」[23]，可見確有此情形。

---

[18] 羅添斌（報導），〈自首判五年，蔣中正竟批槍決〉，《自由時報》，2007年5月16日。按：該報導附有「二二八事件紀念基金會」所提供的公文影本。

[19] 例如，1949年「本省」籍監察委員丘念台就指出：「特工人員太多、太濫，動遭嫌隙拘捕。」（《蔣中正總統檔案》，政治類，第045卷，〈臺閩政情〉，丘念台〈臺灣省民意考察報告〉，1949年11月7日。）此外，以1950年1-10月的「匪諜」案為例，臺灣省保安司令部共審230個「匪諜案」，1520人被捕（見〈謹將四十一年度情報工作概況及四十二年度工作會報之中心議案內容報請鑒核由〉，1953年1月24日）。轉引自：劉熙明，〈蔣中正與蔣經國在戒嚴時期「不當審判」中的角色〉，頁159-160。

[20] 殷海光，〈剖析國民黨〉，收入：林正弘（主編），《殷海光全集（12）：政治與社會》，下（臺北：桂冠圖書公司，1990），頁1153。

[21] 葉石濤，《一個臺灣老朽作家的50年代》（臺北：前衛出版社，1991），頁64。

[22] 楊逸舟（著），張良澤（譯），《受難者》（臺北：前衛出版社，1990），頁121。

[23] 前調查局副局長高明輝自述，1977年發現當時擔任總統的嚴家淦，其政治

在戰後臺灣眾多白色恐怖案件中，1960年的雷震案被視為指標性的大案[24]。該案不但造成《自由中國》就此停刊[25]，更重創正在籌組中的「中國民主黨」，該「黨」經此重擊而一蹶不振[26]。而傅正亦在此案中遭逮捕，其後並失去6年多的自由。

第二節：雷震案的爆發

前述1960年組黨活動進入高潮而準備宣布成立「中國民主

偵防檔案的「類別欄」竟是「匪嫌」。高明輝（口述），范立達（整理），《情治檔案──一個老調查員的自述》（臺北：商周文化事業公司，1995），頁219-222。

[24] 關於「雷震案」的研究，可詳參：許瑞浩，〈從官方檔案看統治當局處理「雷震案」的態度與決策──以國防部檔案為中心〉，收入：胡健國（主編），《20世紀臺灣民主發展：第7屆中華民國史專題論文集》（臺北：國史館，2004），頁319-406；蘇瑞鏘，〈臺灣戒嚴時期政治案件中「非軍人交付軍事審判」之爭議──以雷震案為例〉；蘇瑞鏘，〈戒嚴時期政治案件的法律處置對人權的侵害──以1960年的雷震案為中心〉；蘇瑞鏘，《戰後臺灣組黨運動的濫觴──「中國民主黨」組黨運動》，頁159-211。

[25] 警總逮捕雷震等人之後，《自由中國》就辦不下去，這與雷案的壓力有密切的關係。因為，被捕的4人多是《自由中國》社的成員，包括發行人雷震、經理馬之驌、編委傅正，以及前會計劉子英。其中，雷震的被捉，更使得該社群龍無首。此外，據該社編委宋文明指出，雷案爆發後，該社的經費來源出了問題（因為雷震可籌款），而且此後該社內部的若干成員也轉趨消極，而有不想再辦之念。蘇瑞鏘（訪問、紀錄），〈宋文明先生訪問紀錄（1）〉（1995.03.26，於宋宅）。

[26] 「中國民主黨」胎死腹中的原因頗多，非只雷案一端（可參：蘇瑞鏘，《戰後臺灣組黨運動的濫觴──「中國民主黨」組黨運動》第6章第2節）。然而，雷案卻是最直接且最具殺傷力的原因。

黨」之際，臺灣警備總司令部[27]（按：以下簡稱警總）逮捕了雷震等人，史稱「雷震案」或「雷案」，而傅正也在該案中被捕[28]（圖5-1）。

---

[27] 戰後臺灣眾多軍警情治機構當中，警備總部是戒嚴時期長期負責偵辦調查「匪諜」與「臺獨」等各類政治異議份子的主要機構。在戒嚴體制下，警備總部常以保密防諜之名義，直接介入民眾的日常生活。例如：監聽通訊、攔檢郵件、審查文化活動、查禁書刊，以及海岸漁船的進出管制檢查等等。1945年8月15日，日本正式向盟軍投降，為接收臺灣，國民政府成立「臺灣省行政長官公署」及「臺灣省警備總司令部」。「臺灣省警備總司令部」隸屬於軍事委員會，由擔任行政長官的陳儀兼任總司令。1947年5月29日，「臺灣省警備總司令部」奉令改為「臺灣全省警備總司令部」，隸屬國防部，由彭孟緝任總司令，各業務處略有簡併。1949年1月26日，「臺灣省警備總司令部」成立，仍隸國防部，由省政府主席陳誠兼任總司令。1949年9月1日，「臺灣省警備總司令部」改為「臺灣省保安司令部」，由彭孟緝擔任司令。1949年12月1日，臺灣省保安司令改由省主席吳國楨兼任。1950年4月後改隸行政院，由國防部督導。1958年5月15日，「臺灣警備總司令部」成立，接管原臺灣省保安司令部、臺灣省民防司令部、臺北衛戍總司令部的事務。「臺灣警備總司令部」雖隸屬於國防部，但須受臺灣省政府主席之指揮監督。1958年8月9日，臺灣地區戒嚴任務交由警備總司令統一負責，同時撤銷各地區戒嚴司令。1992年8月1日，「臺灣警備總司令部」被撤銷，其部分業務改由新成立的「海岸巡防司令部」接管，再變成現今的後備司令部。蘇瑞鏘，〈臺灣警備總司令部〉，收入：國史館，「國家歷史資料庫──戰後臺灣的發展」專題：「民主運動的萌芽與挫折」詞條（國史館即將公開的網路資料庫）。詳參：薛化元、陳翠蓮、吳鯤魯、李福鐘、楊秀菁，《戰後臺灣人權史》，頁126-127；陳翠蓮，〈戒嚴時期臺灣的情治機關──以美麗島事件為例〉，收入：胡健國（主編），《中華民國史專題第7屆討論會：20世紀臺灣民主發展》（臺北：國史館，2004），頁157-158；報導，〈警總裁撤 海岸巡防部會成立〉，《中國時報》，1992年8月1日；報導，〈警總盛極而減 不再是東廠〉，《聯合報》，2007年7月17日。

[28] 過程詳參：傅正，〈組黨救國下獄的第一天──1960年9月4日〉，《自立晚報》，1988年5月23-24日。

1960年9月4日上午，警總以「涉嫌叛亂」爲由，拘捕了《自由中國》的發行人雷震、編輯傅正、經理馬之驌，以及離職職員劉子英（時任職國史館）等4人[29]，並派員查扣《自由中國》雜誌社內的文稿資料[30]。之後，雷震夫人宋英曾依據憲法第8條及提審法的規定，向法院聲請提審雷震，然皆被駁回[31]。經過一連串的司法程序，警總軍事檢察官於9月26日依叛亂罪嫌將雷、劉、馬3人提起公訴，傅正則聲請交付感化[32]。

10月3日，軍事合議庭審訊，當日審結。10月8日上午11點鐘，總統蔣介石召集副總統以下共14名黨政軍特要員，在總統府內召開「商討雷案」的極機密會議，他們要在甲、乙、丙三個腹案當中擇定其一。經過在場人員分析這三案的利弊得失之後，蔣介石「裁決採用乙案」，並做出「雷之刑期不得少於10年」、「覆判不能變更初審判決」等指示[33]（圖5-2）。當天下午警

---

[29] 〈臺灣警備總司令部呈報國防部已依法將雷震等人逮捕到案〉，收入：陳世宏、張世瑛、許瑞浩、薛月順（編），《雷震案史料彙編：國防部檔案選輯》（臺北：國史館，2002），頁191；《中央日報》，1960年9月5日。

[30] 雷震夫人宋英的姨姪程積寬謂：「當時社內只有我一人，⋯⋯所帶走的文件全由我簽字。」程積寬，〈我所知道傅正先生的軼事〉（程積寬提供，未刊稿）。

[31] 關於涉及人身自由的提審權問題，從宋英兩度要求提審雷震，皆爲臺北地方法院與臺灣高等法院所拒，可見憲法所保障的提審權被嚴重剝奪。詳細分析可參：蘇瑞鏘，〈臺灣戒嚴時期政治案件中「非軍人交付軍事審判」之爭議——以雷震案爲例〉；蘇瑞鏘，〈戒嚴時期政治案件的法律處置對人權的侵害——以1960年的雷震案爲中心〉。

[32] 《中央日報》，1960年9月27日。

[33] 陳世宏、張世瑛、許瑞浩、薛月順（編），《雷震案史料彙編：國防部檔案選輯》，頁331-332。

總高等軍事審判庭宣判，雷震果然被判10年，判決主文如下：

> 雷震明知為匪諜（按：指劉子英）而不告密檢舉，處有期
> 徒刑7年，褫奪公權5年，連續以文字（按：指《自由中國》
> 半月刊）為有利於叛徒之宣傳，處有期徒刑7年，褫奪公
> 權7年，執行有期徒刑10年，褫奪公權7年。
> 劉子英意圖以非法之方法顛覆政府，而著手實行，處
> 有期徒刑12年，褫奪公權8年，全部財產除酌留其家屬
> 必需生活費用外沒收之。
> 馬之驌預備以非法之方法顛覆政府，處有期徒刑5年，
> 褫奪公權4年，匪偽書籍……均沒收[34]。

另外，傅正則因發表過兩篇文章，批判當局推動修憲以利蔣介石尋求總統三連任，而被裁定感化3年[35]。

之後，雷震案當事人聲請覆判。11月23日國防部對雷震案提出覆判：「原判決關於雷震部份核准，馬之驌罪刑部份撤銷、馬之驌交付感化3年，其他聲請駁回」[36]。此外，傅正所提的抗告也被駁回[37]。也就是說，除了馬之驌改判感化3年之

---

[34] 《中央日報》，1960年10月9日；傅正（主編），《雷震全集（4）──雷震風波：雷案始末（2）》（臺北：桂冠圖書公司，1989），頁441-445。

[35] 《中央日報》，1960年10月9日；傅正（主編），《雷震全集（4）──雷震風波：雷案始末（2）》，頁445-447。

[36] 《中央日報》，1960年11月24日。國防部覆判判決書全文，詳見：陳世宏、張世瑛、許瑞浩、薛月順（編輯），《雷震案史料彙編：黃杰警總日記選輯》（臺北：國史館，2003），頁315-330。

[37] 《中央日報》，1960年11月24日。

外，其餘被告均維持原判。之後，雷震雖聲請「非常審判」，但仍遭駁回[38]。

就在雷震案初審判決之後，監察院也成立一個由陶百川、黃寶實、金越光、陳慶華、劉永濟等人組成的雷震案調查小組[39]，在覆判之後開始展開調查。然該調查小組「深知政府制裁雷震決心如鐵，自非監察院所能挽回」[40]，最後雖然寫了調查報告，指出雷震案偵審過程中的若干缺失[41]，並通過糾正案[42]，但仍無法改變雷震案的判決。

第三節：警總對傅正的指控

在雷震案中，傅正被裁定感化3年，乃因他曾在《自由中國》撰刊〈護憲乎？毀憲乎？——望國大代表作明智的抉擇〉與〈豈容「御用」大法官濫用解釋權？〉，批評蔣介石可能突破憲法限制達成三連任總統的企圖。

因此，在討論傅正的「罪名」之前，有必要先了解蔣介石三連任總統爭議的歷史背景[43]。1958年12月23日，蔣介石在光

---

[38] 《聯合報》，1961年1月11日。

[39] 陶百川，《困勉強狷八十年》（臺北：東大圖書公司，1984），頁220。

[40] 陶百川，《困勉強狷八十年》，頁220。

[41] 內容見〈監察院雷案調查小組報告〉，《聯合報》，1961年3月10日。

[42] 1961年通過的糾正案全文要到1988年才披露，全文見《臺灣時報》，1988年4月23日。

[43] 此段關於蔣介石三連任總統歷史背景的討論，主要參考並徵引自：薛化元、楊秀菁，〈強人威權體制的建構與轉變（1949-1992）〉，收入：李永熾，張炎憲，薛化元（主編），《人權理論與歷史論文集》（臺北：國史館，2004），

復大陸設計委員會中，首次公開談論這個問題，他表示反對修改憲法來擔任第三任總統[44]。然到了1959年5月18日，蔣在國民黨的總理紀念週上卻表示：只要一不使敵人感到稱心、二不使大陸億萬同胞感到失望、三不使海內外軍民感到惶惑，「而反共復國重任的完成，有了妥善安排，他絕不為個人的出處考慮」[45]，此即意味著蔣介石並不排除三連任總統的可能。然而，一旦他要尋求三連任，則勢必涉及憲政問題。此時傅正在《自由中國》半月刊發表〈修憲已沒有「合法途徑」了！〉一文，指出：依據憲法，不論是國民大會或立法院都不可能達成修改憲法所需要的法定人數，修憲的道路因人數足額及公佈日期之問題，已是死路一條[46]。在這種情況下，若要推動總統三連任，首先必須處理代表總額問題。於是，國民黨透過行政院及國民大會秘書處提出對國民大會代表總額之釋憲聲請。大法官會議則於1960年2月12日通過第85號解釋：「憲法所稱國民大會代表總額，在當前情形，應以依法選出，而能應召集會之國民大會代表人數，為計算標準」[47]，從而解決了國大代表人數不足以修憲的問題。因此，國民黨政府得以在形式上取得修改

頁290-293。

[44] 《中央日報》，1958年12月24日。

[45] 《聯合報》，1959年5月20日；雷震，「雷震日記」（1959年5月19日），傅正（主編）《雷震全集（40）──雷震日記（1959年-1960年）：第一個10年（8）》（臺北：桂冠圖書公司，1990），頁91。

[46] 傅正，〈修憲已沒有「合法途徑」了！〉，《自由中國》，21：5（臺北，1959.09.01），頁13-14。

[47] 《中央日報》，1960年2月13日。關於司法院大法官會議釋憲字第85號解釋，收入：《總統府公報》，1096（臺北，1960.02.12），頁3。

臨時條款的「合法性」。隨後，蔣介石於該年3月21日順利突破「三連任」的障礙，而當選第3任總統[48]。

在當局突破「三連任」障礙的過程中，許多民主人士一再反對修改憲法，也建議蔣介石不可違憲連任，許多刊物也有這樣的呼籲。《自由中國》更是在1年4個月內發表相關社論11篇、專論20篇，以及通訊7篇加以反對，篇幅之多，超過該刊所討論過的任何事件。而傅正更是對此一問題至少發表過十多篇文章（詳本書第3章），其中更因〈護憲乎？毀憲乎？——望國大代表作明智的抉擇！〉與〈豈容「御用」大法官濫用解釋權？〉兩篇文章而招致牢獄之災。

關於〈護憲乎？毀憲乎？——望國大代表作明智的抉擇！〉一文，傅正指出：「今天民意是反對修憲連任，各位是來自民間，便該代表民意。今天憲法或臨時條款是無法修改，而這部憲法又是由國大代表所制定，各位的權力又是來自這部憲法，更該能維護憲法」[49]，從而希望國大代表能粉碎修憲連任運動的企圖，擔負起護憲的責任。

至於〈豈容「御用」大法官濫用解釋權？〉一文，旨在批判大法官會議通過關於國民大會代表總額的解釋案，使國民大會能順利地召開，便於修憲連任之進行。傅正指出：「『御用』大法官已為中華民國司法史上寫下了最可恥的一頁，……我們認為：除掉輿論界給予這批大法官道義的制裁，以及歷史家予『御用大法官』以最後的裁判外，監察院對於此種違法行為，

---

[48]《中央日報》，1960年3月22日、23日。

[49] 傅正，〈護憲乎？毀憲乎？——望國大代表作明智的抉擇！〉，《自由中國》，22：4（臺北，1960.02.16），頁114-116。

實在該依法提出彈劾了」[50]。

不久，雷震案爆發，警總軍事法庭的感化裁定書卻對傅正上述兩篇文章有如下指控：

> 「護憲乎？毀憲乎？——望國大代表作明智的抉擇！」一
> 文，意圖以文字方式強使國大代表貫徹其意見，……進
> 而妄稱：「如果臺灣真聽任修憲運動者一味硬幹到底，
> 則將不再承認自由中國政府為合法的政府了。」……
> 「豈容御用大法官濫用解釋權」，妄指大法官為御用之
> 工具，曲解大法官會議，依權責所為國大代表總額問題
> 之解釋。軍事檢察官認其內容超越學術研究，意見討論
> 之範圍，係挑撥分化，破壞法統，阻撓國民大會集會，
> 與匪之統戰策略相呼應，便利匪幫之叫囂[51]。

然細究二文之要旨，乃傅正透過呼籲民意代表與評論大法官解釋之方式，反對當時的修憲連任運動。當局以此入他於罪，實有過度推論之嫌。日後傅正也指出：

> 前者只是希望國大代表護憲，不要「被修憲連任運動者
> 所收買，做了『毀憲』的最後工具」。後者只是站在純法
> 理的立場，批評大法官會議遷就現實而降低國民大會代
> 表總額的解釋案。兩篇文章的主旨，全在反對總統連選

---

50 社論（傅正），〈豈容「御用」大法官濫用解釋權？〉，《自由中國》，22：5
（臺北，1960.03.01），頁144-146。
51 《中央日報》，1960年10月9日。

連任不受憲法第四十七條限制的修憲連任運動，但警備
總司令部……以所謂「匪諜」的罪名交付感化。其實，
那兩篇文章究竟有哪一點可以套上一個匪諜的罪名[52]？

　　此外，警總對傅正這兩篇文章的詮釋，另有其它可議之
處。首先，視傅正言論為「有利於叛徒之宣傳」與「與匪統戰叫
囂遙相呼應」，而不見仔細分析傅正的言論，或許可能只是與
叛徒之宣傳或共匪之統戰叫囂偶合而已。其次，對其言論的指
控有斷章取義之嫌。例如，傅正文中「如果臺灣真聽任修憲運
動者一味硬幹到底，則將不再承認自由中國政府為合法的政府
了」一句，其結構「如果……則將……」屬假定語氣[53]，邏輯上
為條件句法，警總主事者不詳加分辨其語意邏輯，竟以此入傅
正於罪。再者，指控傅正「意圖以文字方式強使國大代表貫徹
其意見」，卻不見警總明確顯示傅正具有上述意圖的客觀行為
證據，以及傅正能夠達成此一意圖的行為能力。另外，當年公
開撰文反對蔣介石三連任者甚多，非獨傅正一人，然獨他因反
對蔣介石三連任而獲罪，實難看出司法的準繩何在。
　　另外必須指出，中華民國憲法第11條規定：「人民有言
論、講學、著作及出版之自由」，此條內容乃是保障所謂的

---

[52] 傅正（執筆），〈本院康委員寧祥等十三人，為請從速澈底平反雷震案，以刷
清政府於民主憲政史上留下之重大污點，特向行政院提出質詢〉，《立法院
公報》，77：31（臺北，1988.04.16），頁76；傅正，《傅正文選（3）：為中
國民主黨・民主進步黨戰鬥》（臺北：傅正自印，1989），頁309。
[53] 傅正，〈傅正對警總「聲請書」「答辯書狀」──第一次非法感化部分〉，傅
正，《傅正文選（3）：為中國民主黨・民主進步黨戰鬥》，頁113。

「表意自由」(freedom of expression)。這些自由所表現的方式
或有不同,然均屬人民能將自己內心的「意見」形諸於外的權
利[54]。然而,在白色恐怖時期,人民的表意自由卻常遭打壓。
從以上傅正被交付感化一案中,即可看出表意自由遭到侵犯的
面向相當明顯[55]。

　　最後值得一提的是,在逮捕傅正之前,該年8月15日總統
蔣介石召見警備總司令黃杰,垂詢處理雷震的「田雨專案」進
度,黃杰在日記中寫道:

　　總統指示:雷震之秘書傅正,其人極為可疑,傅之年
　　齡,據專案組所報,係卅六歲,但根據其個人資料,

---

[54] 陳新民,《中華民國憲法釋論》(臺北:作者發行,1995),頁227。
[55] 在雷震/傅正案中,除了表意自由受到侵害,人身自由亦明顯受到戕害。
　　例如,中華民國憲法第9條明定:「人民除現役軍人外,不受軍事審判」,然
　　戒嚴時期的政治犯即便非軍人的雷震、傅正等人,卻也被交付軍事審判。
　　當局的主要根據,乃是「懲治叛亂條例」第10條與「戒嚴法」第8條的規定,
　　然考察戰後臺灣相關的戒嚴令,其法律程序皆難稱完備。另外,當局聲稱
　　軍事審判與司法審判相似,對人民的權利亦有完備的保障,然考察二者的
　　差異,軍事審判對人身自由的保障,實未似司法審判周全。再者,當局認
　　為:非軍人被交付軍事審判,不但合法(「戒嚴法」與「懲治叛亂條例」)、
　　而且合憲(憲法第23條),然考察戒嚴時期的臺灣歷史,並未長期處於「明
　　顯且立即危險」之境,實難謂已達憲法第23條所稱——為了避免緊急危難等
　　等的必要時,得制定法律限制人民的自由權利——之必要標準。詳參:蘇瑞
　　鏘,〈臺灣戒嚴時期政治案件中「非軍人交付軍事審判」之爭議——以雷震案
　　為例〉;蘇瑞鏘,〈戒嚴時期政治案件的法律處置對人權的侵害——以1960年
　　的雷震案為中心〉;蘇瑞鏘,〈國民黨長期戒嚴論述的歷史省思〉,東森新聞
　　報(ETtoday),2007年7月21日,http://www.ettoday.com/2007/07/21/142-2129
　　282.htm,擷取時間:2007年7月21日。

出生於民國十七年，今年為卅二歲，而非卅六歲，且
此人曾就讀於上海某大學，旋又轉入武漢大學，最後
又入臺灣大學政治系畢業，從未謀取公職，專為雷震
充助手，青年人讀書之抱負，果如是乎？以此情形推
斷，當係共匪之職業學生，來臺從事滲透工作者[56]。

　　從這段蔣介石「推斷」傅正為「共匪之職業學生」的史料，
不但可以看出白色恐怖時期蔣介石如何武斷地將人羅織入罪的
荒謬邏輯，還可看出蔣介石對「青年人讀書之抱負」的狹隘觀
點。吾人不禁想問：難道臺灣大學政治系畢業的青年人，就
一定要謀取公職嗎？難道這樣的人才「專為雷震充助手」，就
不能算是「青年人讀書之抱負」嗎？對照過去教科書中寫到蔣
介石幼時在溪邊看魚兒逆水往上游就立志要奮發向上的政治神
話，蔣氏的「抱負觀」頗值得玩味。

第四節：感化處分的分析

一、兩度感化

　　9月26日，警總軍事檢察官聲請將傅正交付感化。然傅正
對此提出「答辯書狀」，為自己被指控的文章提出說明，他指
出：

---

[56] 陳世宏、張世瑛、許瑞浩、薛月順（編），《雷震案史料彙編：黃杰警總日記
　　選輯》，頁88-89。

全文立意如何，應就全文通體而論，若僅採其中一二語，則失之毫厘，謬以千里。故研究任何文章均忌斷章取義……今年五月底，臺灣各民主反共人士從事組織新黨時，共匪統戰份子即首先攻訐與誣衊，相繼而有政府當局及所辦報刊予以抨擊，然組織新黨人士，絕不能僅據此一點，即斷言政府「與匪之統戰策略相契合」。蓋此僅在無意之中，偶合巧合而已，而非有意之配合。由此一例推論，足證被告在前述所撰兩文之內，充其量，僅有絕少數語句意，與共匪之統戰策略偶合巧合而已，顯難謂「有利於叛徒之宣傳」，實彰彰甚明，毋庸再辯[57]。

之後，傅正要求聘請律師，警總批答曰：「交付感化其性質與保安處分相當並非起訴所請准予聘請律師爲之辯護乙節核與規定不合應予免議」[58]。10月8日，警總審判官裁定照准軍事檢察官的聲請，爰依「戡亂時期檢肅匪諜條例」與「戡亂時期匪諜交付感化辦法」，將傅正感化3年[59]。這段期間，傅正曾對警總的裁定書撰寫「抗告書狀」，他指出：

[57] 傅正，〈傅正對警總「聲請書」「答辯書狀」──第一次非法感化部分〉，收入：傅正，《傅正文選（3）：爲中國民主黨・民主進步黨戰鬥》，頁111-115。

[58] 警總軍法處（批答），〈所請聘請律師乙節於法不合應予免議〉，轉引自：傅正，《傅正文選（3）：爲中國民主黨・民主進步黨戰鬥》，頁127。

[59] 《中央日報》，1960年9月27日、1960年10月9日。

文章本身具有整體性，文內字句之意義不能脫離全文
而獨立存在，故評論一文，應著眼於全文，……不宜
取其中某一兩字或某一句為憑，以免斷章取義之弊。
但證諸裁定書所引，在被告撰約七千餘字之「護憲乎？
毀憲乎？」一文內，僅採其中二語為憑，至於被告所撰
約五千字之「豈容御用大法官濫用解釋權」一文，更未
引一語以為證[60]。

於是他要求「撤銷原裁定，改予無罪釋放之裁定」[61]，然仍
無法改變被交付感化的結局。

1963年，傅正感化3年屆滿，依「戡亂時期匪諜交付感化
辦法」第15條規定：「受感化人於感化期間屆滿時，應即釋
放」。然由於傅正在被感化期間，曾發表若干不滿當局的言
論[62]。於是，在3年感化期滿之前，被警總軍事檢察官以「思想

---

[60] 傅正，〈傅正不服警總非法裁定之「軍法抗告書狀」——第一次非法感化部
分〉，收入：傅正，《傅正文選（3）：為中國民主黨‧民主進步黨戰鬥》，頁
119-126。

[61] 傅正，〈傅正不服警總非法裁定之「軍法抗告書狀」——第一次非法感化部
分〉，收入：傅正，《傅正文選（3）：為中國民主黨‧民主進步黨戰鬥》，頁
125。

[62] 例如：「一個政府喪失了人民和土地，還要在國際上代表國家，是史無前例
的。所以中華民國在聯合國的地位不會維持很久了。」又如：「人家在沿海
一帶增兵，我們就手忙腳亂，就這樣還想反攻大陸，真是做夢。現在在大
陸上連打游擊都不可能，還說什麼反攻大陸？」甚至還說過：「甚麼反共、
反攻、救國、救民，都是騙人的鬼話，一切還不是為了兒子，希望做到家
天下」，以及「想感化老子（傅自稱）？談也不要談，老子還是老子」等語。
傅正，〈憑什麼將我連續兩次感化？——對國民黨的一點公開控訴〉，收入：

傾匪，言論荒謬，為匪張目，所有言論與匪幫策略均相呼應」為由，再度聲請交付感化，其後警總審判官也裁定照准軍事檢察官的聲請[63]。總計傅正被連續兩度感化，失去自由長達6年3個多月[64]。

二、兩度感化的法理分析

「白色恐怖」時期，當局常用「感化處分」來處置政治犯（尤其是思想犯）。馬之驌（與傅正同案、且同被交付感化）回憶被「感化」時，「臺灣省生產教育實驗所」班主任丁邦明曾向他說過感化處分的特色：

> 「感化」不比「徒刑」，有期徒刑是有固定刑期的，服刑期滿即可出獄。感化則不然，……若是你的訓導平常對你的思想言行考核分數很高，並提出具體的例證，他是有權簽報上級讓你提前結訓的。反之，如果訓導認為你的思想有問題，他也有權簽報上級延長你的感化期限[65]。

傅正（主編），《雷震全集（5）——雷震風波：雷案始末（3）》（臺北：桂冠圖書公司，1989），頁879-880。

63 〈臺灣警備總司令部軍事檢察官聲請書〉、〈臺灣警備總司令部裁定〉。轉引自：傅正，《傅正文選（3）：為中國民主黨‧民主進步黨戰鬥》，頁145-151。

64 傅正，〈憑什麼將我連續兩次感化？——對國民黨的一點公開控訴〉，收入：傅正（主編），《雷震全集（5）——雷震風波：雷案始末（3）》，頁874。

65 卓遵宏、劉箋齡（訪問），許伸弘（紀錄整理），許瑞浩（修訂），〈馬之驌先生訪問紀錄：生教所的悲歡歲月〉，《國史館館刊》，復刊35（臺北，

　　由上述傅正與馬之驌被感化的相關史料，可看出感化處分有幾點值得討論之處。首先，「懲治叛亂條例」第9條第3項規定：「感化教育不得延長」[66]，「戡亂時期匪諜交付感化辦法」第2條第2項規定：「感化教育期間為三年以下」，該辦法第15條第2項也規定：「受感化人於感化期間屆滿時，應即釋放」[67]。而當局在傅正3年感化將屆滿之際，找理由再將他感化3年，造成表面上是兩次各3年的感化，實際上是連續超過法定3年以下的感化。由此可見，當局此一「依法」的處置，頗有玩法之嫌。

　　其次，警總稱感化處分的性質「與保安處分相當」[68]，既相當於保安處分，即非刑罰[69]。然而，警總卻可能透過一再感化

2003.12），頁235。另見：馬之驌，〈憶苦受感化歲月兼記親友故舊〉，《歷史月刊》，184（臺北，2003.05），頁118。按：丁邦明這段話中「有期徒刑……服刑期滿即可出獄」一句，應然與實然之間有一定的落差。就應然而言，有期徒刑服刑期滿，理應可以出獄，然實際上卻也有政治犯被以其它理由繼續囚禁或軟禁，柏楊（郭衣洞）即是一例。（詳參：柏楊〔口述〕，周碧瑟〔執筆〕，《柏楊回憶錄》〔臺北：遠流出版公司，1996〕，頁319-325）。必須指出的是，依「懲治叛亂條例」與「戡亂時期匪諜交付感化辦法」而論，「上級」應無延長感化期限之權。

[66] 《總統府公報》，230（臺北，1949.06.27），頁1。
[67] 《總統府公報》，811（臺北，1957.05.21），頁3。
[68] 警總軍法處（批答），〈所請聘請律師乙節於法不合應予免議〉。
[69] 保安處分，乃是刑罰以外用來補充或代替刑罰的另一種特殊處分，並非刑罰（劉作揖，《保安處分執行法論》〔臺北：黎明文化公司，1983〕，頁9）。至於二者的差異，約而言之，刑罰乃屬法律制裁手段，具有懲罰性和社會倫理之非難性。保安處分則純粹出於預防社會危險性之目的，而對行為人之社會危險性所為之防衛措施。詳參：林山田，《刑法通論》（臺北：作者發行，1990），頁456。

的手段來對付思想犯[70]，造成感化的時間可能較徒刑爲長，甚至可能成爲實際上的「無期徒刑」[71]，頗有濫用「保安處分」以鎮壓政治異議者的嫌疑。由此即可理解，當馬之驌看到傅正的遭遇會不禁表示：「被裁定感化三年，不如被判有期徒刑五年」[72]。

再者，由於馬之驌在感化期間「隨遇而安，服從命令，……結果一切都很順利」，3年屆滿就重獲自由，1天也沒增加。而同樣被裁定感化3年的傅正，卻因爲看不起這些訓導們，因此常被評爲「犯上」、「思想仍有問題」，結果3年屆滿又再加了3年[73]。可見實際「感化」時間的長短，與上述丁邦明所稱的「思想言行考核分數」，二者之間不無關係。

更值得注意的是，傅正被聲請交付感化後，曾要求聘請律師爲之辯護，然警總卻以感化並非起訴爲由加以拒絕。傅

---

[70] 這類例證甚多，報人龔德柏一案亦是顯例。龔德柏因被當局指控「對軍民作反動宣傳」與「公開毀謗政府」等等，而在1950年遭到拘捕，之後交付感化，而其感化也是超過3年的法定時限。1955年蔣介石在一次演講中就坦白指出：「治安機關檢核感訓考核報告，其（按：指龔德柏）思想言論，尚無悔悟，故迄今尚在繼續感化之中。」蔣中正（演講），〈保障人權及言論自由各問題〉，收入：秦孝儀（主編），《先總統 蔣公思想言論總集》，卷26（臺北：國民黨中央委員會黨史委員會，1984），頁305-306。

[71] 傅正，〈憑什麼將我連續兩次感化？──對國民黨的一點公開控訴〉，頁880。

[72] 卓遵宏、劉筱齡（訪問），許伸弘（紀錄整理），許瑞浩（修訂），〈馬之驌先生訪問紀錄：生教所的悲歡歲月〉，頁241。另見：馬之驌，〈憶苦受感化歲月兼記親友故舊〉，頁121。

[73] 卓遵宏、劉筱齡（訪問），許伸弘（紀錄整理），許瑞浩（修訂），〈馬之驌先生訪問紀錄：生教所的悲歡歲月〉，頁241、248-249。

正指出：「我的政治歷史十分明白，實在找不到可以判刑的藉口，便以感化的名義，不准我請律師，不讓我上法庭，就達到了使我坐牢的目的」[74]。由此可見，當局透過感化處分可以規避一般的法律訴訟程序（如聘請律師），是有可能被用來整肅並無具體證據可求處刑罰的思想犯。

第五節：獄中生活

1989年，傅正在參選立法委員自述中的「學歷」一項寫道：「臺灣大學、青島大學（臺北市青島東路3號警總軍法處看守所）、土城研究所（臺北縣板橋土城清水村3號生教所）、火燒島高級研究班（火燒島警總新生訓導處）畢業」[75]。傅正曾詳述這段過程：1960年9月4日上午被捕，關到臺北市青島東路3號的警備總部軍法處看守所，不久又被帶到臺北市西寧南路3號警備總部保安處進行通宵疲勞審訊。被裁定感化3年後，關到臺北縣板橋土城清水村3號生教所（後來的仁愛莊），這段期間絕大部分時間是隔離管制，報紙只有一份用來洗腦的《中央日報》，只准有限度的通信和看書。1963年10月底感化期滿後卻又被送到軍法處，再度被感化3年。之後被送到火燒島警總新生訓導

---

[74] 傅正，〈憑什麼將我連續兩次感化？──對國民黨的一點公開控訴〉，頁879。

[75] 傅正，〈傅正：學歷：台灣大學、青島大學……〉（按：此為傅正競選立法委員自述「學歷」草稿，原檔案沒有標題，此處以其首句當作標題），收入：中央研究院近代史研究所檔案館（藏），「雷震‧傅正檔案」，臺北：中央研究院近代史研究所檔案館。

處，期間又一人獨居，實施所謂隔離管訓，不准接見、不准通
信、不准看報，且除所發書籍外不准有書（起初約一年間只有
一部《國父全書》）。兩年後又被送回板橋生教所，直到1966
年12月21日才恢復自由[76]（圖5-3）。

[76] 傅正，〈我在臺灣活了三十八年！——舊曆新年的一點感觸〉，《遠望》，7（臺
北，1988.03），頁31；傅正，〈我絕對有資格參加立委選舉——敬告臺北縣父
老兄弟姐妹〉，收入：中央研究院近代史研究所檔案館（藏），「雷震・傅正檔
案」。

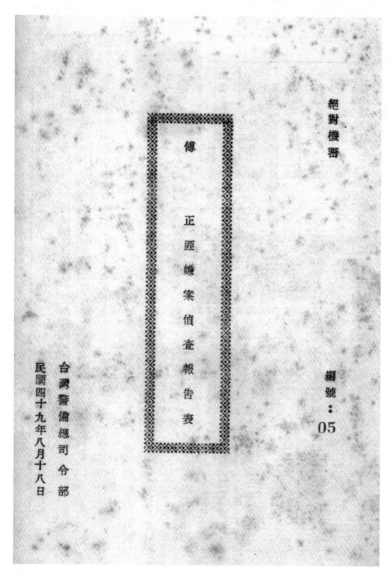

圖5-1：
警總「傅正匪嫌案偵查報告表」。資料來源：陳世宏、張世瑛、許瑞浩、薛月順（編），《雷震案史料彙編：國防部檔案選輯》（臺北：國史館，2002），頁165。

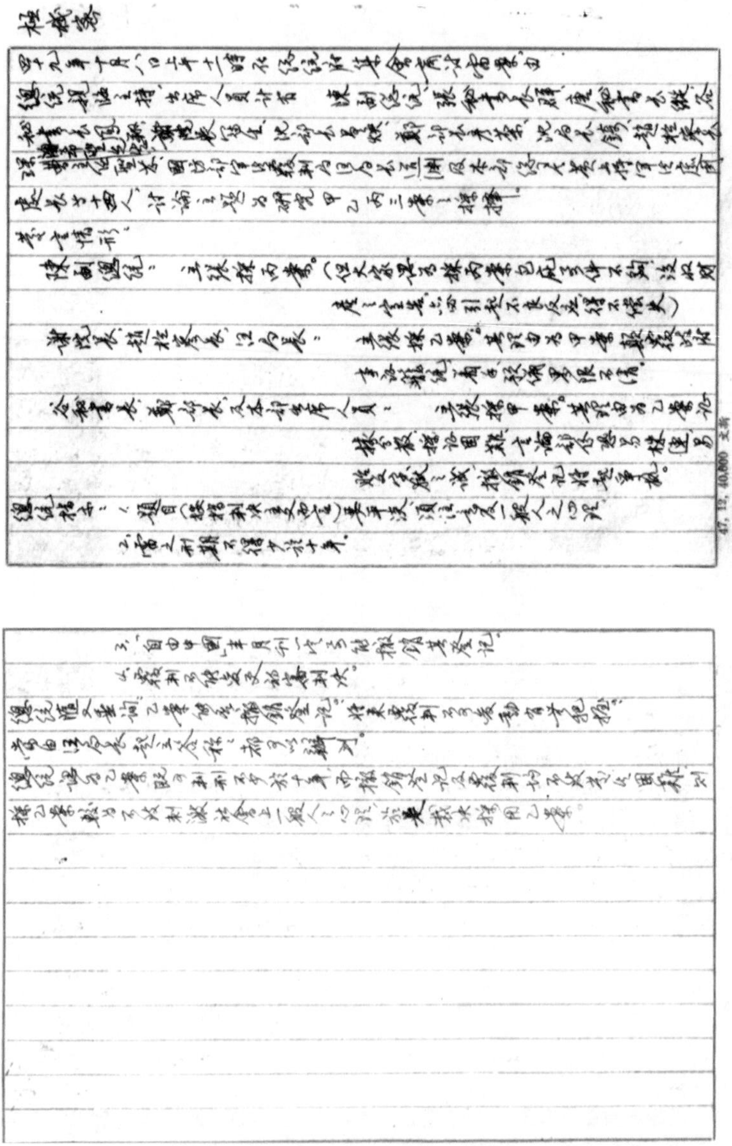

圖5-2：
總統府內召開「商討雷案」極機密會議檔案。資料來源：陳世宏、張世瑛、許瑞浩、薛月順（編），《雷震案史料彙編：國防部檔案選輯》（臺北：國史館，2002），頁331-332。

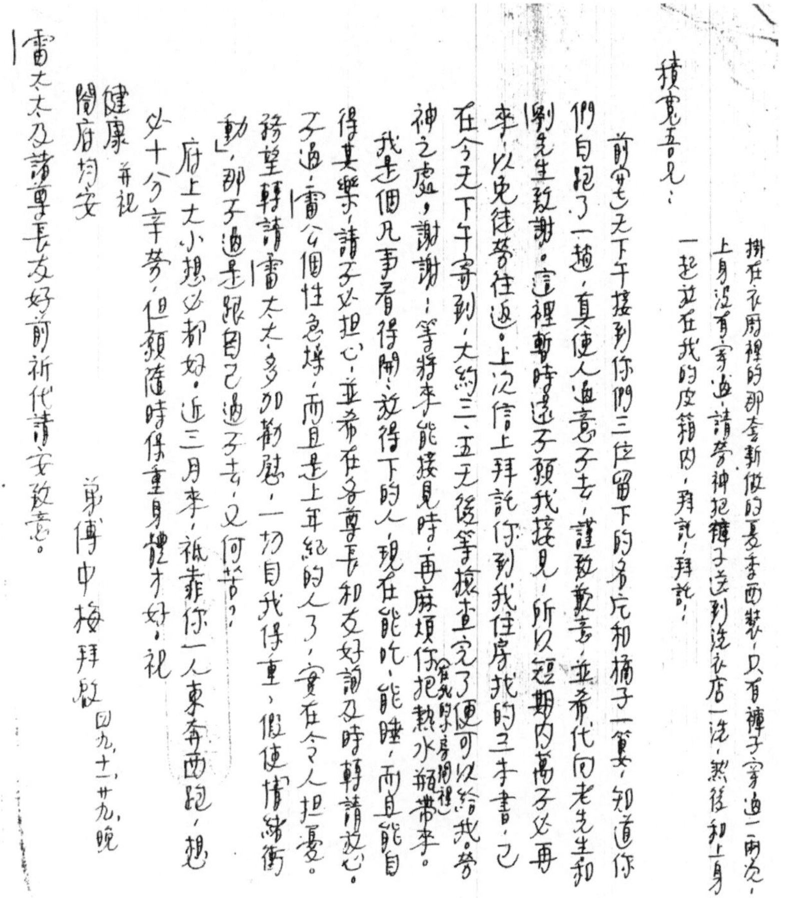

掛在衣厨裡的那套新做的夏季西裝，只有褲子穿過一兩次，上身沒有穿過，請麥神把褲子送到洗衣店一洗，然後和上身一起並在我的皮箱內，勇氣，拜託。

積寬吾兄：

前些天下午接到你們三座留下的客完和桶子一隻，知道你們自己抱了一趟，真使人過意不去，謹致歡喜，並希代向老先生和劉先生致謝。這裡暫時還有子頭我接見，所以短期內萬子必再來，以免徒勞往返。上次信上拜託你到我住房找的三本書，已在今天下午寄到，大約三五天後掌接查完了便可以給我勞神之處，謝謝！……掌將李能接見時，再麻煩倷把熱水瓶帶來。

我走個凡事看得開，放得下的人，現在能吃，能睡，而且能自得其樂，請子必擔心，並希在各尊長和支好詢及時轉請放心。子過，雷公個性急燥，而且是上年紀的人了，實在令人擔憂。務望轉請雷太太多加勸慰，一切目我保重，假使情緒衝動，那子過還跟自己過子去，又何苦？

府上大小想必都好，近三月來，祇靠你一人東奔西跑，想必十分辛勞，但願隨時保重身體才好。祝

健康　并祝
　闔府均安

弟傅中梅　拜啟　四九、十一、廿九　晚

雷太太及諸尊長友好前祈代請安致意。

圖5-3：
傅正獄中致程積寬函（1960.11.29）。資料來源：程積寬提供。

| 第六章 |
從出獄到再組黨

　　1966年出獄後，一直到1986年參與籌組民主進步黨之間，傅正度過他這一生最平靜的20年。他在世界新聞專科學校（按：以下有時簡稱世新）與東吳大學政治系（按：以下有時簡稱東吳）作育英才，生活重心幾乎全放在學生身上。其間他對獨立思考的強調，及其身教、言教的示範與展現，薰陶並啓發許多學生。在教學過程中，他堅守「政（治）教（育）分離」的原則，不在課堂上月旦現實政治。不過，他仍透過許多方法「夾帶」民主理念。特別在課後，他仍相當關心國家的發展，1970年代初期與雷震討論出〈救亡圖存獻議〉，即爲顯例。而1979年因雷震的過世與美麗島事件的爆發，刺激他逐漸「復出」民主陣營，終於在1986年秘密完成民主進步黨的建黨。

第一節：任教世新與東吳[1]

　　1966年12月21日，傅正坐滿了6年3個月又17天的政治牢

---

[1] 本節部分內容乃以下列拙著中的一部分作爲基礎，進一步發展而成，除非必要，以下不再贅述。詳參：蘇瑞鏘，〈傅正傳〉，《國史館館刊》，復刊39（臺北，2005.12），頁276-278。

獄，出獄後任教大專學校。1967年，他應世界新聞專科學校之聘（1967-1975）（圖6-1），講授全校世界近代史課程。1971年，復應東吳大學校長端木愷之邀，獲聘爲該校政治系兼任講師（圖6-2），1975年改聘爲專任講師（圖6-3），直到1991年去世前以副教授退休[2]。總計傅正在世新與東吳作育英才，前後達四分之一個世紀（1967-1991）。

一、世新時期

1971年5月10日，傅正爲世新畢業班同學寫了一篇〈幾句臨別贈言〉（圖6-4），不但希望大家「永遠繼續不斷的讀書」，更勉勵學生「做一個眞正具有生命價值的人」，他說：

> 不管你們讀甚麼書，更不管你們做甚麼事，你們都要做人。而且，在我們的生命中，最重要的就是做人。
> 人具有生物性的要求，也就不能完全沒有肉體生活。……但是，人畢竟不應只有生物性的要求，因此，在肉體生活以外，也就不能沒有精神生活。……肉體生活雖然是最基本的，但絕對不是最高的，只

---

[2] 傅正，〈請支持我爲民主而戰！──寫在「開火」、「挑戰」、「戰鬥」三本文選前面〉，收入：傅正，《傅正文選（1）：對一黨專政開火》（臺北：傅正自印，1989），頁21；陳正茂，〈民國人物小傳──傅正〉，《傳記文學》，81：5（臺北，2002.11），頁145；（傅正）私立世界新聞專科學校聘書、（傅正）私立東吳大學聘書，收入：中央研究院近代史研究所檔案館（藏），「雷震‧傅正檔案」，臺北：中央研究院近代史研究所檔案館；東吳大學政治系網站／師資介紹／退休暨離職教師：http://www2.scu.edu.tw/politics/default.asp?Subject=Teacher，擷取時間：2007.04.25。

有精神生活才是最高的，人也就絕不能只有肉體生活，而沒有精神生活。……事實上，人類的生命價值，就在精神生活的滿足，特別是精神生活的高度發揚。……

其實，人在肉體生活方面不管如何尋求滿足，肉體總有結束的一天，因此，人的生命總是有限的。但是，人如果能在精神生活方面尋求滿足，激發高度的生命意志，發揮高度的生命力，而開出最美麗、最燦爛的生命花朵，還是可以創造無限的生命價值的。……不過，有生命價值的，不一定有市場價值；而且，有生命價值的，常常沒有市場價值。事實上，在這個社會，越是具有市場價值的卻越沒有生命價值，越是具有生命價值的卻越沒有市場價值，正常常是一個最諷刺性的對照。可是，正由於這種對照，更顯出生命價值的偉大。……

現在，你們都還年輕。……事實上，生命往往一眨眼就過去了。我也就不得不用最大的誠意勸你們：珍惜你們的生命，做一個真正具有生命價值的人[3]。

　　巧的是，整整20年後的同一天（1991年5月10日），傅正走完了他這一生。而他對學生身教、言教的薰陶與啟發，使自己成為許多學生眼中「一個真正具有生命價值的人」。例如，傅

---

[3] 傅中梅，〈幾句臨別贈言──寫給世新畢業班全體同學〉，《青年人》，6（臺北：世界新聞專科學校，1971.06），頁7-9。按：本文由黃卓權提供。

正任教世新的學生黃卓權，日後在其著作《跨時代的臺灣貨殖家：黃南球先生年譜（1840-1919）》的謝誌中，寫到當年如何受到傅正「一絲不苟的研究態度、自由主義的思考和充滿社會主義的關懷」之薰陶：

> 首先要感謝已故恩師傅正先生，在我求學期間無怨無悔的照顧與指導。在他十餘坪大的宿舍兼書房裡，我不知道度過了多少個求知、探索的日子；他那一絲不苟的研究態度、自由主義的思考和充滿社會主義的關懷，一直是我終身嚮往的目標。在那個無法自由思考的年代，他的數千冊藏書，不但打開了我的視野，也成為我永不匱乏的精神糧倉。我更忘懷不了，在那些擔驚受怕的日子裡，他那矮小的身影中，有如玉山一樣挺拔的堅毅[4]。

同樣在這本書的緒言中，黃卓權一開頭便指出撰寫這本「自己家鄉的歷史」是如何受到其師傅正的啓發：

> 記得是1975年的元旦假期，我前往木柵溝仔口探訪恩師傅正先生，偶然談起我對中國思想史與中國近代史的閱讀心得，他忽然問我：「你花那麼多精力去讀中國史，到底想了解什麼？難道你對自己家鄉的歷史，一

---

[4] 黃卓權，《跨時代的臺灣貨殖家：黃南球先生年譜（1840-1919）》（臺北，國立中央圖書館臺灣分館，2004），謝誌ix。按：該書爲黃卓權所提供。

點興趣都沒有？」被他這一問，我一時楞在那裡，內心深處突然湧起一股前所未有的衝動！

往後的幾年間，傳老師陸續推薦我讀了不少書，如：連雅堂的《臺灣通史》、史明的《臺灣人四百年史》以及戴炎輝的《清代臺灣之鄉治》。從此我的閱讀興趣便逐漸轉向臺灣史[5]。

另一位日後與傳正同樣也從事民主運動的世新學生黃怡，除了認為傳正「個性很直、嫉惡如仇、有正義感、天生對人好」[6]，也對傳正「相信『筆桿子』的力量」印象深刻：

我是十九歲那年上傳老師「世界現代史」的課，……每次在課堂上見到他講得口沫橫飛、滿頭大汗，總隱隱

---

[5] 黃卓權，《跨時代的臺灣貨殖家：黃南球先生年譜（1840-1919）》，頁1。傳正除推薦過史明的《臺灣人四百年史》，也介紹黃卓權看過許多社會主義、共產黨的書。 蘇瑞鏘（訪問、紀錄），〈黃卓權先生訪問紀錄〉（2006.08.24，於新竹關西黃宅）。

[6] 蘇瑞鏘（訪問、紀錄），〈黃怡女士訪問紀錄〉（2006.05.21，於臺北市Lamour 烘培坊）。傳正說他生平讀的第一部小說，是在小學四年級讀的《說岳全傳》，當他「讀到岳飛上風波亭慘遭冤殺那一幕，幼小的心靈，便不能克制無限的傷感」（傳正，〈寫在前面的幾句話〉，收入：傳正〔主編〕，《雷震全集（3）——雷震風波：雷案始末（1）》〔臺北：桂冠圖書公司，1989〕，正文前頁17），多少可以看出他「個性很直、嫉惡如仇、有正義感」的一面。另外，從他都會擔心跟蹤他的特務會跟出車禍（傳正，〈「春蠶到死絲方盡！」——介紹雷震，「雷震日記」「最後十年」〉，收入：傳正〔主編〕《雷震全集（45）——雷震日記（1971年-1972年）：最後十年（1）》〔臺北：桂冠圖書公司，1990），正文前頁6），多少可以看出他「天生對人好」的一面。

感覺他雖曾一度被國民黨的「槍桿子」扳倒，但那麼認
真地教這群學新聞的孩子，想必多少是還相信「筆桿
子」的力量吧[7]！

值得注意的是，在政治意識形態的光譜中，傅正究竟比
較左傾還是右傾？黃卓權與黃怡這兩位長期與傅正親近的早期
世新弟子，對此卻有截然不同的看法。黃卓權表示，他在退伍
後去找傅正，當時傅正私下會推薦左派史明的《臺灣人四百年
史》，認爲想了解臺灣要買來看；也介紹過許多社會主義、共
產黨的書[8]。然而，黃怡卻認爲傅正對左派書籍一點興趣都沒
有[9]。關於傅正政治意識形態的光譜，可待日後資料較充足時
進一步深入研究。

此外，也是傅正任教世新時期的學生、日後亦活躍於民
主運動的陳菊則回憶：

1970年代我還在學校上傅老師的中國近代史課程，老
師上課嚴肅、認真別幟一格，對重大歷史事件及年代
滾熟無比，不看教本也沒有講義，對近代史上若干政
權的腐敗醜陋，老師一一抨擊臧否，但對現實政情絕
口不提[10]。

---

[7] 黃怡，〈市場邊的哲學家──憶傅正〉，收入：宋英（等），《傅正先生紀念
集》（臺北：桂冠圖書公司，1991），頁98。
[8] 蘇瑞鏘（訪問、紀錄），〈黃卓權先生訪問紀錄〉。
[9] 蘇瑞鏘（訪問、紀錄），〈黃怡女士訪問紀錄〉。
[10] 陳菊，〈用生命實踐理想的人──懷念傅正老師〉，收入：財團法人紀念殷

　　當年上過傅正世界現代史的楊順德，也說傅正上課不談現實政治[11]。這種「政教分離」的態度，日後東吳的學生也有類似的回憶，筆者將在本節第3段詳論之。

二、東吳時期

　　1971年傅正獲聘爲東吳大學政治系兼任講師，1975年改聘爲專任講師，直到1991年。其間講授中國憲法與政府、中國近代史，以及地方政府等課程。

表6-1：東吳大學政治系退休暨離職教師相關資料一覽表（傅正部分）

姓名	退休職稱	任職期間	最高學歷	過去授課科目	現況
傅正	副教授	1971-1991（退休）	國立臺灣大學政治學系學士	中國憲法與政府、中國近代史、地方政府	已故

※資料來源：東吳大學政治系網站／師資介紹／退休暨離職教師：http://www2.scu.edu.tw/politics/default.asp?Subject=Teacher，擷取時間：2007.04.25。

　　傅正在東吳大學期間，其表現也頗受肯定。以1988年東吳大學政治系學會所舉辦的「教師評鑑」爲例，傅正在各項評

海光先生學術基金會（編），《其人雖已沒，千載有餘情：紀念雷震先生百歲冥誕暨傅正先生逝世五週年》（臺北：財團法人紀念殷海光先生學術基金會，1996），頁38；陳菊，〈讓我心送一程──悼念傅正老師〉，收入：陳菊，《黑牢嫁粧：一個臺灣女子的愛與戰鬥》（臺北：月旦出版社，1993），頁36。按：〈讓我心送一程──悼念傅正老師〉一文由陳菊所提供。
[11] 蘇瑞鏘（訪問、紀錄），〈楊順德先生訪問紀錄〉（2006.05.01，於汐止楊宅）。

分幾乎都爲全系之冠[12]。

　　而在這段執教杏壇期間，傅正頗受同事好評。例如，他在東吳政治系的同事黃爾璇指出：傅正「對同事謙和誠懇，對學生循循善誘，親切關愛，講課認眞淹博，不作違心之論，故深爲門牆桃李所尊敬」[13]。

　　徐振國稱讚傅正是「亦儒亦俠的民主鬥士」[14]，特別強調傅正有著「執著而寬和的個性，勇於批判而不流於激情的態度」。他曾舉過一個例子來說明：

　　　去年（按：1990年）夏天，我們系裡草擬一份臺灣民主化的研究計劃草案，預備討論民國三十八年到四十九年這個階段的臺灣民主化過程。這個時期，以雷震和傅正主辦的《自由中國》爲核心，提出了很強的自由民主訴求。另方面透過黨的改造，國民黨的威權體制正在大力整建。民主和威權於是形成了強烈的理論爭議。傅老師對這個階段有切身的參與，堅持自由主義的觀

---

[12] 報導，〈四十年奮鬥 盡力演好每一個角色 傅正杏壇成就獲教革會支持〉，《民衆日報》，1989年11月16日。

[13] 黃爾璇，〈憶念與傅正先生共事的一段雪泥鴻爪〉，收入：宋英（等），《傅正先生紀念集》，頁35。而當黃爾璇遭指控帶學生到市議會旁聽黨外議員的質詢時，傅正還爲此向校長澄清眞相。乃至其後黃爾璇遭東吳解聘，傅正還自動去找端木愷校長，想問個究竟（黃爾璇，〈憶念與傅正先生共事的一段雪泥鴻爪〉，頁35）。日後籌組民進黨的過程中，傅正與黃爾璇兩人成了關係密切的創黨10人小組成員，東吳這段重要因緣不可忽略。

[14] 徐振國，〈亦儒亦俠的民主鬥士──傅正〉，收入：李豐楙（主編），《當代臺灣俠客誌》（臺北：東宗出版社，1993），頁133-149。

點。然而在討論本案研究計劃草案時，他強調要等量
齊觀的來看待民主和威權的立場，並應從多角度的學
術理論觀點來評估這個階段的爭議。這種學術上公平
持正的態度，也正反映了傅老師寬和公正的性格[15]。

　　黃昭弘則對傅正的敬業精神印象特別深刻。他回憶傅正
在東吳大學任教時，「課都排在第一堂，第一堂上課而十八年
從不遲到」。更難得的是，傅正「清晨六點起床，可是晚上往
往都看書或寫稿到一兩點鐘，每晚他花在睡眠的時間都是少
之又少的。可是雖然睡眠少，但每天上課時候，他都是精神飽
滿，中氣十足。上課時其聲音之宏亮，據我（按：指黃昭弘）所
知，在東吳大學是無人能出其右」[16]。
　　也曾在東吳大學政治系任教，並和傅正共用過一個研究
室的游盈隆則指出：

　　　　一九八四年秋天我開始在東吳大學政治系任教，很有
　　　幸的我和傅正先生共用了一個研究室，時間長達兩
　　　年，因此，經常有機會向他請益有關時局的發展，當
　　　時台灣還在戒嚴時期，高壓威權統治下言論自由非常
　　　有限，但傅先生還是不改其一貫瀟灑作風，直言敢

---

[15] 徐振國，〈敬悼傅正老師——一位堅韌寬和的當代自由主義者〉，《東吳青
　　年》，88（臺北，1991.06.29），轉引自：宋英（等），《傅正先生紀念集》，
　　頁125-127。
[16] 黃昭弘，〈悼念傅正老師〉，收入：宋英（等）：《傅正先生紀念集》，頁
　　120。

言，如暮鼓晨鐘，令我佩服不已[17]。

　　而傅正在東吳政治系教過的學生（圖6-5），對他亦有相當多的回憶。例如：陳信傑指出：「傅老師除了學識淵博令學生喜愛外，尤其是他高尚的人格，對我們的影響實在很大很大」[18]。陳瑞崇也指出：

> 到底為甚麼傅老師如此值得我們紀念？原因只有一個，因為他是一位老師，讓任教十五年的學生不斷感受到他的生命熱力的老師，鼓勵青年人認真求知的老師，堅持「政教分離」的老師，絕不容許將政治活動當成在學校內博取身價的資本的老師。今天紀念傅老師，只因他是道道地地的老師，如路標一樣在每位學生心中指引是非和方向的老師，用生命經歷、用身教告訴學生，青春的可貴當用在求知，而不該譁眾取寵[19]。

　　其中，林朝億也對傅正「在學校從來不談論現今的政治時事」印象深刻[20]。可見傅正在校授課所持的「政教分離」態度，

---

[17] 游盈隆，〈懷念傅正〉，「傅正先生逝世15周年紀念文」，http://blog.yam.com/fuchen_yblog/article/6005084，擷取時間：2006.05.09。

[18] 轉引自：王美琇，〈他已莊嚴地走入臺灣史──記傅正先生為民主而戰的一生〉，收入：宋英（等），《傅正先生紀念集》，頁110。

[19] 陳瑞崇，〈傅正老師活得比人更活〉，「傅正先生逝世15周年紀念文」，http://blog.yam.com/fuchen_yblog/article/6005010，擷取時間：2006.05.09。

[20] 林朝億，〈憶東吳大學兩、三事〉，http://gptaiwan.org.tw/~cylin/

他在世新與東吳的學生都有一致的回憶。

　　而梁學渡則說在東吳大學4年從未見傅正發過脾氣，同學多很喜歡他。還記得傅正授課時推薦郭廷以的《近代中國史綱》，也記得傅正對民主憲政（特別是內閣制）講得很精采，不只講教科書內容，還會講到制度建構背後的生命歷程[21]。

　　另外，翁初美回憶他在課堂上感情豐沛的一面：

> 我的老師很愛笑，他最常說「人活著要用愛來替別人做事」，也好像一笑天下就無難事。……學生畢業，彎個路去看他，我們老師更是連牙齒都會笑。
>
> 老師好像也常哭。在黑板寫：「夜思千重戀舊遊，他生未卜此生休。行人莫問當年事，海燕飛時獨倚樓。」淚光在打轉；講中國近代政治史、三十八年撤退、屍首遍野，甚至百年前清末辱國割地賠款，都是熱淚盈眶[22]。

　　「夜思千重戀舊遊，他生未卜此生休。行人莫問當年事，海燕飛時獨倚樓」一詩，乃1935年瞿秋白被國民黨政權槍決前於長汀獄中所集的詩句[23]。傅正會在黑板上寫這首詩，且「淚

---

articles/2000_1_22.htm，擷取時間：2006.05.15；蘇瑞鏘（訪問、紀錄），〈林朝億先生訪問紀錄〉（2006.05.15，於臺北林宅）。

[21] 蘇瑞鏘（訪問、紀錄），〈梁學渡先生訪問紀錄〉（2006.05.08，於臺北市集智館）。

[22] 翁初美，〈我想念我的老師——傅正先生〉，收入：宋英（等），《傅正先生紀念集》，頁42。

[23] 詩名為〈獄中憶內集唐人句〉。

光在打轉」，似乎也是在感慨早年生命歷程的淒涼，背後實富有深意。

三、政教之間

在傅正長達四分之一世紀的教學生涯中，其重要特色之一即嚴守「政教分離」的立場。傅正任教世新的弟子黃卓權、楊順德，以及黃怡等人回憶傅正上課時總是不談現實政治[24]，陳菊也是指傅正上課時「對現實政情絕口不提」，日後在陳菊看來，在恐怖年代遭受過迫害的傅正，「小心沉默正是對現實政治不同形式的抗議」[25]。

而傅正任教東吳的弟子也都指出傅正授課時「政教分離」的事實[26]，只是有著不盡相同的詮釋。林朝億說傅正「在學校

---

[24] 蘇瑞鏘（訪問、紀錄），〈黃卓權先生訪問紀錄〉；蘇瑞鏘（訪問、紀錄），〈楊順德先生訪問紀錄〉；蘇瑞鏘（訪問、紀錄），〈黃怡女士訪問紀錄〉。

[25] 陳菊，〈用生命實踐理想的人——懷念傅正老師〉，頁38；陳菊，〈讓我心送一程——悼念傅正老師〉，收入：陳菊，《黑牢嫁粧：一個臺灣女子的愛與戰鬥》，頁36。然而，「小心沉默」只是傅正面對專制政權一時權宜的自制態度，對民主政治滿懷熱情的他，仍在等待重新出發的時機。

[26] 陳立剛：「對現實的臺灣政情，並不在課堂上多提。」（陳立剛〔口述〕，康韶娟〔整理〕，〈永恆不滅的傳燈——追憶政治系傅正教授〉，《東吳校友（網路電子報）》8，http://www.scu.edu.tw/alumni/mgz8/t9-2.htm，擷取時間：2007.06.18。）黃榮源說：「傅老師在課堂上是絕口不談『政治』和『私事』的。」（黃榮源，〈憶我的人生導師——傅中梅〉，收入：東吳大學政治學系〔編輯〕，《自由、民主與認同——傅正老師逝世15週年》〔臺北：東吳大學政治學系，2006〕，頁26。）陳信傑亦說傅正上課基本上不會明顯談時事。蘇瑞鏘（訪問、紀錄），〈陳信傑先生訪問紀錄〉（2006.04.24，於臺北市衡陽路居仁餐廳）。另參：林朝億，〈憶東吳大學兩、三事〉；陳瑞崇，〈傅正老師活得比人更活〉。

從來不談論現今的政治時事」[27]，即便在1985、1986年間參與
選舉助講，上課時也不講助選之事。甚至剛參加完組黨（民進
黨）大會，上課時一句話也不提[28]。據林朝億指出，其原因之
一乃是由於傅正進東吳任教時，即與端木愷校長約定不談現實
政治[29]。另外，也曾回憶傅正在課堂上「對現實政治現象不做
過多的評論」的張世忠[30]，亦曾聽傅正講過與端木愷約定上課
不談政治一事[31]。

　　然不可否認的，傅正在課堂上不談現實政治，也有保護
學生的用心。傅正另一位東吳學生黃榮源即指出：

> 1986年教師節前夕，同學們在課堂上情緒騷動，大家
> 知道928當天老師要到圓山飯店參加一場重要聚會，我
> 們對內容一知半解，只知道和組織新政黨有關。同學
> 表達想去一窺究竟的想法。但意外的是，傅老師用慣
> 用的口吻笑笑地說：「小孩子呀，在當學生期間不要去
> 參加什麼政治活動，因為不管加入哪一邊，你們永遠
> 只是一顆棋子！」雖然是老師一生風雨的智慧，但現在
> 想起來，不就是為了保護我們，不讓我們在當時的政

---

27 林朝億，〈憶東吳大學兩、三事〉。

28 蘇瑞鏘（訪問、紀錄），〈林朝億先生訪問紀錄〉。

29 蘇瑞鏘（訪問、紀錄），〈林朝億先生訪問紀錄〉。

30 張世忠，〈永遠懷念的民主鬥士〉，「傅正先生逝世15周年紀念文」，http://
blog.yam.com/fuchen_yblog/article/6005905，擷取時間：2006.05.15。

31 蘇瑞鏘（訪問、紀錄），〈張世忠先生訪問紀錄〉（2006.06.05，於海基會經貿
處）。

治氛圍下受到傷害嗎[32]？

　　張世忠曾回憶在東吳政治系的課堂上，某學生報告參與許信良闖關事件，該生講不到5分鐘即被教官當場帶走的往事[33]，可見傅正的「政教分離」的確有保護學生的用心。

　　至於陳瑞崇則認為傅正是堅持「政教分離」的老師，因為他「絕不容許將政治活動當成在學校內博取身價和資本」[34]。學者任育德亦指出：傅正「他有感於大陸的親身經驗，拒絕操弄學生作為政治工具」[35]。早年傅正在上海讀大學時，曾協助蔣經國鎮壓學潮，成了被蔣經國操弄的「政治工具」[36]。年少時期如此不堪的往事，應是日後傅正堅守「政教分離」的重要背景。

　　梁學渡則認為：傅正非常喜歡老莊，他講起當年旁聽王叔岷的課會眉飛色舞，這是他所嚮往的豁達人生態度。他上課少談短期的、時下的現實政治，應與老莊的超越精神有關[37]。

　　不過，傅正在課堂上雖不談現實政治，儘量做到「政教分離」，但他「並沒有忘情於臺灣的政治改革」，黃怡說：「固然課堂上絕口不談政治，在他的住宅裡，從書籍到雜誌，從報紙

---

[32] 黃榮源，〈憶我的人生導師──傅中梅〉，頁26。

[33] 蘇瑞鏘（訪問、紀錄），〈張世忠先生訪問紀錄〉。

[34] 陳瑞崇，〈教我如何不想他〉，收入：東吳大學政治學系（編輯），《自由、民主與認同──傅正老師逝世15週年》，頁7。

[35] 任育德，〈身為當代史作者的傅正〉，《當代》，229（臺北，2006.09.01），頁68。

[36] 詳本書第2章第2節。

[37] 蘇瑞鏘（訪問、紀錄），〈梁學渡先生訪問紀錄〉。

到公報，從卡片到檔案……，他所關心的幾乎祇有政治」[38]。

　　尤其是，他並未忘記宣揚民主政治的重要性，事實上他常利用教學活動傳播民主政治的理念。例如，1967年，他在世新講授世界近代史，教啓蒙運動、宗教改革、特別是美國獨立革命、法國大革命，他說這是爲了民主。其後在東吳講授中國政府、行政法、中國政治學名著選讀、中國憲法與政府、地方政府、中國近代政治史，以及中國政治思想史等課程，他說這更是爲了民主[39]。

　　黃卓權憶及傅正透過上世界近代史（如法國大革命、美國獨立革命），講述他對民主與革命的看法[40]。張世忠回憶傅正上課時，「不時將〈自由中國〉雜誌中的文章影印成講義分發，對於我們，這一篇篇文章，都是一種衝擊。在我們對政治學科仍茫然未解的學習觀念中，更起了無比的引導與啓發作用」[41]。另外，從他對「中國憲法與政府」課程所命的考題，多少也可見其不忘宣揚人權的用心[42]。

---

[38] 黃怡，〈市場邊的哲學家──憶傅正〉，頁98。

[39] 傅正，〈請支持我爲民主而戰！──寫在「開火」、「挑戰」、「戰鬥」三本文選前面〉，收入：傅正，《傅正文選（1）：對一黨專政開火》，頁21；陳正茂，〈民國人物小傳──傅正〉，頁145。

[40] 蘇瑞鏘（訪問、紀錄），〈黃卓權先生訪問紀錄〉。

[41] 張世忠，〈永遠懷念的民主鬥士〉。

[42] 例如1983學年度第1學期試題：「一、詳述政治協商會議制定之憲草修正原則。二、詳述憲法如何保障人民身體自由。三、臨時條款制定與歷次修訂之背景如何？內容又如何？四、總統選舉之程序如何？歷屆總統選舉之特色又如何？」傅正，〈私立東吳大學七十二學年度第一學期考試試題：中國憲法與政府〉，收入：中央研究院近代史研究所檔案館（藏），「雷震‧傅正檔案」。

　　此外，任育德曾分析「傅正授課意在言外的規劃」，是如何「使民主思想的種子得以培育成長」：

> 從法政學理的基礎上加入歷史經驗，以引發學生省思世界、中國及臺灣的政治體制。傅正授課意在言外的規劃，使民主思想的種子得以培育成長。他強調時間縱深、質性面向的課程教授，有意無意間援引民國時期中國政治學科所強調的「學」、「用」，借鑒西歐政治理論與歷史經驗，探索本國的國家制度建設與改革行政管理的特色。他可說是擔負了民國時期政治學科教學目標的薪傳工作[43]。

　　另外，雖然傅正不會在課堂上批評時政，但遇到選舉則會鼓勵學生聽政見寫心得[44]，也會帶學生到立法院旁聽[45]（按：傅正曾巧遇蔣經國，還被蔣的隨從拉去合照〔圖6-6〕，蔣的用心值得解讀[46]）。可以看出傅正在那個政治高壓的時代，一方面要保持

---

[43] 任育德，〈身為當代史作者的傅正〉，頁69。

[44] 蘇瑞鏘（訪問、紀錄），〈陳信傑先生訪問紀錄〉；蘇瑞鏘（訪問、紀錄），〈黃爾璇先生訪問紀錄〉（2006.08.22，於臺北中和黃宅）。傅正行事即便相當低調，情治單位也無法忍受。黃爾璇即指出：傅正「只為了鼓勵學生去聽黨外政見發表會寫報告，引起情治單位不悅，曾陸陸續續接到端木校長轉達警告」（黃爾璇，〈憶念與傅正先生共事的一段雪泥鴻爪〉，頁36）。陳信傑則指出：傅正遇到選舉要學生聽政見寫心得，被打小報告，端木愷一肩挑、擋掉壓力。蘇瑞鏘（訪問、紀錄），〈陳信傑先生訪問紀錄〉。

[45] 蘇瑞鏘（訪問、紀錄），〈陳瑞崇先生訪問紀錄〉（2006.05.10，於東吳大學外STARBUCKS）。

[46] 傅正指出：1976年初，「我率領東吳大學政治系的學生到立法院旁聽時，正

「政教分離」，另一方面想利用教學場域來「夾帶」民主自由思想的用心。

最後必須指出，在傅正的價值優位排序中，民主自由思想固然是其核心價值，然獨立思考與判斷亦是其核心價值。黃卓權回憶在世新第一天上課時傅正即說：「你們來到大專，大專教育只有八個字：自由思想、獨立判斷」[47]（圖6-7）。張世忠也說：「一九八五年，筆者就讀於東吳大學政治學系時，傅老師擔任『中國現代史』課程的講授，第一堂課時，傅老師在黑板上寫了『獨立思考』四個斗大的字，他說：大學四年如果能培養出『獨立思考』的精神，大學四年就算有收穫，沒有白走一遭」[48]。的確，民主自由的價值要能鞏固，必先人民先具備獨立思考與判斷的能力。

第二節：助撰〈救亡圖存獻議〉

出獄後擔任大專教職的傅正，課堂上不談現實政治，表面上不像1950年代活躍於反對運動，然私底下仍相當關心臺

擔任行政院長的蔣經國先生的隨從，忽然要求我們與蔣經國先生合照，而且合照時又硬拉我與蔣經國先生站在中間」（傅正，〈從蔣經國到雷震之路！——叫我如何不想他〉，收入：傅正〔主編〕，《雷震全集（2）——雷震與我（2）》〔臺北：桂冠圖書公司，1989〕，頁364）。蔣經國隨從的要求合照，不排除是蔣授意的可能。若此，對於當年（脫離）政工幹校的下屬、也曾是蔣政權階下囚的傅正，此時蔣經國的動作，值得進一步解讀。

[47] 蘇瑞鏘（訪問、紀錄），〈黃卓權先生訪問紀錄〉。

[48] 張世忠，〈永遠懷念的民主鬥士〉。另見：蘇瑞鏘（訪問、紀錄），〈張世忠先生訪問紀錄〉。

灣的未來。其中,他幫助雷震完成重要歷史文獻〈救亡圖存獻議〉(圖6-8)即為顯例。

雷震在1972年提出〈救亡圖存獻議〉給蔣介石等統治核心人士,提出「從速宣布成立『中華臺灣民主國』」等建議,學者薛化元對其歷史背景曾有詳細的分析:

> 就在雷震度過十年的牢獄生活之後,國際情勢對中華民國的「一個中國」論的支持更大幅降低,甚至連中華民國本身在國際舞臺的存立都大受打擊。在此情況下,雷震對國家定位/國家認同問題提出更進一步的看法。1970年9月4日雷震刑滿出獄,雖然在情治人員嚴密的跟監和限制下,雷震仍在1971年初接受《華盛頓郵報》記者哈立遜(Harrison)和翻譯魏益民的訪問,在訪問中,面對惡劣國際情勢的雷震針對臺灣的問題提出三點看法:(1)「主張兩個中國」;(2)「請美國人不要再鼓吹臺灣獨立」;(3)反對「一個中國兩個政府」的「烏克蘭方案」。……就其主張的整體內容來看,此時雷震對於臺灣海峽兩岸的定位,應是「兩個中國兩個政府」。而他反對「烏克蘭方案」,就國際法而言,並不只是反對所謂的「一國兩府」而已,也是指涉在聯合國問題上,反對採取類似前蘇聯「一國兩席」方式,安排臺灣與中華人民共和國的關係。……1972年1月10日,以臺灣遭遇到1949年以後最嚴重的危機,雷震進一步對蔣介石總統等五位政府政治權力核心人士,提出〈救亡

圖存獻議〉[49]。

　　蹲滿了10年政治黑牢，出獄後的雷震不但要面對臺灣內部政治依舊專制的困局，還要面對臺灣外部的國際空間逐漸被中國擠壓的危局。於是，基於「我輩今日與國民黨雖不能共享安樂，但卻須共患難」的責任感，而在1972年提出10條〈救亡圖存獻議〉給讓他嚐受10年苦牢滋味的統治集團，只求「至少從頭到尾細看二遍，不要丟在字紙簍裡」，至於「囚我戮我，在所不顧」[50]。

　　這份給蔣介石等統治核心的獻議，其重點包括：（一）從速宣布成立「中華臺灣民主國」；（二）請蔣總統任滿引退；（三）國民黨應放棄事實上的「一黨專政」；（四）減少軍費支出，健全軍事制度；（五）徹底實行法治，保障人民自由權利；（六）治安機關應徹底改變作風並嚴加整飭工作人員；（七）政府應廢止創辦新報的禁令；（八）政府應簡化機構；（九）廢除「省級」制度；（十）大赦政治犯[51]。

[49] 薛化元，〈雷震與中華民國的國家定位〉，收入：胡健國（主編），《20世紀臺灣歷史與人物——第六屆中華民國史專題論文集》（臺北：國史館，2002），頁1408-1410。

[50] 雷震，〈雷震給蔣氏父子等五人的「救亡圖存獻議」〉，收入：傅正（主編），《雷震全集（27）——雷震特稿：給蔣氏父子的建議與抗議》（臺北：桂冠圖書公司，1990），頁73-75。另參：蘇瑞鏘，〈臺灣戰後政黨政治的拓荒者——雷震〉，收入：李筱峰、莊天賜（編），《快讀臺灣歷史人物（2）》（臺北：玉山社，2004），頁174-176；蘇瑞鏘，〈雷震、《自由中國》與「中國民主黨」組黨運動〉，《社會新天地》，5（臺北：龍騰文化，2003.09），頁52。

[51] 雷震，〈雷震給蔣氏父子等五人的「救亡圖存獻議」〉，頁75-121。

其中最引人注目的獻議是「從速宣布成立『中華臺灣民主國』，以求自保自全，並安撫臺灣人，開創一個新局面」。雷震進一步解釋主張改用此一國號的原因，他說：用「中華」兩字，「仍可以對得住創造中華的祖先」；而用「臺灣」兩字，「是顧及現實環境」，因為：

> 我們今天統治的土地，本來叫做「臺灣」，今將「臺灣」二字放在國號裡面，那就不是神話了。我們今天有一千四百萬人民，我們以臺灣地區成立一個國家，乃是天經地義，正大光明之事，除共匪照例叫囂之外，無人敢於訾議的。今日世界上只有幾萬人民即可成立一個國家，何況還有一千四百萬之眾呢[52]？

對於這篇重要歷史文獻的完成，傅正扮演了相當重要的角色。當時雷震為了慎重起見，曾要求傅正細心整理、補充初稿。於是傅正大約費了半個月的課餘時間，全力整理這篇獻議[53]。在一篇介紹雷震日記的文章中，傅正則有更詳細的說明：

> 就在一九七一年十月廿五日，民不成民、國不成國的所謂中華民國，終於被趕出聯合國以後，雷先生看到了臺灣前途的危機，而認定臺灣已經到了救亡圖存的

---

[52] 雷震，〈雷震給蔣氏父子等五人的「救亡圖存獻議」〉，頁78-79。

[53] 傅正，〈《雷案回憶》補註說明〉，收入：傅正（主編），《雷震全集（11）——雷震回憶錄：雷案回憶（1）》（臺北：桂冠圖書公司，1990），正文前頁14。

最後關頭。儘管蔣氏父子對他不仁不義，乃至心狠手辣，不止硬要他坐了十年黑牢，而且在出獄後還不放過他，居然指派專案小組跟蹤監視他，他仍決心向包括蔣氏父子在內的國民黨五個大頭目提出〈救亡圖存獻議〉十大項。而其中第一項也是最重要的一項，就是改國號，改為「中華臺灣民主國」。雷先生的最主要理由，唯有如此，才可能維持臺灣與美、日兩國的外交關係，不致成為國際孤兒。記得雷先生在初稿完成以後，是由我全文整理的，特別是由我加以條理化的。但我在長久的整理過程中，雖然擔心他又是對牛彈琴，乃至自惹麻煩，被蠢牛反踢一腳，但眼見他對國事的忠誠，我無法不感動，只有盡全力。等到我整理完稿以後，看到他一個字一個字規規矩矩謄正時，我內心有說不盡的感慨。

但是，在一九七二年一月十日，當他親自送到總統府，將正本送給老蔣以外，又同時將副本四份送給當時外傳是輔佐老蔣而集體領導的嚴、張、黃、蔣，也就是副總統兼行政院長嚴家淦、總統府秘書長張群、國家安全會議秘書長黃少谷、行政院副院長蔣經國，結果就是因為他的第一項獻議引起不少困擾[54]。

---

[54] 傅正，〈「春蠶到死絲方盡！」——介紹雷震，「雷震日記」「最後十年」〉，收入：傅正（主編），《雷震全集（45）——雷震日記（1971年-1972年）：最後十年（1）》（臺北：桂冠圖書公司，1990），正文前頁7-8。傅正在〈「給蔣氏父子的建議與抗議」的編輯說明〉一文中，也有類似的說明：「『雷震給蔣氏父子等五人的『救亡圖存獻議』』，是雷先生於民國六十年底目擊臺灣被趕

另外，雷震在1972年1月1日的日記中，曾寫到他撰寫〈救亡圖存獻議〉一事。傅正在這篇日記後面寫了一條註釋，也能清楚看出傅正助撰這篇獻議所扮演的重要角色：

在臺灣危急存亡之際，雷先生遂想到向蔣家父子等提出獻議，固然精神可嘉，尤其所提十大獻議內容，更的確具有遠見，但可惜還是有點不了解蔣家父子以及張群、嚴家淦、黃少谷三人的性格與作風，難免成為對牛彈琴，白費心血。

但有感於雷先生的心意，全文是由我在十二月底（按：1971年）每天抽空到他家裡，替他整理完稿，特別注重文章的架構和條理，而且偶然也做一點內容上的修改。由我整理完稿後，又再由雷先生重抄後影印送出。

所以，後來不少人看到後，總認為文章的外形好像跟雷先生的一貫寫法不大一樣。

該稿由於雷先生已在信中說明原稿送給老蔣，另印四份給張、嚴、黃、蔣，自己留一份，應該只印五份，但特經查出總共影印了六份，而追究為何多印一份，實在是

出聯合國以後，臺灣國際局面危在旦夕，不念蔣氏父子對他的殘酷無情的政治迫害，而對老蔣以及當時外傳以集體領導方式輔佐老蔣的嚴家淦、張群、黃少谷與蔣經國等五人提出的十大項獻議。其中最重要的第一項是『從速宣佈成立『中華臺灣民主國』，以求自保自全，並安撫臺灣人，開創一個新局面』。雷先生的主要用意，是在『自保自全』，預防美、日兩國與臺灣斷交，以免臺灣在國際上陷入困境、絕境，終成為國際孤兒。」傅正，〈「給蔣氏父子的建議與抗議」的編輯說明〉，收入：傅正（主編），《雷震全集（27）——雷震特稿：給蔣氏父子的建議與抗議》，正文前頁5。

因為我要求雷先生多印了一份給我，而雷先生已在信中既說明未給任何人看，也就不便說出[55]。

傅正任教世新時期的弟子黃卓權，日後回憶他親眼見證這段鮮為人知的歷史：

> 我是在「中華民國」被逐出聯合國的年代，與傅老師過從最密的世新學生。我不但是傅老師當年住在臺北木柵溝仔口試院路84號（按：應為86號）期間的常客，也是雷震先生在1970年9月出獄後，幫忙傅老師一起做菜接待雷震先生和宋英夫人的年輕學子。……我就是在這三位前輩的交談中，開始瞭解「中華民國」這一個神聖不可侵犯的國名是可以更改的，而且中華民國只要換個名字，就能繼續留在聯合國[56]。

黃卓權曾親眼目睹雷震與傅正二人共同討論〈救亡圖存獻議〉、並幫二人整理過談話內容。他說這篇由雷震掛名的獻議，事實上是由雷、傅二人共同研討出來的結果[57]。

另外，黃卓權也提到傅正當時曾向他強調更改國號的必

---

[55] 傅正（主編），《雷震全集（45）──雷震日記（1971年-1972年）：最後十年（1）》，頁141，傅正註。

[56] 黃卓權，〈永遠懷念的傅中梅老師〉，「傅正先生逝世15周年紀念文」，http://blog.yam.com/fuchen_yblog/article/6004126，擷取時間：2006.05.15。按：2007年9月9日，黃卓權告訴筆者，應為「試院路86號」。

[57] 蘇瑞鏘（訪問、紀錄），〈黃卓權先生訪問紀錄〉。

要性。至於該獻議加上「中華」兩字,只是爲了寫給蔣介石接受,不完全是爲了中華列祖列宗。因爲想要讓蔣介石接受獻議,「中華民國」四個字一定要包括在其中,獻議一開頭的「列祖列宗」云云只是場面話罷了[58]。

以上種種,不僅可以看出傅正助撰這篇獻議所扮演的重要角色,也可看出傅正對這篇獻議的主張基本上應該是贊同的[59]。值得注意的是,爲了捍衛臺灣不被中華人民共和國併吞,傅正連「中國民國」的國號都主張可以更改,並不會死守「中國民國」的政治圖騰,這是他超越「國籍」的重要指標。此一重要的歷史意義,本書將在第9章有詳細的分析。

第三節:1980年代前期對民主政治的關懷

在1970年代,傅正除了幫助雷震完成〈救亡圖存獻議〉,隨著臺灣新一波反對運動的逐漸醞釀,傅正也寄予關切。1979年3月7日雷震過世(圖6-9),傅正覺得後死者的責任太大,必須盡全力走民主之路[60]。對此,傅正有一段令人動容的回憶:

民國六十七年十二月初,他(按:指雷震)在榮民總醫

---

[58] 蘇瑞鏘(訪問、紀錄),〈黃卓權先生訪問紀錄〉。

[59] 田欣,〈「外省人」自由主義者對「臺灣前途」的態度──以雷震、殷海光及傅正爲例〉,收入:張炎憲等(編),《臺灣近百年史論文集》(臺北:吳三連臺灣史料基金會,1996),頁339。

[60] 傅正,〈我爲什麼兩次參加組黨?〉,收入:傅正(編),《雷震全集(14)──雷震文選:雷震與政黨政治》(臺北:桂冠圖書公司,1989),頁15。

院剛經過腦瘤開刀手術還在加護病房時，在分別接見家屬的過程中，他居然將他最鍾愛的女公子雷德全小姐誤認為另一位女公子。……但他一見到我，開口第一句話便說：「唉！他們把我們的雜誌和黨搞垮了！」……（傅正問）：「雷公！你曉不曉得我是哪一個？」他立刻不以為然的回答：「噯！你是傅正！」……到了這個地步，他所念念不忘的，居然還是《自由中國》半月刊和「中國民主黨」。……這一次簡短談話，就成了他一生中最後一次跟我談話。但就是這一次談話，使我永遠忘不了我們的共同理想，尤其是他留給我的後死者的責任[61]。

另外，也由於雷震去世9個月後的12月10日，臺灣爆發美麗島事件，傅正認為黨外菁英平白犧牲太可惜，於是他向康寧祥強調必須收拾殘局、重整旗鼓[62]，之後傅正就逐漸復出民主運動。對此，黃爾璇有一段回憶：

高雄事件和次年的「林宅政治謀殺案」發生後，大眾政治意識更加覺醒，反對運動進入新階段。迨進入80年代，自由派學者開始逐漸出面關心政治；……傅先生與我都很關心政局發展，不避諱對敏感事題發表意見，曾經不約而同地參與中泰賓館和中山堂「黨外」大

<hr>

[61] 傅正，〈從蔣經國到雷震之路！──叫我如何不想他〉，頁364-365。
[62] 陳信傑，〈民主進步黨的創黨過程：外省菁英份子所扮演的角色〉（臺北：中國文化大學政治學研究所碩士論文，2000），頁103。

型集會，並共同與其他自由派教授執筆聲援「揭發警總
圍剿陶百川事件」。其間，傅先生協助周清玉女士和康
寧祥先生更是不遺餘力[63]。

　　1979年美麗島事件爆發後，周清玉找過傅正幫忙營救其
夫婿姚嘉文[64]。1980年周清玉參選國大代表，傅也曾幫周規劃
過一些選舉活動[65]。周清玉當選國大代表後，傅正常成為她請
益憲法問題的對象之一[66]。

　　1980年代開始，傅正也陸續在刊物上發表一些月且時局
或討論民主政治的文章。1981年，傅正在周清玉創辦的《關
懷》雜誌上發表〈陳文成案新聞比較〉，「開始進一步變成黨
外的熟朋友了」[67]。1982年2月，參加《八十年代》雜誌「中國
民主運動發展史」座談會，主講「『自由中國』與中國民主黨
（1949-60）」[68]。該年9月28日，還參加中山堂黨外市政研討

[63] 黃爾璇，〈憶念與傅正先生共事的一段雪泥鴻爪〉，頁36。

[64] 蘇瑞鏘（訪問、紀錄），〈周清玉女士訪問紀錄〉（2007.07.14，於彰化市寓
所）。

[65] 蘇瑞鏘（訪問、紀錄），〈陳信傑先生訪問紀錄〉。

[66] 除傅正外，李鴻禧也是她常請益的對象。蘇瑞鏘（訪問、紀錄），〈周清玉女
士訪問紀錄〉。

[67] 黃怡，〈市場邊的哲學家───憶傅正〉，收入：宋英（等），《傅正先生紀
念集》，頁99。黃怡表示：1981年傅正〈陳文成案新聞比較〉一文是透過她刊
登到《關懷》雜誌，是傅正所發表的第一篇黨外文章，此後周清玉就經常打
電話給傅正。蘇瑞鏘（訪問、紀錄），〈黃怡女士訪問紀錄〉。

[68] 傅正（主講），「『自由中國』與中國民主黨（1949-60）」，收入：〈民主的香
火：中國民主運動發展史（2）───臺灣部分（1946～81）〉，頁21-25。

會[69]。1983年10-12月間，在《前瞻》雜誌陸續發表〈維護憲政，何需「法統」？〉(1983.10)[70]、〈半生半死的候補制度——國大、立委候補人際遇不同〉(1983.10)[71]、〈國民黨的政黨觀——不要再走革命政黨的死路〉(1983.11)[72]、〈給監察院看病〉(1983.12)[73]等文章。而據說傅正約在1983-1985之間，也曾辦過幾期政論雜誌[74]。1985年2月，在《關懷》雜誌發表〈軍事審判制度總檢討〉(1985.02)[75]。同年6月7日，在《民眾日報》發表〈從速實施憲政體制下的地方體制——請從制定省縣自治通則開始〉[76]。1985年8月-1986年2月間，在《八十年代》雜誌陸續發表〈敬悼郭雨新先生〉(1985.08)[77]、〈「憲法」的文盲——給內政部長和立法委

---

[69] 蘇瑞鏘（訪問、紀錄），〈黃爾璇先生訪問紀錄〉。

[70] 傅正，〈維護憲政，何需「法統」？〉，轉引自：傅正，《傅正文選(1)：對一黨專政開火》，頁199-203。

[71] 傅正，〈半生半死的候補制度——國大、立委候補人際遇不同〉，《前瞻》，臺北：1983.10。轉引自：傅正，《傅正文選(1)：對一黨專政開火》，頁229-240。

[72] 傅正，〈國民黨的政黨觀——不要再走革命政黨的死路〉，轉引自：傅正，《傅正文選(1)：對一黨專政開火》，頁123-137。

[73] 王正，〈給監察院看病〉，《前瞻》，3（臺北，1983.12），頁42-45。另參：傅正，《傅正文選(1)：對一黨專政開火》，頁251-259。按：王正即傅正。

[74] 蘇瑞鏘（訪問、紀錄），〈黃爾璇先生訪問紀錄〉。

[75] 傅正，〈軍事審判制度總檢討〉，《關懷》，39（臺北，1985.02），頁6-11。另參：傅正，《傅正文選(2)：向蔣家父子挑戰》（臺北：傅正自印，1989），頁79-100。

[76] 傅正，〈從速實施憲政體制下的地方體制——請從制定省縣自治通則開始〉，《民眾日報》，1985年6月7日。轉引自：傅正，《傅正文選(1)：對一黨專政開火》，頁267-274。

[77] 傅正，〈敬悼郭雨新先生〉，《八十年代》，79（臺北，1985.08.17）。轉引

員上一課〉(1985.10)[78]、〈莫謂書生空議論！——追憶中國民主
憲政之母張君勱先生〉(1986.02)[79]等文章，復出民主運動的軌
跡愈來愈清晰。

　　逐漸地，無法忘情民主政治的傅正，不僅坐而論、更開
始要起而行，他一生追求民主政治的巔峰之作——民主進步黨
的籌組，遂開始啓動。

自：傅正，《傅正文選(1)：對一黨專政開火》，頁87-88。

[78] 傅正，〈「憲法」的文盲——給內政部長和立法委員上一課〉，轉引自：傅
正，《傅正文選（1）：對一黨專政開火》，頁241-249。按：該文原擬的標
題為〈誰說過大法官會議解釋過國大代表任期？〉。

[79] 傅正，〈莫謂書生空議論！——追憶中國民主憲政之母張君勱先生〉，《八十
年代》，臺北，1986.02.06。轉引自：傅正，《傅正文選(1)：對一黨專政開
火》，頁189-197。

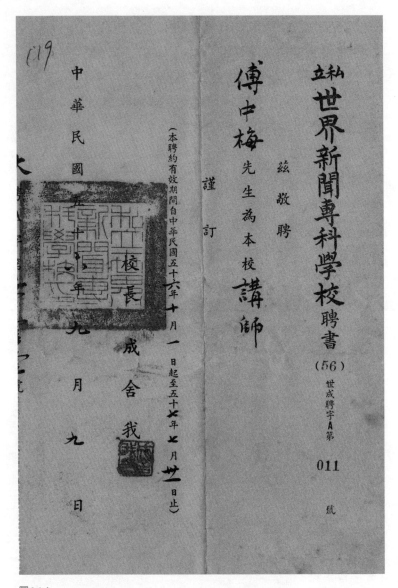

圖6-1：
世界新聞專科學校聘書。資料來源：中央研究院近代史研究所檔案館（藏），「雷震・傅正檔案」，臺北：中央研究院近代史研究所檔案館。

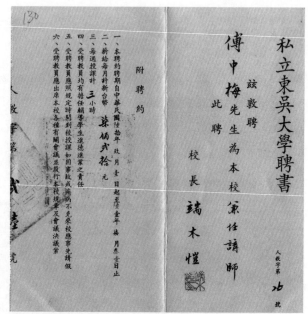

圖6-2：
東吳大學聘書（兼任）。資料來源：中央研究院近代史研究所檔案館（藏），「雷震‧傅正檔案」，臺北：中央研究院近代史研究所檔案館。

圖6-3：
東吳大學聘書（專任）。資料來源：中央研究院近代史研究所檔案館（藏），「雷震‧傅正檔案」，臺北：中央研究院近代史研究所檔案館。

圖6-4：
傅中梅，〈幾句臨別贈言——寫給世新畢業班全體同學〉。資料來源：《青年人》，6（臺北：世界新聞專科學校，1971.06），頁7-9。按：本文由黃卓權提供。

圖6-5：
與東吳學生合影（前排右五為傅正）。資料來源：宋英（等），《傅正先生紀念集》（臺北：桂冠圖書公司，1991），正文前相片。

圖6-6：
立法院前與蔣經國合影（蔣經國旁為傅正）。資料來源：宋英（等），《傅正先生紀念集》（臺北：桂冠圖書公司，1991），正文前相片。

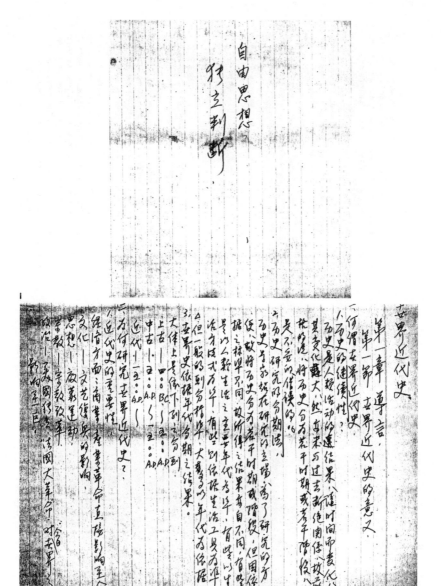

圖6-7：
黃卓權世新課堂筆記片段。資料來源：黃卓權提供。

超越黨籍、省籍與國籍──傅正與戰後台灣民主運動

時至今日，我們要認清空前的國際變局，更要重視眼前環境的孤立，且要重視臺灣人多年來的不平心理。我要盡力確保臺灣這塊「復興」基地，而避免下最大決心──超死回生的決心。立即擺脫被人譏為「神話」的「法統」觀念，打破不顧現實的「面子」心理，從速宣布我們的國號為「中華臺灣民主國」（The Democratic State of China-Taiwan），且須在尼克森往訪大陸之前宣布，用以對抗共匪吞併臺灣的企圖。並可扭轉我日趨危險的命運。惟有如此，才是面對現實、救亡圖存臺灣的根本之道。政治本不可講空洞的辦法，更不可用一些不切實際的口號自欺自誤。而要拿出最妥當切實的辦法。

國家的要素有三：土地、人民和主權。我們喪失大陸上的土地和人民已逾二十多年，而獨自認為對大陸有主權，難怪外國人譏這是一種「神話」。他們的諷諷固然未必完全對，但我們自說法不合事實則是事實。故爲今之計，不如面對現實，暫時另用國號，乾脆表示代表臺灣，而以全力確保臺灣。俗語說得好：「留得青山在，不愁沒柴燒」。臺灣是美，（美國人早期的「不沉的航空母艦。美國是不會輕易放棄的，日本也是不願失其共匪的，但是明年中美方的接移有一天，美、日兩國爲求與共匪正式建立邦交而可能有所改變。我們這樣宏圖之後，美、日兩國就可以找到有利的藉口來協防臺灣、援助臺灣。老實說，以臺灣本身的軍事力量，是很難完全依靠自己維持獨立的。故絕不可缺乏外力的協助。最重要的是美國，其次爲日本。所以，這種決心

用改變國號以求確保臺灣的權宜之計，我們事先報告訴美國、日本。從美、日兩國目前的基本政策看來，我們有理由相信：美國和日本一定會支持我們這樣做，而且會協助我們因此而遭遇的若干困難。但無論如何，我們應努力去拉攏邦國的、非情實國的邦交。力求親密。馬來西亞和新加坡能無邦交、由於華僑衆多的關係，我們必須與此拉攏，用以抵制共匪的南進，至於南韓、越南、泰國和菲律國，原是同病相憐的國家，自然更容易得到支持。

去年十二月二十二日〈聯合報〉上，載有諶報駐日特派員司馬桑敦的〈人佐譚要和尼克森談些什麼?〉的通訊中，就指出，「大部分的日本華人，都希望並中華民國在外交失敗後，能夠專心致志於內政和經濟的建設，使臺灣地區成爲一個能夠保持中國傳統文化和真正民主自由的社會。」其實，美國大部分人又何嘗不是這樣想呢？「外交爲內政的延長」，我們在改稱國號後，只要真正實行民主政治，修明內政，發展經濟，自然就容易推展外交。而扭轉國際的親睦，尤其是扭轉美國多年來對我國的輿論。

至於我們在海外的華僑和留學生，本來持有中華民國的護照，自從共匪進入聯合國後，許多國不再承認中華民國而變成無國籍的難民，處境日趨困難。一般俗這困境不快解決，恐怕只有倒向共匪懷抱去面換領一張「中華人民共和國」的護照了。據一般估計，不出半年，華僑恐怕會失去一半。留學生恐怕會失三分之一。果眞到這一天，我們的損失就大了！但假使能立刻宣布成

圖6-8：
〈救亡圖存獻議〉中「從速宣布成立『中華臺灣民主國』」片段。資料來源：雷震，〈雷震給蔣氏父子等五人的「救亡圖存獻議」〉，收入：傅正（主編），《雷震全集（27）──雷震特稿：給蔣氏父子的建議與抗議》（臺北：桂冠圖書公司，1990），頁76-77。

圖6-9：
傅正攝於雷震靈堂。資料來源：宋英（等），《傅正先生紀念集》（臺北：桂冠圖書公司，1991），正文前相片。

| 第七章 |

參與籌組民主進步黨[1]

　　1960年雷震、傅正等人被捕，「中國民主黨」不久胎死腹中。作為戰後臺灣第一次大規模的組黨運動，「中國民主黨事件實在是臺灣政治反對運動史上的一個分水嶺，其後島上政治反對運動幾乎銷聲匿跡；甚至具有自由主義知識啟蒙的活動亦沈寂了將近20年」[2]。而雷震案爆發與中國民主黨胎死腹中，「不但使這股醞釀十幾年的反對勢力為之瓦解」，1960年代「也成為在野勢力最衰微的一個年代」[3]。

　　而就具有自由主義、甚至反對意識傾向的知識份子而言，他們的言論也只能侷限在文化思想領域，如著名的《文星》雜誌[4]。較為明顯的知識份子政治抗議事件，是發生在1964

---

[1] 本章部分內容乃以下列拙著中的一部分作為基礎，進一步發展而成，除非必要，以下不再贅述。詳參：蘇瑞鏘，〈傅正傳〉，《國史館館刊》，復刊39（臺北，2005.12），頁278-281。

[2] 田弘茂（著），李晴暉、丁連財（譯），《大轉型──中華民國的政治和社會變遷》（臺北：時報出版公司，1989），頁120。

[3] 胡志成，〈從「自由中國」事件到中美斷交〉，收入：八十年代出版社（編），《臺灣的憲政危機》（臺北：八十年代出版社，1983），頁27。

[4] 關於《文星》雜誌，可詳參：陳正然，〈臺灣五〇年代知識份子的文化運動──以「文星」為例〉，臺北：國立臺灣大學社會學研究所碩士論文，1985。

年彭明敏的〈臺灣人民自救宣言〉事件[5]。然而，該事件雖有其重大的歷史意義[6]，但卻是孤立零星、且歷時甚短。

總之，「中國民主黨」組黨運動的失敗，使得其後的反對運動也為之消沈，「從此臺灣進入一段好久的悶局，直到1970年代，才有一股新生的力量在抬頭」[7]。而隨著這股「黨外」新生力量的抬頭與發展[8]，臺灣終於在1986年出現第一個組織成功的反對黨──民主進步黨。其中，傅正是極少數參與這兩次組黨運動的民主鬥士。

第一節：組黨運動的再出發及其挫折

在蟄伏近20年後，傅正的民主志業在1979年重新出發。這年3月7日雷震過世後，傅正覺得後死者的責任太大，必須盡全力走民主之路。9個月後的12月10日，臺灣爆發美麗島事件，傅正認為黨外菁英平白犧牲太可惜，他向康寧祥強調必須

[5] 關於「臺灣人民自救宣言」事件，可詳參：彭明敏，《自由的滋味──彭明敏回憶錄》(臺北：前衛出版社，1992)，頁131-160。

[6] 詳參：彭明敏文教基金會(編)，《臺灣自由主義的傳統與傳承》，臺北：彭明敏文教基金會，1994；戴寶村(主編)，《「臺灣人民自救宣言」四十週年歷史省思》，臺北：臺灣歷史學會，2004。

[7] 鄭牧心，《臺灣議會政治40年》(臺北：自立晚報社，1991)，頁187。

[8] 關於「黨外」運動的發展，可參：謝長廷，《黨外黨》，臺北：謝長廷出版，1983；李筱峰，《臺灣民主運動四十年》(臺北：自立晚報社，1987)，頁111-211；陳孟元，〈臺灣1980年代黨外運動之研究〉，桃園：國立中央大學歷史研究所碩士論文，1996；古淑芳，〈臺灣黨外運動(1977-1986)──以黨外言論為中心之研究〉，臺北：國立臺灣師範大學歷史研究所碩士論文，1999。

收拾殘局、重整旗鼓[9]。

　　而後經過1980年與1983年中央民意代表選舉的結果，儘管黨外皆有相當的斬獲，然傅正認為還是必須組黨才有希望跟國民黨對抗。也就是說，在傅正看來，要走民主之路就必須組織一個真正的反對黨。而後傅正開始與其他民主志士有過多次嘗試，其中比較重要的是1985年底到1986年初的秘密串聯，可惜在詭譎的政治高氣壓下，秘密串聯的工作無法持續下去[10]。對這段歷史，傅正日後有清楚的說明：

> 就在雷先生在民國六十八年三月去世後，從康寧祥來找我暢談開始，我又重新投入民主運動；⋯⋯。（不久）臺灣的政局隨著美麗島事件的發生，出現了新的危機和轉機，我也不得不隨時投入當時號稱黨外的各種活動，但也越來越覺得：黨外人士的單打獨鬥，絕不是辦法，惟有組黨，才是活路。由於小蔣一如老蔣，還是利用戒嚴做法寶，繼續力行黨禁，而黨外精英雖然希望突破黨禁，卻總是常聽到要求國民黨制訂政黨法的論調。我始終不以為然，始終相信人民有組黨的權利，不必等待什麼政黨法。雖然多少是由於當年中國民主黨胎死腹中的教訓，也多少是由於時機似乎還不夠成熟，即使到了民國七十三年五月，黨外公政會成立已開始邁向組織化以後，在或大或小的私人聚會

---

[9] 詳本書第6章第3節。

[10] 陳信傑，〈民主進步黨的創黨過程：外省菁英份子所扮演的角色〉（臺北：中國文化大學政治學研究所碩士論文，2000），頁103、125。

場合，尤其是臺北市內湖大湖山莊費希平家中，組黨雖常成為主要話題，但總是沒有後續的具體行動。而且，即使到了民國七十四【年】底，先在費希平家中鄭重商談，又相繼在尤清家中專題商談，特別是在謝長廷服務處的三次商談，結果還是不了了之[11]。

在「組黨行事曆」（收在「雷震・傅正檔案」內「民進黨會議紀錄」中）裡，傅正對這幾次商談組黨有更詳細的記載：1985年9月6日，傅正與費希平、江鵬堅赴謝坤銓家談組黨。1985年9月19日，傅正與費希平在周清玉家談組黨。1985年12月2日，傅正與費希平在臺大校友會館談組黨，費希平要傅正先找康寧祥談談。於是，1985年12月5日，傅正約了康寧祥到他家中談組黨，徵詢其意見。當天晚上傅正也約了黃爾璇談組黨，並商妥邀約人選名單。1985年12月19日，傅正到費希平家中談組黨，當時共有傅正、費希平、康寧祥、尤清、張俊雄、江鵬堅、謝長廷、黃爾璇，以及李鴻禧等9人，廣泛交換意見，並相約續談。1985年12月31日，傅正到尤清家中續談組黨，當時共有傅正、費希平、尤清、張俊雄、江鵬堅、謝長廷，以及黃爾璇等7人。當天康寧祥未到，大家認為康寧祥非參加不可，於是眾推傅正與黃爾璇找康寧祥一談。1986年1月4日，傅正與黃爾璇赴康寧祥家談組黨，康寧祥同意參加在謝長廷服務處的聚會。1986年1月14日，傅正與費希平、康寧祥、尤清、張俊雄、江

---

[11] 傅正，〈我願表示最高的歉意並請給予最大的寬恕——寫在「雷震全集」編後〉，收入：傅正（主編），《雷震全集（47）——雷震日記（1975年-1977年）：最後十年（3）》（臺北：桂冠圖書公司1990），頁213-214。

鵬堅、黃爾璇,以及謝長廷等8人,第1次在謝長廷服務處談組黨,決定擴增人選,由傅正通知張德銘與蘇貞昌兩人。1986年1月21日,第2次在謝長廷服務處談組黨,只有傅正、費希平、尤清、黃爾璇,以及謝長廷等5人參加,由於多人未到,大家頗爲掃興,本不擬再聚,然傅正堅持再通知聚會一次。1986年2月4日,第3次在謝長廷服務處談組黨,仍只有傅正、費希平、尤清、黃爾璇,以及謝長廷等5人參加,由於大家意願不高,一時也就無法繼續進行[12]。

而「綜觀這一階段的串聯,雖功敗垂成,但已呈現出秘密組黨進行的分工、架構、策略方向與全盤構想的輪廓」[13],爲下一個階段的組黨行動累積經驗與能量。

第二節:秘密組黨

雖然組黨工作遇到挫折,但傅正並未灰心。到了1986年6月,傅正在費希平的邀請下,再度出面奔走,並與黃爾璇商量後,擬定了組黨小組的名單。之後傅正就以這名單分別拜訪說明,並徵求同意。後來傅正商得國大代表周清玉的同意,借用她在臺北市忠孝東路的家裡開會[14]。該年7月3日,由傅正請被

---

[12] 傅正,〈傅正組黨行事曆(一)〉,收入:中央研究院近代史研究所檔案館(藏),「雷震・傅正檔案」,臺北:中央研究院近代史研究所檔案館。轉引自:陳信傑,〈民主進步黨的創黨過程:外省菁英份子所扮演的角色〉,頁59。

[13] 陳信傑,〈民主進步黨的創黨過程:外省菁英份子所扮演的角色〉,頁60。

[14] 傅正,〈我爲什麼兩次參加組黨?〉,收入:傅正(編),《雷震全集(14)——雷震文選:雷震與政黨政治》(臺北:桂冠圖書公司,1989),頁15;蘇瑞

邀者在周清玉家對面的御龍園餐廳吃飯，飯後又回到周清玉家中商談[15]。日後周清玉有一段回憶：

> 當時黨外開始有不少雜誌在發行，也有各種的政治組織，當選公職的有黨外公政會，年青朋友們有編聯會。不同之團體組織進行民主之活動，對抗從國民黨來之各種壓力。傅老師就鼓勵我們以費委員（終身立委）為頭，外省人及一些可靠、能守祕密、不會亂講話的人進行組黨行動。經過仔細推敲，最後選定十個人成立工作小組，這些人是費希平、傅正、謝長廷、江鵬堅、周清玉、尤清、黃爾璇、游錫堃、陳菊及張俊雄。傅老師、費老師仔細推動，每星期在忠孝東路我家開始組黨聚會。地點方便適中，最危險也最安全[16]。

黃爾璇在7月3日的日記上也記載到：當天大家到餐廳吃飯，由傅正做東。餐後再到周清玉家中商談，傅正一個一個問大家敢不敢加入組黨籌備會，大家都說敢[17]。謝長廷日後回憶道：

> 傅正出獄後，積極和黨外年輕一輩的意見領袖交往，

鑭（訪問、紀錄），〈周清玉女士訪問紀錄〉（2007.07.14，於彰化市寓所）。
[15] 陳信傑，〈民主進步黨的創黨過程：外省菁英份子所扮演的角色〉，頁61。
[16] 周清玉，〈傅老師——真正實在之民主老師〉，「傅正先生逝世15周年紀念文」，http://blog.yam.com/fuchen_yblog/article/6005084，擷取時間：2006.05.09。
[17] 蘇瑞鏘（訪問、紀錄），〈黃爾璇先生訪問紀錄〉（2006.08.22，於臺北中和黃宅）。

我也就在這段時期，與傅正結識。1986年7月，正當黨外組黨一事已在山雨欲來之際，傅正、我及其他黨外菁英，不斷變換地點，先後到我的服務處及周清玉的家中，秘密規劃組黨事宜[18]。

當晚10點鐘左右，由謝長廷提議以民主進步黨為黨名，大家共同決定要籌組政黨。之後組成了建黨10人小組，包括：傅正、費希平、尤清、江鵬堅、張俊雄、周清玉、謝長廷、游錫堃、陳菊、黃爾璇等10人[19]。而後傅正與尤清、黃爾璇負責宣言、政綱、政策的起草工作，經過兩個多月不斷地集會努力，完成了組黨的初步工作[20]。

對於這段歷史的來龍去脈，傅正個人日後有一段詳細的敘述：

> 等到民國七十五年六月初，費希平又找我在臺北市濟南路口臺大校友會館商談組黨的事，我們眼見剛發生的「蓬萊島事件」的教訓，深怕黨外精英單打獨鬥的下場，只是一個個被各個擊破，而面對年底的增額立委與國大代表的改選，正是必須組黨和促成組黨的最好時機。因此，半年左右以前連續五次商談的結果雖然令人有點氣餒，但我還是

---

[18] 謝長廷，〈帶領臺灣走向自由民主進步之路的旗手〉，「傅正先生逝世15周年紀念文」，http://blog.yam.com/fuchen_yblog/article/6006931，擷取時間：2006.05.09。

[19] 陳信傑，〈民主進步黨的創黨過程：外省菁英份子所扮演的角色〉，頁61。

[20] 傅正，〈我為什麼兩次參加組黨？〉，頁15。

決心努力一試，立刻決定用我出面請客吃飯的方式，找幾
個人懇談，又經我與費希平、黃爾璇商定邀請名單後，再
由我逐一分別洽談。最後，在七月三日，由我請大家在
臺北市忠孝東路二段周清玉住家前面的御龍園吃飯，飯
後回到周清玉家中商談，等到決定正式組黨時，在場有費
希平、黃爾璇、尤清、謝長廷、周清玉、江鵬堅、陳菊和
我總共八人，而且立刻通過了謝長廷提議的民主進步黨黨
名，然後分配工作，由謝長廷負責起草黨章，由尤清、黃
爾璇和我三人負責起草基本綱領、行動綱領和宣言。八人
又一致同意增邀游錫堃，同時通知原已邀請但當晚因在高
雄無法趕來參加的張俊雄，並徵得兩人同意後，而組成了
民主進步黨最早負責準備組黨工作的十人小組。然後，每
週在周清玉家中祕密集會，商討有關組黨細節。等到八月
十五日晚上，經過黨外在臺北市中山國小舉辦的「行憲與
組黨說明會」的衝擊後，接著在九月三日，又經過林正杰
因所謂誹謗案判刑，進而引發由康寧祥帶頭的街頭群眾大
狂飆的震撼性衝擊後，就在九月十九日，黨外人士舉行
了第一次大規模的座談，正式商討組黨，而且就在九月
二十二日的第二次座談會上，由尤清帶頭簽名，用書面發
起組黨，並且除邱義仁當場聲明保留外，經在場人士一致
簽名同意，然後在九月二十七日第三次座談會上決定了推
動組黨的程序[21]。

---

[21] 傅正，〈我願表示最高的歉意並請給予最大的寬恕──寫在「雷震全集」編後〉，頁214-215。

　　經過9月中、下旬三次組黨會議的密集串聯，9月28日黨外人士不顧國民黨當局的壓力，正式在圓山大飯店宣佈成立民進黨，為臺灣戰後第一個籌組成功的反對黨[22]（圖7-1）。

　　當時，原本有一篇由傅正起草、且經眾人討論定案的創黨宣言，「後因9月28日圓山大飯店通過創黨決議，時間倉卒，未及提出」。由於史料價值極高，茲錄全文於下：

高舉黨外的民主旗幟前進
——一篇未對外發表的民進黨創黨宣言

　　近代人類歷史早就證明：民主是歷史的洪流，是誰也擋不住的，任何反民主的力量，都不過是一段小小的逆流，終必為民主的洪流所淹沒。

　　很不幸，國民黨自執政以來，始終企圖抵擋這種歷史洪流，無意真正實行民主。更不幸的是，國民黨在大陸慘敗以後，竟不知道以真民主來收拾人心，補過贖罪，反而在權力失落恐懼症的陰影下，完全以共產黨的手法反共。

---

[22] 關於民主進步黨的組黨史，另可參閱：李筱峰，《臺灣民主運動四十年》，頁237-240；陳信傑，〈民主進步黨的創黨過程：外省菁英份子所扮演的角色〉，頁33-85；趙寧靜（訪問），〈訪費希平談組黨的心路歷程〉，《八十年代》，轉引自：費希平，《理想與期待——民主政治家費希平先生言論集》（臺北：費希平發行，1990），頁663-672；蘇嫻雅，《尤清前傳》（臺北：商周文化，1994），頁127-145；呂政達，《謝長廷——人生這條路》（臺北：大村文化出版公司，1995），頁187-215；林志恆，《蘭陽之子游錫堃》（臺北：天下遠見出版公司，1998），頁84-87；邱萬興（主編），《與我同行——周清玉的政治路》（彰化：財團法人關懷文教基金會，2007），頁67-88。

國民黨退據臺灣三十七年來，總是極盡所能的加強統治，而不斷擴張特務、警察、憲兵的力量與地位，甚至不惜與流氓組織掛勾，進行政治暗殺的陰謀，在這國民黨權力至上觀念的支配下，也就自然造成了整個封閉體系與落後形象，不僅教育越來越教條化，文化越來越庸俗化，而且社會越來越瀰漫色情、賭博、暴力。即使本該是最神聖的選舉，也無法逃過金錢與暴力的污染。

現在大家所看到的，無非是色情行業如雨後春筍，大家樂席捲臺灣，兇殺案乃至分屍案層出不窮。至於公共安全的維護，生態環境的保護，更有如無政府狀態。因此，僅僅高雄市一地，解體油輪爆炸的悲劇落幕，萬壽山崩塌的悲劇就上演。

眼看社會秩序與道德的崩潰發生，眼見臺灣的外在壓力日漸嚴重，國民黨的內部也隨時可能發生劇變，尤其國民黨與中共更隨時可能從事秘密的政治買賣。臺灣的命運與前途，顯已進入生死存亡的歷史轉捩點。

面對這個轉捩點，究該何去何從？尤其究會有何種下場？在只有聽憑國民黨主宰的情形下，不少人都越來越徬徨、憂慮、恐懼，乃至千方百計的尋找夢寐以求的世外桃源。

但我們堅決相信：臺灣不是一黨一家的私產！臺灣是屬於大家的！是屬於出生在臺灣與生活在臺灣的全體人民的！所以，臺灣的命運和前途，絕不該由國民黨擅自決定，而該由我們所有出生在臺灣和生活在臺灣的全體人民共同決定。而且，我們還堅決相信：在這個歷史的十字路

口,臺灣只有走向真正民主,才是唯一的生路,任何一黨一派的集體領導、軍事獨裁、乃至一家一族的家族政治,都是假民主、反民主的死巷子。

環顧今日臺灣,唯有黨外才是保障民主的重要力量。但唯有團結才能真正發生力量,而且唯有組黨才能真正團結。而最近幾個月來,黨外公政會在各地分別舉行的組黨說明會,都獲得民眾熱烈回響。特別是八月十五日晚上在臺北市中山國小操場的那一場,情形的熱烈,更打破了臺灣三十多年的紀錄,進而表現了廣大民眾對於黨外組黨的渴望與支援。

我們既然早已獻身黨外民主運動,現在又面對此情此景,當然要義不容辭的承擔組黨責任。因此,我們決定組織民主進步黨,而且宣布從現在起就正式成立。我們要先將黨外力量團結起來,進而將一切爭民主、愛民主的力量團結起來,對國民黨發揮真正的制衡作用,保證臺灣的民主,並且掌握臺灣的命運和前途。

我們的黨,既然是以追求臺灣的民主進步為目標,儘管國民黨還是以革命政黨自居,迷信槍桿子出政權,我們還是要堅持現代民主國家的政黨原則,寧願為普通政黨。我們決心一本五大信念,就是憲法、自由、福利、理性、和平,追求一個全面進步的社會,而與任何政黨從事公開、公平、公正的競爭,一切取決於所有臺灣地區的人民。在今後,我們仍願與任何政黨溝通,但不會迷信溝通,尤其希望國民黨不要繼續不以誠意進行溝通,同時,我們更不願與任何政黨衝突,但未必是害怕衝突,特別希

望國民黨不要蓄意製造衝突。

我們認為：國民黨員是人，所有非國民黨員都是人，我們同樣也是人。站在憲法保障的人權基礎上，誰也不該比誰多一分。他們既然有權組織國民黨，所有非國民黨員當然也有權組黨，我們同樣也有權組織民主進步黨。

遠在二十六年前，我們早已有中國民主黨慘遭扼殺的痛苦經驗。七年前，我們又有美麗島黨外黨再受摧殘的悲慘教訓。雖然我們一再受到無情的非法迫害，我們還是忍了又忍，等了又等，但在熬過了幾十年的漫漫長夜以後，國民黨居然還要一拖再拖，始終沒有真正實行民主的誠意，使大家看不到一絲民主的曙光。現在，為了臺灣的民主，也為了臺灣的進步，更為了與我們大家命運和前途息息相關的臺灣命運和前途，我們又怎能再忍？更怎能再等？

最後，我們不得不鄭重強調：縱然國民黨硬要用過去迫害中國民主黨和美麗島黨外黨的手法對付我們，我們也義無反顧，絕不退縮。我們個人可以被抓、被關、被殺，但必會前仆後繼，保證民主進步黨絕不在迫害下消失。但我們仍要竭誠呼籲：所有出生在臺灣與生活在臺灣的海內外人士，為了臺灣，也為了自己，勇敢的站出來，參加我們的行列，讓我們並肩攜手，踏著黨外前輩的足跡，高舉黨外的民主旗幟而共同奮鬥！前進再前進！

民主進步黨 敬啟[23]

---

[23] 傅正原注：一九八六年七月三日，由我出面邀宴組黨十人小組在臺北市忠孝東路

第三節：從宣布組黨到召開第一屆全國黨員代表大會

　　1986年9月28日，黨外人士終於在圓山大飯店宣布成立民進黨。關於當天的建黨過程，傅正曾指出：

> 九月二十八日，面對國民黨三申五令嚴禁組黨的威脅，借用在臺北市圓山大飯店召開黨外選舉後援會推薦增額立委和國大代表候選人的機會，終於經黨外人士組黨大會通過組黨，除同意了民主進步黨的黨名外，並同意了由費希平所提主要是屬於組黨十人小組的七人小組，包括費希平、尤清、黃爾璇、謝長廷、游錫堃、顏錦福和我。其中除顏錦福不屬於十人小組

一段御龍園晚餐後，在附近周清玉代表住處經審慎商討後，便決定組黨，而立刻採用謝長廷議員提議的民主進步黨黨名，並分配基本工作，除由謝議員負責黨章的起草外，由尤清委員、黃爾璇教授和我組成三人小組，負責「宣言」、「基本綱領」、「行動綱領」的起草。然後我們三人又分配工作，由我負責「宣言」、尤委員負責「基本綱領」、黃爾璇教授負責「行動綱領」，而由我起草的「宣言」草案經十人小組多次提出修改意見後，終經我修改如現在的文字，除費希平委員一人對是否在文字上再做若干修正加以考慮外，其餘成員都已沒有異議，可以算已定案。後因九月廿八日圓山大飯店通過創黨決議，時間倉卒，未及提出，以致沒有創黨宣言。傅正，〈高舉黨外的民主旗幟前進──篇未對外發表的民進黨創黨宣言〉，收入：傅正，《傅正文選(3)：為中國民主黨·民主進步黨戰鬥》(臺北：傅正自印，1989)，頁173-177。該創黨宣言全文另可參：張富忠、邱萬興(編著)，《綠色年代──臺灣民主運動25年(上冊)1975-1987》(臺北：印刻出版公司，2005)，頁212-213。

　　而是因為正擔任黨外公政會的理事長以外，其餘六人
都是屬於十人小組。然後，七人小組成員一再增加，
由十人而十二人，而十八人，成為十八人工作委員會[24]
（圖7-2）。

　　民進黨宣布組黨2天後，9月30日國民黨3人溝通小組指
稱：若民進黨只停留在籌備階段，則願意繼續溝通，否則將依
法處置[25]。一直到該年11月10日召開第1次全國黨員代表大會
之前，國民黨還陸續派人前來關說，希望現在不要組黨，等到
選後再說[26]。國民黨要求民進黨停留在籌備階段，一旦舉行全
國代表大會、成立中央黨部，則將動手抓人[27]。然而，民進黨
從9月28日成立、到該年11月10日召開第1次全國黨員代表大會
之間，在國民黨揚言「依法取締」的壓力下，民進黨最後卻能
安然渡過危機，對此傅正有一段回憶：

　　九月二十八日民主進步黨的成立，儘管已在事實上突
　　破了蔣家王朝的黨禁，但國民黨居然還妄想利用威脅
　　手法，迫使我們停留在他們再三宣稱的所謂籌備階

[24] 傅正，〈我願表示最高的歉意並請給予最大的寬恕──寫在「雷震全集」編後〉，頁215。
[25] 李永熾（監督），薛化元（編輯），《臺灣歷史年表：終戰篇（III）》（臺北：業強出版社，1992），頁248。
[26] 林朝億，〈黃爾璇回憶民進黨組黨艱辛〉，http://www.taiwannation.org.tw/republic/rep21-30/no28_07.htm，擷取時間：2007.04.15。
[27] 黃爾璇，〈憶念與傅正先生共事的一段雪泥鴻爪〉，收入：宋英（等），《傅正先生紀念集》（臺北：桂冠圖書公司，1991），頁40。

段。其實，我們在九月二十九日下午召開的小組會議
中，也就是由原來的七人增加三人，擴充為十人小組
會議中，已決定人可抓而黨不可毀的原則，擬定了假
定被抓而仍能繼續完成組黨工作的三波人選，並由我
一再透過中介學者讓國民黨了解我們的決心。最後，
經過十八人工作委員會的共同努力，就在十一月十
日，在臺北市環亞大飯店召開民主進步黨第一次全國
黨員代表大會，通過了黨章、黨綱，以及中執委、中
評委、中常委、中常評委與主席，而完成了所有組黨
工作，寫下了政黨政治的歷史紀錄[28]。

　　1986年11月10日，民進黨在臺北環亞大飯店召開第1屆全
國黨員代表大會。會中通過了黨章、黨綱，並選出主席等領導
階層，民進黨至此完成形式與實質政黨的建黨工作[29]，其最初
的組織結構也隨之成形[30]。

---

[28] 傅正，〈我願表示最高的歉意並請給予最大的寬恕——寫在「雷震全集」編
後〉，頁215-216。傅正這段回憶也得到尤清的證實。詳參：尤清，〈贊助
傅正 支持民主——推薦傅老師三本文選〉，收入：傅正，《傅正文選(1)：
對一黨專政開火》(臺北：傅正發行，1989)，頁15-16；尤清，〈緬懷臺灣
政黨政治的催生者——傅正教授〉，收入：財團法人紀念殷海光先生學術基
金會(編)，《其人雖已沒，千載有餘情：紀念雷震先生百歲冥誕暨傅正先
生逝世五週年》(臺北：財團法人紀念殷海光先生學術基金會，1996)，頁
31-32。

[29] 李筱峰，《臺灣民主運動40年》，頁244-245。相關照片可參：宋隆泉，《另
一種注目——見證臺灣民主風起雲湧的年代(1986.519-1989.519)》(臺北：
桂冠圖書公司，2004)，頁34-43。

[30] 關於民進黨的組織結構及其演進，可參：黃德福，《民主進步黨與臺灣地區

當天選舉黨的權力中心，包括中央執行委員會委員（中執委）、中央常務委員會委員（中常委）、中央評議委員會委員（中評委）、中央常務評議委員會委員、中央評議委員主任委員，以及黨主席的選舉。9月28日當天出席全國黨員代表大會的人數有155人，由此選出31名中執委，再由中執委選出11名中常委[31]。當時大致有4組人馬競逐，包括康寧祥系統的黨外首都公政分會、來自各地的黨外公政分會、黨外編聯會系統，以及無派系屬性的獨立人士。被視爲無派系屬性的傅正，獲得42名黨代表的支持，獲選爲中央執行委員會委員，名次第9。然接下來的中常委選舉，傅正只得3票而落選（名列第17）[32]。

此外，會中也選出江鵬堅爲第1屆黨主席[33]，而後黃爾璇被任命爲秘書長，傅正則獲聘爲政策研究中心主任。本書第8章第1節中，將詳述傅正擔任黨職的作爲。

政治民主化》（臺北：時英出版社，1992），頁48-58。

[31] 詳參：民主進步黨（藏），《民主進步黨第一屆全國黨員代表大會會議紀錄》，臺北：民主進步黨中央黨部秘書處檔案室。轉引自：陳信傑，〈民主進步黨的創黨過程：外省菁英份子所扮演的角色〉，頁83-84；陳順珍，〈民主進步黨創黨與首任黨主席的角色分析〉，臺灣省省諮議會（主辦），「臺灣民主的興起與變遷學術研討會」會議論文，2006年10月18日。

[32] 陳信傑，〈民主進步黨的創黨過程：外省菁英份子所扮演的角色〉，頁83-84。

[33] 對於民進黨的成立以及建黨初期首任黨主席江鵬堅如何帶領民進黨突破困境的過程，可參：張世瑛（訪問紀錄），〈黃爾璇先生訪談紀錄〉，收入：張世瑛（訪問紀錄），《勇者的身影——江鵬堅先生行誼訪談錄》（臺北：國史館，2004），頁138-150；王美琇、邱萬興（主編），《翼堅之刻　鵬飛之時——江鵬堅紀念文集》，臺北：民主進步黨中央黨部，2000；陳順珍，〈民主進步黨創黨與首任黨主席的角色分析〉。

第四節：傅正對籌組民主進步黨的貢獻

在民進黨成立的過程中，傅正在每個階段的貢獻都是有目共睹的。民進黨第2任黨主席姚嘉文指出：傅正的角色是傳承者（將當年組織中國民主黨的經驗傳承給民進黨）、指導者（以當年的經驗指導民進黨應該如何做），以及協調者（協調黨內不同觀念與利害衝突）[34]。

另外，傅正被不少人視為當年秘密組黨過程中無形的召集人。例如，民進黨第3、4任黨主席黃信介曾指出：「民主進步黨的成立，……有一個人是不能忘記的，就是傅正先生。在民主進步黨秘密籌備組黨的過程中，先生以一位大陸籍人士，無財無勢，卻因其道德人格及組黨經驗，無形中成了組黨工作小組的召集人，調和各種意見，任勞任怨，才使在高壓中進行的組黨工作順利進行」[35]。當年同屬創黨10人小組的尤清亦認為：1986年7月初的組黨餐會，是由傅正出面，「後來的幾次集會，他就成了無形中的召集人」[36]。同樣是創黨10人小組成員的周清玉也指出：「一九八六年六月起，在傅正的召集下有十個人（即原始組黨十人小組）定期開會」[37]。

---

[34] 蘇瑞鏘（訪問、紀錄），〈姚嘉文先生訪問紀錄〉（2007.07.08，於彰化市南北管音樂戲曲館）。

[35] 黃信介，〈終生為民主奮鬥而不悔──追念傅正先生〉，收入：宋英（等），《傅正先生紀念集》，頁14-15。

[36] 尤清，〈緬懷臺灣政黨政治的催生者──傅正教授〉，頁31。

[37] 邱萬興（主編），《與我同行──周清玉的政治路》，頁70。按：該書由周清玉提供。

　　此外，當時傅正常扮演排難解紛的角色，不論是對內還是對外。就對內而言，當年同屬創黨10人小組、並出任創黨秘書長的黃爾璇指出，在組黨過程中，當傅正看到有些人消極不參與時，曾說：「在臺灣組黨，我們都不怕了，你們還怕什麼？」當遇到成員意見相持不下時，常靠傅正發揮排難解紛的作用[38]。傅正任教世新的學生、也是創黨10人小組成員的陳菊亦指出：「每當在討論的過程中，費希平先生的意見常與我們相左，都是傅老師從中溝通協調使小組超越統獨之爭不至於破裂」[39]。而在宣布組黨前一天的擴大會議上，由於到場的人不夠踴躍，擔任主席的費希平幾次打算拂袖而去，還是由傅正出面苦勸，組黨前夕的最後一次會議才得以順利進行[40]。黃爾璇也回憶道：在組黨過程中，費希平若有情緒表現，多透過傅正來安撫，使得費希平沒有真的脫離。即使是民進黨宣布成立後、中央黨部成立前，費希平（18人小組召集人）也因若干意見與其他人不同而想退出，亦賴傅正等人前去說服[41]。就對外而言，當年居間協調的中介學者之一胡佛指出：「我們中介學者曾進行兩次政治溝通（一次是黨外公政會危機，一次是民進黨建黨危機），每次皆與傅先生（按：傅正）保持密切的聯絡及坦誠的商議，解決了很多的問題，增加許多瞭解」[42]。

---

[38] 黃爾璇，〈憶念與傅正先生共事的一段雪泥鴻爪〉，頁38-39。
[39] 陳菊，〈用生命實踐理想的人──懷念傅正老師〉，收入：財團法人紀念殷海光先生學術基金會（編），《其人雖已沒，千載有餘情：紀念雷震先生百歲冥誕暨傅正先生逝世五週年》，頁39。
[40] 陳信傑，〈民主進步黨的創黨過程：外省菁英份子所扮演的角色〉，頁115。
[41] 蘇瑞鏘（訪問、紀錄），〈黃爾璇先生訪問紀錄〉。
[42] 胡佛，〈民主，民主，還是民主──傅正先生的民主理念與實踐〉，收入：宋

再者，許多人對傅正在組黨過程中展現認真的態度、過人的勇氣、無比的熱情，以及非凡的智慧，多給予高度的評價。游錫堃回憶傅正認真的態度時指出：

> 傅先生治學態度嚴謹，處事則一絲不苟。我記得，每次開會他都會勤做紀錄、寫筆記，並保存完整的會議資料，是公認的黨外太史公。而會議討論的階段性成果他也會整理出來，如果上次會議討論情況有所疑問，只要他翻閱筆記就可查證覆核。這讓我們的工作能在渾沌混亂中循序漸進、輪廓益明[43]。
>
> 有時，如果有人不能準時出席，傅先生的紀錄上就會註明：某某遲到幾分鐘。我當時擔任省議員，往往繁忙於宜蘭選區服務和霧峰省議會開會，兩頭奔波，難免偶或不克及時趕到。但見他如此鄭重其事的執著態度，讓我們對正在共同推動的歷史性任務，有了更多莊重將事的虔敬之心[44]。

同樣的，周清玉回憶當年在她家中進行的秘密組黨工作，「每週開會，出席最勤勉的，是傅正老師。他每會必到，

英（等），《傅正先生紀念集》，頁74。

[43] 游錫堃，〈民主自由 我們的最高認同──紀念傅正先生逝世十五週年〉，《聯合報》，2006年5月10日。

[44] 游錫堃，〈以民主自由為我們的最高認同：紀念傅正逝世十五週年〉，「傅正先生逝世15周年紀念文」，http://blog.yam.com/fuchen_yblog/article/6004644，擷取時間：2006.05.09。

而且從頭坐到尾，認真參與討論，而且勤於寫筆記」[45]（圖7-3）。

　　而陳菊回憶當年組黨之時風聲鶴唳，小組成員都有坐牢的準備，而在排定被捕的梯次時，傅正自願列為第一批，這是過人的勇氣。她說：

> 為了第一次黨員代表大會的召開，國民黨不斷威嚇，在風聲鶴唳中，小組成員都有坐牢的心理準備。在排定被捕的梯次時，老師自願列為第一梯次，卻向其他成員建議不要把我列進第一梯次，理由是我才剛坐牢回來。這種寬容、愛護和犧牲的同志愛，不僅令我感動，更是民進黨能夠在險惡的政治環境中創建的最大條件[46]。

　　特別是在當時，傅正所冒的風險要比一般人要來的大的情況下，更可看出他過人的勇氣。對此，尤清曾指出：

---

[45] 周清玉，〈懷念傅正老師〉，收入：財團法人紀念殷海光先生學術基金會（編），《其人雖已沒，千載有餘情：紀念雷震先生百歲冥誕暨傅正先生逝世五週年》，頁35。

[46] 陳菊，〈把失落的價值尋回來，把偏離的路線修正回來〉，「傅正先生逝世15周年紀念文」，http://blog.yam.com/fuchen_yblog/article/6005144，擷取時間：2006.05.09。陳菊亦指出：當時「老師（按：指傅正）和江鵬堅律師還言，我剛坐牢歸來不宜列進第一梯次，這種同志愛，令我十分感動，也堅信，如此的寬容、愛護和犧牲，惟恐落人後的精神是民進黨創建的最大條件」。陳菊，〈讓我心送一程──悼念傅正老師〉，收入：宋英（等），《傅正先生紀念集》，頁116。

（按：組黨時）國民黨如果要抓人，第一個要抓的一定是
傅正。第一、他是唯一第二次組黨的人。第二、他是
外省人。第三、他是沒有公職身份保障的人。第四、
假使國民黨特務已經查到內情，他又是出面請客邀約
組黨的人[47]。

　　而張俊雄除懷念傅正的耿直，也對傅正在組黨過程中慷
慨激昂的熱情印象深刻，他說：

外表溫和、謙沖有禮的傅教授，其實個性相當耿直，
每次我們聚會談到如何組黨時，他總是慷慨激昂，痛
陳國民黨之非。回首那一段組黨運動必須蟄伏前進而
不能大張旗鼓的灰暗歲月，傅教授的熱情，好似一線
曙光，不斷鼓舞、引領著我們[48]。

　　而傅正雖滿懷熱情，卻毫不躁進，有著成熟理性的政治
智慧[49]。如胡佛盛讚傅正「能審時度勢，對大局具有精確的判
斷力」[50]。傅正對政局研判之準，以及對蔣經國性格認識之

---

[47] 尤清，〈贊助傅正 支持民主──推薦傅老師三本文選〉，頁16。
[48] 張俊雄，〈斯人已遠──憑弔清風傲骨的一代哲人〉，「傅正先生逝世15周
年紀念文」，http://blog.yam.com/fuchen_yblog/article/6006075，擷取時間：
2006.05.09。
[49] 陳瑞崇即認為籌組民進黨時，傅正既熱情又理性。蘇瑞鏘（訪問、紀錄），
〈陳瑞崇先生訪問紀錄〉（2006.05.10，於東吳大學外STARBUCKS）。
[50] 胡佛，〈民主，民主，還是民主──傅正先生的民主理念與實踐〉，頁74。

深[51]，不少人印象深刻。例如，黃爾璇回憶傅正當時有情報知道蔣經國生病不輕，而判斷在蔣經國病中、死前組黨較不危險[52]。陳瑞崇亦曾指出：傅正晚年在醫院曾說，當時組黨時他判斷蔣經國應該不會抓人，也認為郝柏村聽話，不需擔心郝[53]。雖然如此，民進黨創黨之後，傅正仍提醒大家做好萬全準備(如為了應付國民黨抓人，共規劃了三波人選)，並積極與中介學者溝通，而能渡過創黨初期的危機，亦是傅正展現政治智慧的顯例。尤清曾詳述傅正在這過程中所扮演的重要角色，他說：

> 九月二十九日下午，民進黨創黨大會以後的第二
> 天，……大家正為突破黨禁而興高彩烈，傅正卻提醒
> 大家，要提高警覺，做萬全準備。他強調：國民黨一
> 定還在研商對策，但一切都要由蔣經國裁決，是否抓
> 人，還不能太樂觀。但人可以抓，黨不能毀，因此該
> 做抓人的準備。大家經過他點醒，才決定了應付國民
> 黨抓人的準備，總共準備了三波人選，……但為了防
> 止國民黨抓人，也是由傅正出面，將我們人可以抓、

---

[51] 陳信傑指出：「關於政局的研判，離不開對國民黨政權本質的了解，以及對蔣經國性格的認識」，而「早在1950年代初期傅正對國民黨政權的本質已有深切的體認」。陳信傑，〈民主進步黨的創黨過程：外省菁英份子所扮演的角色〉，頁119。

[52] 因為蔣經國若身體健康，會比較有精神處理；而蔣經國一旦死後，極右派(特別是特務與軍人)會抬頭。因此傅正判斷蔣經國病中、死前組黨較不危險。蘇瑞鏘(訪問、紀錄)，〈黃爾璇先生訪問紀錄〉。

[53] 蘇瑞鏘(訪問、紀錄)，〈陳瑞崇先生訪問紀錄〉。

黨不能毀的決心，透露給仲介的學者，讓國民黨明白。據傅正事後透露：創黨三天以後，十月二日，他請胡佛、楊國樞兩位教授吃飯、喝咖啡，便受到特務跟蹤。經過兩位教授向國民黨方面抗議，相關人士才坦認是跟蹤傅正[54]。

　　傅正這段透過與中介學者的溝通而化解政治危機的歷史，當時身為中介學者之一的胡佛日後也指出：「那時是民進黨能否順利成立的關鍵，因為那時我們正從事政治溝通，多少化解了政治衝突的危機。……傅先生（按：傅正）與費希平先生在那一緊要的時刻，都有很大的貢獻」[55]。凡此種種，皆可看出傅正非凡的政治智慧[56]。

　　1986年11月10日，民進黨順利召開第一屆全國黨員代表大會，終於渡過創黨初期的危機。會中通過了黨章、黨綱，在大會中，還特別強調「關於黨章黨綱尤清、黃爾璇、傅正的貢獻

<hr>

[54] 尤清，〈贊助傅正　支持民主──推薦傅老師三本文選〉，頁15-16；尤清，〈緬懷臺灣政黨政治的催生者──傅正教授〉，收入：財團法人紀念殷海光先生學術基金會（編），《其人雖已沒，千載有餘情：紀念雷震先生百歲冥誕暨傅正先生逝世五週年》，頁31-32。

[55] 胡佛，〈民主，民主，還是民主──傅正先生的民主理念與實踐〉，頁71。

[56] 張俊宏回憶民進黨成立後，傅正在中央黨部任職時，再三提醒大家：「要讓國民黨政權結束，硬碰它是不可能成功的，必須要去分解它，讓國民黨分裂，才能夠對抗它。」（張俊宏，〈民主巨星的殞落──悼念黃信介先生〉，收入：民主進步黨中央黨部黃信介紀念文集小組〔編〕，《民主老仙覺──黃信介紀念文集》〔臺北：民主進步黨中央黨部，2000〕，頁167-168。）證之日後歷史的演變，果然如此。傅正非凡的政治智慧，此又是一例。

最多，應予致意」[57]。

　　無怪乎學者顧忠華會懷疑：「如果沒有傅正先生的奔走，民進黨能否順利成立？」他說：

　　　一九八六年，傅正先生邀集黨外政治人物定期聚會，商討組黨意向，同時負責草擬重要聲明及決議文等，也因此成為民進黨創黨「十人小組」的靈魂人物。如果沒有傅正先生的奔走，民進黨能否順利成立？這類「思想實驗」的問題，永遠留給後人無限的想像空間[58]。

　　而楊順德認為傅正參與組黨貢獻很大，民進黨應追贈傅正名譽主席[59]。學者張忠棟也認為：「民主進步黨之終底於成，說他（按：指傅正）貢獻最大，絕對不算誇張，許多創黨的黨員大都承認這一事實」[60]。由以上眾人的回憶、詮釋與定位，傅正在籌組民進黨過程中的重要性可見一斑。

---

57 民主進步黨（藏），《民主進步黨第一屆全國黨員代表大會會議紀錄》。轉引自：陳信傑，〈民主進步黨的創黨過程：外省菁英份子所扮演的角色〉，頁81。
58 顧忠華，〈自由的真義──紀念傅正先生逝世十五週年〉，收入：東吳大學政治學系（編輯），《自由、民主與認同──傅正老師逝世15週年》（臺北：東吳大學政治學系，2006），頁8。
59 蘇瑞鏘（訪問），〈楊順德先生訪問紀錄〉（2006.05.01，於汐止楊宅）。
60 張忠棟，〈永遠活在眾人心中〉，收入：張忠棟，《自由主義人物》（臺北：允晨文化，1998），頁122。

第五節：戰後臺灣組黨運動史上的傅正[61]

　　現代民主政治講求公意政治、法治政治與責任政治，而公意的形成、法律的制定與責任政治的實行都必須透過政黨來實踐，因此有若干學者如布萊斯（J. Bryce）、凱爾遜（H. Kelsen）就認為，沒有政黨政治就沒有民主政治[62]。而所謂政黨政治，其首要條件是必須允許反對黨的合法存在，藉由反對黨的監督，民主制度所追求的責任政治等諸多價值才得以實現[63]。無怪乎道爾（Robert A. Dahl）會認為，合法反對黨的出現，乃是民主政治發展進程中層次最高與最重要的里程碑[64]。雷震就曾指出：「民主政治是今天普遍的要求，但沒有健全的政黨政治不會有健全的民主，沒有強大的反對黨也不會出現健全的政黨政治」[65]。從這短短數語，已清楚地說明反對黨／政黨政治／民主政治之間密切的關聯性。

　　在人權譜系中，組織政黨的權利（自由）基本上是從屬於結

---

[61] 以下關於反對黨的必要性之討論，以及臺灣從日治到戰後組黨運動的發展，主要徵引自：蘇瑞鏘，《戰後臺灣組黨運動的濫觴——「中國民主黨」組黨運動》（臺北：稻鄉出版社，2005），頁1-3。

[62] 李鴻禧，《李鴻禧憲法教室》（臺北：元照出版公司，2001），頁185-186。

[63] 吳文程，《政黨與選舉概論》（臺北：五南圖書公司，2003），頁79。

[64] Robert A. Dahl, eds., *Political Oppositions in Western Democracies*（New Haven: Yale University Press, 1966），p.xi.轉引自：吳文程，《政黨與選舉概論》，頁80。

[65] 社論（雷震），〈反對黨問題（「今日的問題」之15）〉，《自由中國》，18：4（臺北，1958.02.16），頁111。

社權的一部分。在戰後臺灣，根據「中華民國憲法」第14條「人民有集會及結社之自由」的規定，結社權理應受到保障。然而，中國國民黨當局長期以來卻是利用戒嚴相關法令、「國家總動員法」，以及「非常時期人民團體組織法」等法令，對人民的結社權進行嚴密的控制[66]，對政治結社的控制則更加嚴密，籌組反對黨幾乎成了不可能的任務。當時縱使存在民社黨與青年黨兩個「在野黨」，然國民黨以「反共宣傳費」扶助之，以充當實行「政黨政治」的門面，兩黨既沒有爭取執政權的能耐，又無法發揮監督執政黨的功能，不能算是「有效政黨」，因而常被譏為「廁所裡的花瓶」[67]。於是，在戰後長達數十年的「黨禁」下，臺灣的政治名為政黨政治，實為一黨政治。而一黨政治的弊病甚多，如前所述，現代民主政治講求公意政治、法治政治和責任政治，而在一黨政治下，公意的形成、法律的制定與責任政治的實行都無法充分實踐。

在戰後臺灣史上，不少人即為了突破「一黨政治」的格局而投身民主運動[68]，籌組反對黨則成為民主運動的主軸之一。1960年的「中國民主黨」組黨運動是一個高峰，然該「黨」的籌

---

66 詳參：薛化元、陳翠蓮、吳鯤魯、李福鐘、楊秀菁，《戰後臺灣人權史》（臺北：國家人權紀念館籌備處，2003），頁151-155。

67 黃秀政、張勝彥、吳文星，《臺灣史》（臺北：五南圖書公司，2002），頁265-266。

68 例如，1950年代後期，李萬居、郭國基、郭雨新、吳三連、李源棧、許世賢等「五龍一鳳」欲籌組「中國地方自治研究會」，即為顯例。詳參：蘇瑞鏘，〈臺灣（臨時）省議會「五龍一鳳」對結社權的態度——以「中國地方自治研究會」為中心〉，收入：臺灣省諮議會（編輯），《「深化臺灣民主、促進地方建設」學術研討會會議論文集》（臺中：臺灣省諮議會，2004），頁51-58。

組失敗後又再經過26年（1986年）才成功組成第一個反對黨（民
進黨）。回顧這段漫長的組黨路，傅正是極少數參與中國民主
黨與民主進步黨的重要人物。韋政通曾指出：

> 就作為一個學者的角色，傅正不及殷海光；在臺灣民主
> 運動史上的地位，也趕不上雷震。但傅正卻是臺灣戰
> 後兩次反對黨……組黨的靈魂人物。這在臺灣爭民主、
> 爭自由的歷史上，是獨一無二的。兩次組黨，時間相隔
> 二十六年，他那剛勇不屈、無怨無悔、自始至終為臺灣
> 民主獻身的精神，絕對可與殷、雷二氏同其不朽[69]。

尤清亦指出：

> 面對國民黨的一黨專政，相信民主的知識份子，知道理
> 該組織反對黨的人太多，膽敢實際組織反對黨的人太
> 少；膽敢在組黨坐牢以後還敢再一次組織反對黨的人更
> 少之又少，而傅老師正是屬於少之又少的唯一例外[70]。

張世忠甚至認為：傅正兩次組黨的紀錄，乃「海峽兩岸第
一人」，因為中國至今尚無反對黨[71]。

---

[69] 韋政通，〈通向失望的階梯——敬悼為臺灣民主奉獻一生的傅正先生〉，收
入：宋英（等），《傅正先生紀念集》（臺北：桂冠圖書公司，1991），頁
66。
[70] 尤清，〈贊助傅正 支持民主——推薦傅老師三本文選〉，頁11。
[71] 蘇瑞鏘（訪問、紀錄），〈張世忠先生訪問紀錄〉（2006.06.05，於海基會經貿

　　在參與兩次組黨的過程中，傅正雖非檯面上的人物，卻是關鍵性的人物[72]。特別是傳承組黨經驗，更是傅正在戰後臺灣組黨運動史上所扮演的重要角色[73]。學者任育德指出：當雷震、齊世英、郭雨新、高玉樹、吳三連等「中國民主黨」時期的反對人士，在逐漸淡出時代舞臺及政壇之後，「位居雷震下一世代的傅正實際投入組黨活動，並且將其組黨經驗，傳承給更晚一輩的反對人士，表現了身為『民主薪傳人』之重要意義。這是今日觀察臺灣從蔣氏父子威權統治到民主及政黨政治的歷史進程中，回首傅正這一歷史人物時，不能輕易忽視的」[74]。

　　而就周清玉看來，對臺灣民主陣營來說，傅正不僅傳承組黨經驗，也將他所經驗到的中國政治文化，讓對此頗為陌生的「本省」籍民主人士能夠了解[75]，這可以說是另類的「經驗」傳承。

　　此外，在戰後臺灣政治制度民主化（尤其在組黨運動的面向）的貢獻上，學者邱垂亮對傅正有著極高（甚至超越胡適）的評價，他說：

處）。

[72] 蘇瑞鏘（訪問、紀錄），〈周清玉女士訪問紀錄〉（2007.07.14，於彰化市寓所）。

[73] 姚嘉文在為傅正作歷史定位時，即強調傅正作為兩次組黨經驗傳承者的角色。蘇瑞鏘（訪問、紀錄），〈姚嘉文先生訪問紀錄〉。

[74] 任育德，〈身為當代史作者的傅正〉，《當代》，229（臺北，2006.09.01），頁69。

[75] 蘇瑞鏘（訪問、紀錄），〈周清玉女士訪問紀錄〉（2007.07.14，於彰化市寓所）。

我認為他（按：指傅正）……很早就顯示了政治制度民主化落實實踐的組織、運作認知和能力。他的民主思想和理論基礎，簡單明瞭、確實可行，受胡適、雷震、殷海光影響，但較近雷震的經驗實踐主義。因此，在一定層次上，他比胡適、殷海光的書生論政、形而上學，要有實際意義、作用多了。尤其胡適後來……無法有力支持制度民主化的民主黨組黨運動。……我認為，對臺灣的制度民主化的貢獻，他比胡適大。我這個定語下得一點也不含糊，一點也不遲疑[76]。

黃昭弘說：「如果由反對運動的角度來看臺灣四十多年來的政治發展，誰能不承認傅老師是國寶級的重要人物？」[77]

陳宏正則認為：「傅老師是臺灣民主政治（即反對黨政治）的先驅者，他組黨視死如歸的勇氣永遠是臺灣的偉大先驅」[78]。

由此可見，傅正參與兩次戰後重要的組黨運動，並扮演經驗傳承的角色，在戰後組黨運動史上，實有不可忽視的歷史地位。

---

[76] 邱垂亮，〈民主本平凡──我認識的傅正〉，收入：宋英（等），《傅正先生紀念集》，頁59、63。

[77] 黃昭弘，〈悼念傅正老師〉，收入：宋英（等）：《傅正先生紀念集》，頁120。

[78] 蘇瑞鏘，〈陳宏正先生訪問紀錄〉（2007.07.04，通信訪問）。

圖7-1：
傅正民進黨黨證。資料來源：中央研究院近代史研究所檔案館（藏），「雷震・傅正檔案」，臺北：中央研究院近代史研究所檔案館。

圖7-2：
18人工作委員會成員（前排右一為傅正）。資料來源：宋英（等），《傅正先生紀念集》（臺北：桂冠圖書公司，1991），正文前相片。

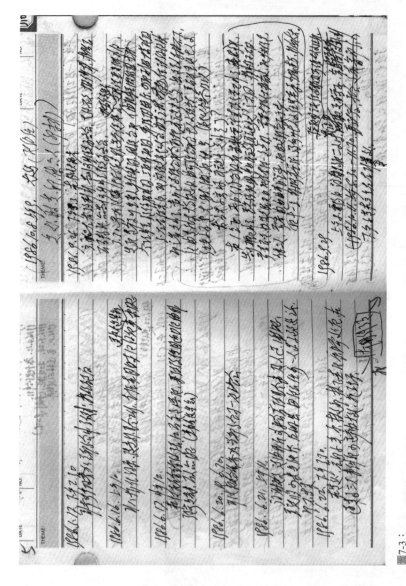

圖7-3：
傅正所記民進黨籌議記錄片段。資料來源：中央研究院近代史研究所檔案館（藏），「雷震、傅正檔案」，臺北：中央研究院近代史研究所檔案館。

| 第八章 |

最後五年[1]

　　民進黨籌組成功之後，傅正仍繼續為爭取民主人權而奉獻心力，直到油盡燈枯、而於1991年5月10日因癌症病逝於孫逸仙治癌醫院為止。本章將討論傅正最後將近五年（1986-1991）的生命中，幾件比較重要的作為，包括：擔任民進黨黨職、鼓吹開放「外省」人返鄉探親、回到江蘇老家省親、參與平反雷震案、主編《雷震全集》，以及競選立法委員等等。此外，也要探討傅正從生病到過世期間的重要遺願，以及近年來各項紀念他的活動。

第一節：擔任民主進步黨黨職

　　1986年民進黨成立後，傅正擔任過第1屆中央執行委員（1986.11.12-1987.11.11）、第2屆中央執行委員（1987.11.12-1988.11.11）[2]，政策研究中心主任（1986-1989）（圖8-1）

---

[1] 本章部分內容乃以下列拙著中的一部分作為基礎，進一步發展而成，除非必要，以下不再贅述。詳參：蘇瑞鏘，〈傅正傳〉，《國史館館刊》，復刊39（臺北，2005.12），頁281-284。

[2] 民主進步黨第一屆與第二屆中執委名單，民主進步黨網站：http://203.73.100.107/

（圖8-2），以及顧問（1989-1991）等職[3]。除擔任黨職外，也參與若干政治團體，如臺灣人公共事務會（FAPA）即聘他為顧問（圖8-3）。

在任職民進黨期間，姚嘉文（民進黨第2任黨主席）指出：傅正是前輩，又非常勤快，大家都很尊敬他。雖非中常委，但開會時大家很尊重他的意見[4]。

另外，據說每次開會，傅正必準時出席，且有聞必錄，雅號太史公[5]。學者任育德指出：從傅正獲得「太史公」的稱號，「即顯示他之重視一手史料」。又說：「傅正明顯迥異於某些涉入時事者，千方百計欲消滅（不利自己的）證據／或只留下有利證據，求得自己的好名聲之行徑」[6]。

另外，創黨初期之若干重要聲明、決議文、對外宣言，多出自傅正手筆[7]（圖8-4）。除前述〈高舉黨外的民主旗幟前

history/files/literature/2081.3623_04000900e0W0000.xls；http://203.73.100.107/history/files/literature/2079.3538_05000900e0W0000.xls。擷取時間：2007.03.26。

[3] 傅正在第1-3屆黨主席（江鵬堅、姚嘉文、黃信介，1986-1989）任內擔任政策研究中心主任，他雖非中常委，卻是唯一以主任身份列席中常會者（就當時民進黨的決策機制而言，中央黨部的單位主管是不能參加中常會）。第4屆黨主席（黃信介，1989-1991）任內擔任顧問，也是唯一列席中常會的顧問，一直參與黨的決策核心。蘇瑞鏘（訪問、紀錄），〈陳信傑先生訪問紀錄〉（2006.04.24，於臺北市衡陽路居仁餐廳）。

[4] 蘇瑞鏘（訪問、紀錄），〈姚嘉文先生訪問紀錄〉（2007.07.08，於彰化市南北管音樂戲曲館）。

[5] 傅正先生治喪委員會，〈傅正先生事略〉，收入：宋英（等），《傅正先生紀念集》（臺北：桂冠圖書公司，1991），頁9。

[6] 任育德，〈身為當代史作者的傅正〉，《當代》，229（臺北，2006.09.01），頁72。

[7] 傅正先生治喪委員會，〈傅正先生事略〉，頁9。

進——一篇未對外發表的民進黨創黨宣言〉，還包括〈民主進步黨聲明〉（1986.10.11）、〈民主進步黨聲明〉（1986.11.06）、〈民主進步黨聲明〉（1986.11.29）、〈民主進步黨給全國同胞的公開信〉（1986.12.01）、〈誓為民主進步的新時代而奮鬥——民主進步黨第一屆全國黨員代表大會第一次臨時大會宣言〉、〈「六一二」示威活動衝突事件的說明——民主進步黨給全國同胞的公開信〉、〈民主進步黨第二次全國黨員代表大會宣言〉（1987.11.10）、〈為一個民主進步的新時代催生——民進黨機關報「民進報」發刊詞〉、〈誓為維護憲政體制而抗爭——民進黨機關報「民進報」創刊號社論〉、〈對蔣經國逝世緊急聲明——民主進步黨臨時中常會於1988年1月13日深夜發表〉，以及〈「人民有主張臺灣獨立的自由」黨綱座談會說明〉等等[8]。

　　1987年，傅正擔任民進黨「返鄉省親運動方案」的審核人[9]，也出任研擬大陸政策專案小組的成員[10]。1988年以政策研究中心主任的身分，主辦過「人民有主張臺灣獨立的自由」要不要列入黨綱的黨員分區座談會以及問卷調查[11]。1989年研擬

---

[8] 傅正，《傅正文選（3）：為中國民主黨・民主進步黨戰鬥》（臺北：傅正自印，1989），頁171-223。

[9] 「臺灣史上不倒的民主人」（按：1989年傅正競選立委傳單），收入：中央研究院近代史研究所檔案館（藏），「雷震・傅正檔案」，臺北：中央研究院近代史研究所檔案館。

[10] 宋朝欽、何榮幸、張瑞昌，《民進黨執政之路》（臺北：風雲論壇社，1993），頁184。

[11] 傅正，〈「人民有主張臺灣獨立的自由」黨綱座談會說明〉，《民進黨周報（革新版）》，4（臺北，1988.04.02-08），頁26-27。姚嘉文表示：在這過程中，傅正用心很多，用學者客觀的立場聆聽許多意見，對之後民進黨制定「四一七決議文」很有幫助。蘇瑞鏘（訪問、紀錄），〈姚嘉文先生訪問紀錄〉

「民主進步黨現階段中國大陸政策草案」,草案如下:

一、本黨現階段大陸政策之最高指導方針,係建立於
　　本黨「基本綱領」所宣示之自決原則、人道精神、
　　平等立場、和平方式四大基礎之上。
二、本黨現階段大陸政策之基本主張:(略)
三、本黨現階段大陸政策之具體策略,在堅守二全臨代
　　會之決議:「如果國共片面和談、如果國民黨出賣
　　臺灣人民利益、如果中共統一臺灣、如果國民黨不
　　實施真正的民主憲政,則民進黨主張獨立」[12]。

　　在該草案的研擬過程中,時任中央黨部秘書長的張俊宏
指出:傅正堅持在臺灣具有獨立的國際主權前提下,提出各項
具體主張[13]。

　　1990年3月18日,臺灣爆發「三月學運」,學運人士提出解
散國民大會、廢除臨時條款、召開國是會議,以及訂定政經
改革時間表等4大訴求。其中有關召開國是會議的提議,得到
李登輝總統的重視。3月21日國民黨的中常會正式通過黨主席
李登輝所提召開國是會議的提議,正式揭開1990年代臺灣憲
政改革的序幕。4月9日,民進黨決定參加國是會議籌備會。6

(2007.07.08,於彰化市南北管音樂戲曲館)。

[12] 傅正,〈民主進步黨現階段中國大陸政策草案〉,收入:中央研究院近代史
　　研究所檔案館(藏),「雷震‧傅正檔案」。

[13] 張俊宏,〈族群和海峽對立的融解者〉,《中國時報》,1991年6月7日。

月28日，國是會議在臺北圓山大飯店正式舉行[14]，傅正即是代表之一（圖8-5），並在國是會議憲政分組代表民進黨作協商結論[15]。在這過程中，傅正態度頗為積極，如1990年6月8日，傅正寫信給他當年就讀臺大政治系的老師彭明敏，期盼彭能回國參加國是會議，信中指出：

> 我們所共同追求的，是臺灣的民主改革，而國民黨被迫召開的國是會議，是一個最新的契機，從事民主運動的反對派，都該切實掌握這個機會，不能錯失。……而且，無論就臺灣內部或臺海兩岸的政局觀察，從現在起的三、五年內，都會有急速而深遠的變化，實在是歷史的緊要關頭。……你一定要回來[16]（圖8-6）。

這段期間，傅正也積極參與研議〈民主大憲章〉，該憲章完成後也成為民進黨在國是會議中的憲政主張。1990年4月，民進黨成立「憲政研究小組」，該小組當時由黨主席黃信介擔任名譽召集人、政策研究中心主任黃煌雄擔任召集人，成員包括呂秀蓮、傅正、張俊宏、蘇貞昌、謝長廷、江鵬堅、尤清、張俊雄、康寧祥、陳水扁等人。該小組於4月21日起首度召開

會議，其後開會8次，6月初完成〈民主大憲章〉草案初稿，6月9日該黨中常會決議要「藉參加國是會議推動民主大憲章」，同時要求舉行擴大會議，於是在6月16-17日在新店楓橋舉行擴大會議，參與者達二十餘人，最後達成共識，6月20日該黨中常會順利通過「民主大憲章草案為本黨提出於國是會議之現階段憲政主張」[17]。

從《民主大憲章實錄》一書中可以看出，從小組會議到擴大會議，傅正全都參加，且發言頗為踴躍，內容更見深度。要了解傅正晚年對民主憲政的深刻思考，不能錯過他在〈民主大憲章〉研議過程中的相關討論。

此外，1990年9月民進黨成立「憲改會議籌備會工作小組」，成員共計7人，傅正亦是成員之一[18]。由此皆可看出，傅正在民進黨創黨初期參與研議憲政議題的重要角色。

第二節：鼓吹開放「外省」人返鄉探親

作家朱天心在〈想我眷村的兄弟們〉裡寫道：「清明節的時

---

[17] 許陽明（主編），《民主大憲章實錄》（臺北：民主進步黨中央黨部，1991），頁302、325。關於「民主大憲章」的討論過程與歷史意義，可另參：黃煌雄，《戰略：臺灣向前行》（臺北：前衛出版社，1995），頁86-88、100-102；陳儀深，〈臺灣制憲運動的回顧〉，http://advocates.tomeet.biz/wooooa/front/bin/ptdetail.phtml?Part=seminar02&PreView=1，擷取時間：2007.04.10；呂秀蓮，〈由民主大憲章到催生新憲法〉，http://www5.www.gov.tw/PUBLIC/view.php3?id=39808&main=GOVNEWS&sub=49，擷取時間：2007.04.10。

[18] 宋朝欽、何榮幸、張瑞昌，《民進黨執政之路》，頁200。

候，他們並無墳可上」[19]，這是1949年前後來臺「外省」人集體焦慮的寫照。早在1987年4月5日清明節，來臺已近40年的傅正，悲憤地寫下〈抗議不准返鄉省親的不人道政策〉一文，文中即痛訴：「到目前為止，我連父母的墳墓究竟在那裡都不知道。一年又一年的清明節，眼看著別人給親人上墳，但我卻無墳可上！」接著質問並抗議國民黨政權限制外省人返鄉探親的不人道政策：

> 一個一手斷送整個中國大陸的國民黨政府，既然自己始終只能空喊反攻，而且越來越渺茫乃至全無希望，憑甚麼還不准苦等了將近三十八年的大陸同胞返鄉探親？
>
> 一個一直還以所謂法統自居的國民黨政府，既然自認為是中國的唯一合法政府，仍舊代表全中國，又憑甚麼不准大陸同胞回到也是中國大陸上的故鄉去？
>
> 一個常常攻擊中共是實行「暴政」的國民黨政府，既然自稱是實行人道主義的「仁政」，注重中國的倫理，特別是孝道，更憑甚麼不准大陸同胞回去看看自己的親人？
>
> 所以，我要抗議！我要堅決抗議！我不僅要為自己抗議！而且要為千千萬萬在臺灣的大陸同胞抗議[20]。

---

[19] 朱天心，〈想我眷村的兄弟們〉，收入：朱天心，《想我眷村的兄弟們》（臺北：麥田出版社，1992），頁78。

[20] 傅正，〈抗議不准返鄉省親的不人道政策〉，《遠望》（臺北，1987.05），轉引自：傅正，《傅正文選（1）：對一黨專政開火》（臺北：傅正自印，

在1980年代晚期外省人返鄉探親運動的發展過程中，傅正曾扮演重要的角色（圖8-7）。1987年2月，傅正在民進黨內參與推動「返鄉省親運動」[21]。3月20日，民進黨中常會決議發起「返鄉省親運動」[22]。3月28日，民進黨在臺北市幸安國小舉辦第一波「自由返鄉運動說明會」，要求政府開放大陸探親，並積極爭取滯留大陸及海外鄉親回臺省親的權利[23]。

此外，傅正也積極支援1987年3月成立的「外省人返鄉探親促進會」[24]，並在全臺各地發表8次演講[25]。 4月12日即在臺北市金華國中抨擊國民黨限制外省人返鄉探親之不人道，前述〈抗議不准返鄉省親的不人道政策〉一文乃其演講稿[26]。據其世新弟子楊順德口述，他在金華女中演講過程中，講到人家有

1989），頁79-82。

[21] 「臺灣史上不倒的民主人」（按：1989年競選立委傳單），收入：中央研究院近代史研究所檔案館（藏），「雷震・傅正檔案」。

[22] 李永熾（監督），薛化元（編輯），《臺灣歷史年表：終戰篇（III）》（臺北：業強出版社，1992），頁267。

[23] 張富忠、邱萬興（編著），《綠色年代──臺灣民主運動25年（上冊）1975-1987》（臺北：印刻出版公司，2005），頁315。該活動過程，詳參：楊祖珺，《玫瑰盛開──楊祖珺十五年來時路》（臺北：時報出版公司，1992），頁161-162。

[24] 傅正在「外省人返鄉探親促進會」中的角色，可參：楊祖珺，《玫瑰盛開──楊祖珺十五年來時路》，頁156-169；姜思章，〈從流離到團圓──一個大陸來臺老兵的親身經歷〉，資料來源：南方電子報，http://www.esouth.org/modules/wordpress/?p=16，擷取時間：2007.06.28。

[25] 傅正，〈請支持我為民主而戰！──寫在「開火」、「挑戰」、「戰鬥」三本文選前面〉，收入：傅正，《傅正文選（1）：對一黨專政開火》，頁22。

[26] 傅正，〈請支持我為民主而戰！──寫在「開火」、「挑戰」、「戰鬥」三本文選前面〉，頁22。

墓可掃、我們無墓可掃時，臺下一群老兵不斷啜泣[27]。另外，傅正也邀請陶百川等多位自由派學者擔任該會顧問，乃至為該會撰寫文稿[28]。例如，9月20日，傅正在〈回家的時候到了！——外省人返鄉探親促進會聲明〉一文中高呼：「想家，是最原始的人性！回家，更是最起碼的人權！」並要求：「我們要回家，我們要求能立刻回家！」他主張：

> 第一，政府應該明確宣布，承認所有人民返鄉探親的合法性，任何限制人民返鄉探親的行政規章，包括國安法施行細則在內，一概無效。
>
> 第二，在成千上萬的軍、公人員中，真正能接觸到所謂政府機密的，只是絕少數，也不該一律剝奪返鄉探親的權利，只需要限制真能接觸政府機密的高層軍、政首長及情治人員。
>
> 第三，對於很多渴望返鄉探親的老兵，一生中最寶貴的青春乃至生命已在軍營中消磨的退伍老兵，現在如果只是因為缺少盤纏而不能成行，顯然是十分不人道的事。因此，我們呼籲民間團體及企業界人士給予支援外，我們相信政府實在有責任與義務給予金錢上的補助[29]。

---

[27] 蘇瑞鏘（訪問），〈楊順德先生訪問紀錄〉（2006.05.01，於汐止楊宅）。

[28] 傅正，〈請支持我為民主而戰！——寫在「開火」、「挑戰」、「戰鬥」三本文選前面〉，頁22。該會文宣主要由傅正與王曉波負責，見楊祖珺，《玫瑰盛開——楊祖珺十五年來時路》，頁163。

[29] 傅正，〈回家的時候到了——外省人返鄉探親促進會聲明〉，收入：傅正，

　　5天後（1987年9月25日），行政院長俞國華在立法院正式宣布，政府已準備開放赴中國大陸探親[30]。

　　1988年1月17日，「外省人返鄉探親團」成為政府開放第一個返鄉探親的團體，傅正還親赴桃園機場送行[31]。該年7月，傅正也回到闊別近40年的故鄉。

第三節：首次返鄉

　　傅正曾在一篇抗議當局不准返鄉省親的文章中，談到當年因躲避國共內戰而離鄉數十年的悲劇：

> 當時不僅父母健在，而且都還只是中年。在父親送我
> 上小民船去蕪湖再轉往南京的時候，無論如何也沒有
> 想到：一別竟成永訣！而且，在父親臨終時，居然不
> 知道我這個做兒子的生死存亡，而我這個做兒子的，
> 竟然又要等到將近二十年以後才知道父親早已不在人
> 間！……直到中共的文化大革命悲劇結束以後，隨著
> 政策的轉變，雖然家中與我輾轉取得了聯繫，特別是
> 老母知道我還活在這個世界上而感到安慰，但就在四
> 年前，當我知道年過八十的老母病情沉重，只希望在
> 臨終前看到我這個三十多年沒有見面的兒子最後一

《傅正文選（1）：對一黨專政開火》，頁83。

[30] 李永熾（監督），薛化元（編輯），《臺灣歷史年表：終戰篇（III）》，頁294。

[31] 張富忠、邱萬興（編著），《綠色年代──臺灣民主運動25年（上冊）1975-1987》，頁257。

面，……結果，我們母子兩人，就如同活在兩個不同的世界上，連最後一面的機會都無法得到[32]！

離開家鄉後，每當過年過節，傅正多會在日記中寫到故鄉親人種種。例如：1954年9月10日中秋節前夕，他在日記中寫道：

> 晚上想到六年前的今晚，我和母親在門邊閒談，記得圓圓的月亮也和今晚一樣，看著月，想到分別正是整整六年的母親，我真有說不盡的依念。半夜人靜的時候，我獨自搬著一張椅子清坐看月，我呆呆的兩眼直盯著月亮而目不轉珠，又吟詩以遣。
> 中秋節感：
> 一輪皓月又當空
> 萬里江山畫圖中
> 怎奈干戈浩劫後
> 人間天上不相同[33]。

又如：1957年，傅正在日記中寫道：「江南江南，我幾時才能回到江南？」[34]對家鄉種種充滿思念之情。

---

[32] 傅正，〈抗議不准返鄉省親的不人道政策〉，《遠望》（臺北，1987.05），轉引自：傅正，《傅正文選（1）：對一黨專政開火》，頁80。

[33] 傅正，「傅正日記」（1954.09.10），收入：中央研究院近代史研究所檔案館（藏），「雷震‧傅正檔案」。

[34] 傅正，「傅正日記」（1957.03.13）。

直到1980年，傅正才與家鄉親人聯絡上[35]。之後，傅正與家人有密集的書信往返（圖8-8），此時才知父親與妻子皆已過世。

傅正的悲劇還不僅止於此，也是在與其弟通信後，才知他有一對雙胞胎女兒（後來有一位夭折）[36]。他的女兒傅順寫給他的信中指出：「我還未出世您就離開了我們，母親蘭英我剛滿週歲的時候就改嫁他人」[37]。而傅正寫給女兒的信中也感慨地指出：

> 生長在我們這個悲劇的時代，尤其是悲劇的中國，個人的悲劇雖然是難免的，但像妳這樣悲慘遭遇的，畢竟還是很少。妳現在雖然是三十五歲的人了，但卻從沒有見過父親，甚至在妳三十歲以前，父親既不知道有妳這個女兒，而妳也不知道父親的生死存亡。而妳的母親，卻在妳一歲左右離開了妳，並同時帶走了妳的雙胞胎妹妹。從小就等於是一個無父無母的孤兒，

---

[35] 1980年4月20日，他弟弟傅山河（珊和）託友人轉交的信件中提到：「骨肉同胞，懷念甚切，盼望能早日找到親哥的下落，……我們不相見至今時隔三十餘年，他離家時父母雙全，目前父（廷鴻）病故近九年，嫂嫂（蘭英）也已去世近數年，母已是高齡八十歲的人了。」（傅山河，〈請轉交給我兄中梅〉〔1980.04.20〕，收入：中央研究院近代史研究所檔案館〔藏〕，「雷震·傅正檔案」。）然而，日後傅山河接受筆者訪問時卻表示：傅正是在1980年8月透過親戚轉信回家鄉，雙方才聯絡上。蘇瑞鏘（訪問、紀錄），〈傅山河先生訪問紀錄（1）〉（2007.06.19，電話訪問）。

[36] 蘇瑞鏘（訪問、紀錄），〈傅山河先生訪問紀錄（1）〉。

[37] 傅順，致傅正函（1982.03.24），收入：中央研究院近代史研究所檔案館（藏），「雷震·傅正檔案」。

只有全靠爺爺、奶奶，以及叔叔的照顧[38]。

1983年6月8日傅正母親去世[39]，他來不及見母親最後一面。直到1988年7月，傅正才回到闊別40年的故鄉[40]（圖8-9）。

然而，正當傅正首次回到故鄉省親之時，卻傳出雷震回憶錄被焚的消息。聽到消息後，傅正爲平反雷案而終止探親。從7月21日抵家、到7月27日離開，傅正在江蘇老家只停留一個禮拜[41]，這趟返鄉之行前後只離開臺灣13天即又趕回。此後，傅正再也沒有機會踏上中國，這也成了他此生第一次、也是最後一次的返鄉探親。

第四節：參與平反雷震案

1988年4月8日，傅正向監察院陳情，「請求徹查最高法院駁回本人涉嫌叛亂交付感化案」[42]。4月14日，時任監察委員的雷震夫人宋英，也要求監察院平反雷震案[43]。4月15日，康

---

[38] 傅正，致傅順函（1985.11.09），收入：中央研究院近代史研究所檔案館（藏），「雷震・傅正檔案」。

[39] 傅山河，致傅正函（1983.06.08），收入：中央研究院近代史研究所檔案館（藏），「雷震・傅正檔案」。

[40] 過程詳參：傅正，「傅正日記」（1988.07.18-1988.07.31），收入：中央研究院近代史研究所檔案館（藏），「雷震・傅正檔案」。

[41] 傅山河，致蘇瑞鏘函（2007.07.10）；蘇瑞鏘（訪問、紀錄），〈傅山河先生訪問紀錄（1）〉。

[42] 陳情書收入：傅正，《傅正文選（3）：爲中國民主黨・民主進步黨戰鬥》，頁291-295。

[43] 相關史料詳見：傅正，《傅正文選（3）：爲中國民主黨・民主進步黨戰

寧祥等13名立法委員向行政院提出質詢，要求「從速徹底平反雷震案」。這篇質詢稿是由傅正執筆，主要論點包括：1.政府必須正視雷震案的政治意義。2.雷震案的罪名是蓄意製造出來的。3.雷震案的未偵審先定罪的手法是非法的。4.雷震案由警備總司令部偵審是非法的。5.雷震案的偵審過程也是非法的。6.平反雷震案除了還給個人清白外，還代表我們的政治與制度具有反省能力[44]。4月29日，「1960雷震案後援會」成立，積極為平反雷震案奔走[45]。

此時監察院已指派謝崑山委員負責調查，並索回雷震在獄中所寫的回憶錄。於是謝崑山在7月21日赴國防部及新店軍人監獄調查，軍人監獄卻聲稱已將回憶錄焚毀。該回憶錄史料價值極高，乃近代中國與臺灣相當珍貴的憲政史、政黨史與政治史料，當它遭當局焚毀的消息傳出，輿論譁然，引起有識之士的撻伐。7月22日，宋英委託謝長廷、陳水扁、周弘憲等3位律師，準備針對雷震回憶錄焚毀案提出訴狀。8月8日，國防部軍法局長吳松長少將、新店監獄監獄長王祿生上校被監察院彈劾。1994年立法委員陳水扁質詢相關政治案件時，國防部長孫震回答指稱：雷震等案資料已銷毀。2001年2月26日，陳水扁總統接見雷德寧、雷德全、宋文明、馬之驌等人，表示願意

鬥》，頁297-304。

[44] 傅正（執筆），〈本院康委員寧祥等十三人，為請從速澈底平反雷震案，以刷清政府於民主憲政史上留下之重大污點，特向行政院提出質詢〉，《立法院公報》，77：31（臺北，1988.04.16），頁76；傅正，《傅正文選（3）：為中國民主黨‧民主進步黨戰鬥》，頁305-317。

[45] 傅正，〈我們決心為雷震案共同奮鬥──雷震案後援會聲明〉，收入：傅正，《傅正文選（3）：為中國民主黨‧民主進步黨戰鬥》，頁323-325。

協尋雷震獄中回憶錄等資料。2月27日，國防部成立「雷震先生現存資料調查小組」。 5月18日，陳水扁總統出席由國防部所召開的「故雷震先生現存資料記者說明會」。 6月8日，國防部將「故雷震先生現存資料」移轉至國史館典藏，定名為《雷震檔案》。2002年8月，該館並陸續出版一系列《雷震案史料彙編》，證明當年雷震案遭政治力介入。2004年12月9日，該案並獲總統府人權諮詢委員會評選為「戒嚴時期十大代表性政治冤案」之一[46]。

1988年在平反雷震案的相關活動中，舉凡監察院陳情書、立法院質詢稿、雷震案後援會聲明稿，以及雷震案後援會抗議書等等，多出自傅正之手[47]。特別是雷震回憶錄被焚一事傳出之日，正是傅正首次回到故鄉、踏進家門之時。聽到焚書的消息後，傅正「只有忍痛終止探親，趕回臺灣」[48]，繼續為平

---

[46] 詳參：馬之驌，《雷震與蔣介石》（臺北：自立晚報社，1993），頁430-438；傅正，《傅正文選（3）：為中國民主黨‧民主進步黨戰鬥》（臺北：傅正自印，1989），頁291-359；傅正，〈雷震《回憶錄》的歷史意義〉，《當代》，29（臺北，1988.09.01），頁74-78；陳世宏，〈《雷震案史料彙編》導論〉，收入：陳世宏、張世瑛、許瑞浩、薛月順（編），《雷震案史料彙編：黃杰警總日記選輯》（臺北：國史館，2003），頁5-8；范正祥（報導），〈戒嚴時期舊政府製造十大政治冤案〉，《自由時報》，2004年12月9日；蘇瑞鏘，《戰後臺灣組黨運動的濫觴──「中國民主黨」組黨運動》（臺北：稻鄉出版社，2005），頁255-256；國史館，「民主的雷聲，人權的鬥士──雷震」網站：http://www.drnh.gov.tw/www/page/C/ray/main3-1.htm，擷取時間：2007.07.29。

[47] 詳參：傅正，《傅正文選（3）：為中國民主黨‧民主進步黨戰鬥》，頁291-325。

[48] 傅正，〈傅正「誓為平反雷震案奮鬥到底」〉，收入：傅正，《傅正文選（3）：為中國民主黨‧民主進步黨戰鬥》，頁332。

反雷案奮鬥(圖8-10)。傅正對平反雷案用心之深、用情之重，由此可見一斑。無怪乎傅正過世後，宋英會稱傅正是「跟我們像一家人的患難朋友」[49]。

第五節：主編《雷震全集》

因有感於雷震回憶錄被焚，歷史真相恐將成灰，於是在雷震夫人宋英的請託與陳宏正等友人的幫助下，傅正開始主編《雷震全集》(圖8-11)。1989年至1990年間，由桂冠圖書公司陸續出版，共計43冊。

1989年出版時，宋英在《雷震全集》的開頭寫了一篇〈雷震蓋棺十年可論定！——寫在「雷震全集」前面〉，對該全集的出版因緣，有詳細的說明：

> 去年，就在監察院決定依法追回(按：雷震在獄中所撰寫的回憶錄)時，居然又傳出軍人監獄臨時所謂燒毀的消息。現在，除了對於回憶錄的所謂燒毀繼續依法追究責任外，只有加速全力出版雷震全集。
>
> 遠在儆寰還關在臺北縣新店安坑國防部軍人監獄的時候，便希望出版他的文集，出獄以後，為了彌補獄中所撰回憶錄受到非法搶佔的缺憾，又重寫回憶錄。但畢竟年事太高，精力不濟，也就難免比較零亂。在他

---

[49] 宋英，〈宋英——悼念傅正先生〉，收入：宋英(等)，《傅正先生紀念集》，頁12。

去世以後，我邀請夏道平、宋文明、傅正三位先生商
量的結果，決定煩勞跟他同時編輯《自由中國》和組織
中國民主黨的傅正先生，利用每年的暑假，將他的一
切文稿，包括日記、回憶錄、專著在內，一點一滴的
整理出來。最近又承蒙一位十分熱愛雷先生的朋友熱
心奔走，全力接洽適當的出版社，終於承蒙桂冠圖書
公司賴先生的大力支持，才使得雷震全集能在他逝世
十週年時開始陸續出版[50]。

傅正則在《雷震全集》最後一冊書末寫了〈我願表示最高
的歉意並請給予最大的寬恕──寫在「雷震全集」編後〉一文，
談到他主編《雷震全集》的因緣和心路歷程：

就在雷先生在民國六十八年三月去世後，……我便利用
暑假乃至寒假的幾乎所有假期，一件又一件的整理雷先
生的遺稿。但遺稿太多，除一部份已經發表過的比較容
易整理外，出獄後所撰，都相當零亂，而且很多是未完
篇。至於三十年來的私藏書信，來自各種不同的手筆，

<hr>

[50] 宋英，〈雷震蓋棺十年可論定！──寫在「雷震全集」前面〉，收入：傅正（主
編），《雷震全集（1）──雷震與我（1）》（臺北：桂冠圖書公司，1989），
頁ii-iii。這一位「十分熱愛雷先生的朋友」指的是陳宏正（傅正，〈我願表示
最高的歉意並請給予最大的寬恕──寫在「雷震全集」編後〉，收入：傅正
〔主編〕，《雷震全集（47）──雷震日記（1975年-1977年）：最後十年（3）》
〔臺北：桂冠圖書公司，1990〕，頁216-217）。陳宏正指出，當時他的角
色主要是介紹出版社出版。蘇瑞鏘（訪問、紀錄），〈陳宏正先生訪問紀錄〉
（2007.07.04，通信訪問）。

而三十年來的日記常是在匆忙中所記，字跡十分潦草，
都不得不先一封又一封、一本又一本的抄寫出來。……
（直到1986年民進黨成立後）雷先生遺留下來的千萬字以上
的文稿，如何徹底整理完稿，以及如何出版，仍舊是我
必須了結的願望。

經過雷夫人宋英委員兩次邀請夏道平、宋文明兩先生和
我三人商量的結果，決定在民國七十八年三月七日雷先
生逝世十周年時，以先設法籌款出版雷先生在《自由中
國》半月刊已經發表的文稿以及秘藏書信為原則，並在
必要時出版邀請相關人士所寫的紀念集。我只有按照計
劃加緊整理……。

後來，到了民國七十七年九月，承蒙陳宏正先生的熱心
奔走洽商，獲得桂冠圖書公司負責人賴阿勝先生的大力
贊助，終於決定由該公司出版，但包括雷先生的全部文
稿，即使是我們原沒有計劃在內的大約整整三十年日記
也不例外。因此，我除掉要徹底整理文稿以外，又得請
人抄寫沒有抄寫的出獄後幾年的日記，直到去年（按：
1989年）初終於從軍監索回雷先生的十年獄中日記後，又
得請人抄寫，……。而日記的校註，我仍不得不逐字逐
句親自動筆，需要的時間和精力，遠超出我的預估很多
倍。……尤其是，去年底又接受尤清的懇邀，在臺北縣
參加增額立委的競選，也就忙上加忙。……結果，雖然
在競選期間有時還得抽空校註雷先生的日記[51]。

---

[51] 傅正，〈我願表示最高的歉意並請給予最大的寬恕——寫在「雷震全集」編

　　有關這43冊的《雷震全集》，各冊的書名和出版年份，茲
表列於下：

表8-1：《雷震全集》各冊書名及出版資料一覽表

冊次	書名	出版年（初版一刷）
1	雷震與我（1）	1989
2	雷震與我（2）	1989
3	雷震風波：雷案始末（1）	1989
4	雷震風波：雷案始末（2）	1989
5	雷震風波：雷案始末（3）	1989
6	雷震風波：雷案震驚海內外	1990
7	（缺，原訂書名為《雷案平反記》）*	
8	雷震回憶錄：我的母親	1989
9	雷震回憶錄：我的學生時代（1）	1989
10	雷震回憶錄：我的學生時代（2）	1989
11	雷震回憶錄：雷案回憶（1）	1989
12	雷震回憶錄：雷案回憶（2）	1989
13	雷震文選：雷震與自由中國	1989
14	雷震文選：雷震與政黨政治	1989
15	雷震文選：雷震與民主憲政（1）	1989
16	雷震文選：雷震與民主憲政（2）	1989
17	雷震文選：雷震與自由人權	1989
18	雷震文選：雷震與抗日救國	1990
19	雷震文選：雷震與政治反攻（1）	1989
20	雷震文選：雷震與政治反攻（2）	1989
21	雷震專論集：輿論與民主政治	1989
22	雷震專論集：監察院之將來	1990
23	雷震專論集：制憲述要	1989
24	（缺，原訂書名為《中華民國制憲史》（一））**	
25	（缺，原訂書名為《中華民國制憲史》（二））	
26	（缺，原訂書名為《中華民國制憲史》（三））	
27	雷震特稿：給蔣氏父子的建議與抗議	1990

後），頁211-219。傅正也找他的學生陳信傑等人幫忙整理。蘇瑞鏘（訪問、
紀錄），〈陳信傑先生訪問紀錄〉。

28	雷震特稿：與王雲五的筆墨官司	1990
29	雷震書信集：獄中家書	1989
30	雷震書信集：雷震秘藏書信選	1990
31	雷震日記（1948年-1949年）：第一個10年（1）	1989
32	雷震日記（1950年）：第一個10年（2）	1989
33	雷震日記（1951年）：第一個10年（3）	1989
34	雷震日記（1952年）：第一個10年（4）	1989
35	雷震日記（1953年-1954年）：第一個10年（5）	1990
36	雷震日記（1961年）：獄中十年（1）	1989
37	雷震日記（1962年）：獄中十年（2）	1989
38	雷震日記（1955年-1956年）：第一個10年（6）	1990
39	雷震日記（1957年-1958年）：第一個10年（7）	1990
40	雷震日記（1959年-1960年）：第一個10年（8）	1990
41	雷震日記（1963年-1964年）：獄中十年（3）	1990
42	雷震日記（1965年-1966年）：獄中十年（4）	1990
43	雷震日記（1967年-1968年）：獄中十年（5）	1990
44	雷震日記（1969年-1970年）：獄中十年（6）	1990
45	雷震日記（1971年-1972年）：最後十年（1）	1990
46	雷震日記（1973年-1974年）：最後十年（2）	1990
47	雷震日記（1975年-1977年）：最後十年（3）	1990

※資料來源：傅正（主編），《雷震全集》，臺北：桂冠圖書公司，1989-1990。

* 傅正，〈我願表示最高的歉意並請給予最大的寬恕──寫在「雷震全集」編後〉，頁218。

** 傅正，〈我願表示最高的歉意並請給予最大的寬恕──寫在「雷震全集」編後〉，頁218。

　　而傅正在編輯《雷震全集》的同時，也為之撰寫多篇序文與編輯說明，茲列表如下：

表8-2：《雷震全集》中傅正所撰序文及編輯說明一覽表

雷震全集分冊書名	傅正序文／編輯說明
雷震與我	〈雷震比活人更活──寫在《雷震與我》前面〉；〈《雷震與我》的編輯說明〉
雷震風波	〈請從速徹底平反雷震案（代序）──立法委員康寧祥等十三人的質詢〉；〈寫在前面的幾句簡單的話〉
雷震回憶錄：我的學生時代	〈是歷史，也是鏡子！──寫在《我的學生時代》前面〉

雷震回憶錄：雷案回憶	〈《雷案回憶》補注說明〉
雷震文選：雷震與自由中國	〈疾雷破山風震海！——寫在《雷震文選》前面〉
雷震文選：雷震與政黨政治	〈我爲什麼兩次參加組黨？——代序〉
雷震文選：雷震與民主憲政	〈取消一黨專政！——代序〉
雷震文選：雷震與自由人權	〈國家要把人當人——代序〉
雷震專論集：輿論與民主政治	〈《輿論與民主政治》重印本說明〉
雷震特稿：給蔣氏父子的建議與抗議	〈「給蔣氏父子的建議與抗議」的編輯說明〉
雷震特稿：與王雲五的筆墨官司	〈「與王雲五的筆墨官司」的說明〉
雷震書信集：獄中家書	〈家書何止抵萬金？——寫在雷震《獄中家書》之前〉；〈雷震《獄中家書》說明〉
雷震書信集：雷震秘藏書信選	〈爲歷史作證！——介紹「雷震秘藏書信選」〉；〈「雷震秘藏書信選」的編輯說明〉
雷震日記：第一個10年	〈雷震從國民黨到中國民主黨之路——介紹雷震，「雷震日記」「第一個十年」〉；〈雷震，「雷震日記」的編輯說明〉
雷震日記：獄中十年	〈關於雷震「獄中日記」——代序〉
雷震日記：最後十年	〈「春蠶到死絲方盡！」——介紹雷震，「雷震日記」「最後十年」〉
雷震日記：最後十年	〈我願表示最高的歉意並請給予最大的寬恕——寫在「雷震全集」編後〉

※資料來源：傅正（主編），《雷震全集》，臺北：桂冠圖書公司，1989-1990。

　　必須指出的是，傅正在編輯《雷震全集》的同時，除撰寫多篇序文與編輯說明外，也留下詳盡的註解。不僅直接保存雷震一生重要的著作、日記與書信，也間接保存傅正個人重要的歷史見證與觀點，是研究雷震與傅正極爲關鍵的史料。對於傅正編輯並註解《雷震全集》的意義，學者任育德亦曾分析指出：

　　　　傅正透過雷震爲民主憲政之言論、日記、書信，舖陳雷震的歷史定位，同時在編輯過程中撰寫腳註、序言、後記，無意之間也舖陳出他的看法與回憶；閱讀雷震書信、日記的心得，形成與雷震書寫內容的對話。……敏

　　銳的讀者閱讀《雷震全集》之同時，會在「存真」的雷震
身影之外，閱讀到了傅正的觀點及身影[52]。

　　值得注意的是，傅正不僅用文字來闡述雷震的精神，也
用具體行動來發揚雷震的精神──就在主編《雷震全集》的同
時，傅正也投入了立法委員的選舉。

第六節：競選立法委員

　　1989年底，臺灣同時舉行縣市長與立法委員的選舉。尤
清代表民進黨出馬競選臺北縣長，特別懇請傅正參選臺北縣立
法委員（圖8-12、13、14、15）。尤清指出：

> 最主要的一點，實在就是肯定他和敬重他四十年來為民
> 主奮鬥的精神和貢獻。我始終認為：具有他這種特殊政
> 治歷史和政治背景的外省人，假使能經由普選的正常程
> 序進入立法院，對於臺灣的民主，具有特殊意義[53]。

---

[52] 任育德，〈身為當代史作者的傅正〉，頁73。

[53] 尤清，〈贊助傅正，支持民主──推荐傅老師的三本文選〉，收入：傅正，
《傅正文選（1）：對一黨專政開火》，頁17。林朝億認為：傅正參選是
想幫尤清拉「外省」票。蘇瑞鏘（訪問、紀錄），〈林朝億先生訪問紀錄〉
（2006.05.15，於臺北林宅）。張世忠也認為：以傅正「外省」籍及政治犯的
身分，在第一屆立委未改選的情形下，若能透過民主普選的程序當選，對
推展民主政治的意義非凡。蘇瑞鏘（訪問、紀錄），〈張世忠先生訪問紀錄〉
（2006.06.05，於海基會經貿處）。

除尤清的力邀，胡佛與陳宏正等友人的支持[54]，也都是他決定投入選舉的原因。

傅正個人則表示：「尤清競選縣長，以臺北縣人口之多，國民黨黨政軍全面干涉之深，對臺灣民主運動之前途影響極大」，因此「慨然應邀，以立委候選人身分全力護持，務求尤清當選」[55]。當時傅正寫過一篇文章，比較完整地交代他參選立委的心路歷程：

> 我在臺灣為民主已經奮鬥了四十年，現在又已年逾花甲，假使臺灣真已民主，我本可過一種清靜、恬淡、而又有規律的讀書、教書生活。但是，眼見臺灣的政局又面臨新的轉捩點，甚至由於若干兩極化的現象造成某種潛在危機，我基於愛臺灣的一貫態度，以及愛民主的一貫原則，……（決定）重登民主戰場，競選立法委員[56]。

可見對傅正來說，他之所以投入選舉，不僅有促進民主的意義，背後亦有試圖緩和「若干兩極化的現象造成某種潛在危機」的用心。由於傅正晚年對統獨與省籍的糾葛頗感憂

54 傅正，〈請支持我為民主而戰！──寫在「開火」、「挑戰」、「戰鬥」三本文選前面〉，收入：傅正，《傅正文選（1）：對一黨專政開火》，頁25。陳宏正鼓勵傅正參選立委的理由，主要是認為傅正以「外省」人、反對黨催生者參選，有其意義。蘇瑞鏘（訪問、紀錄），〈陳宏正先生訪問紀錄〉。
55 傅正先生治喪委員會，〈傅正先生事略〉，頁9。
56 傅正：〈請支持我為民主而戰！──寫在「開火」、「挑戰」、「戰鬥」三本文選前面〉，頁25。

心[57]，此處「若干兩極化的現象造成某種潛在危機」應特別指統獨與省籍問題。因此，在參選過程中，可以看出他特別用心去化解統獨與「省籍」等兩極化的「潛在危機」。例如，他的弟子梁學渡回憶每場競選開頭傅正幾乎都會說：「今天我來發表政見，先要跟大家說聲對不起，因為我講的不是北京話，也不是臺灣話，而是我媽媽的話。如果聽不懂，要向各位說聲對不起、對不起、對不起（三鞠躬）」[58]，他另一位學生林朝億也有同樣的回憶[59]。又如，他為了籌募競選立委的基金而出版3冊的《傅正文選》[60]，在自序的開頭即感性地寫道：「臺灣雖只是我的第二故鄉，但臺灣與我關係之深，卻遠超過我的第一故鄉。所以，我愛臺灣，十分關心臺灣」[61]。

不過，雖然他有心緩和「若干兩極化的現象」，但在參選過程中卻仍無法避免遭受到「某種潛在危機」的威脅。例如：1989年11月19日，幫他開宣傳車的老兵孔大發遭暴力份子攻擊，當場血流如注[62]。11月28日下午，傅正接受記者訪問時，

---

[57] 詳參本書第9章第2節。

[58] 蘇瑞鏘（訪問、紀錄），〈梁學渡先生訪問紀錄〉（2006.05.08，於臺北市集智館）。

[59] 林朝億也指出傅正選舉演講時會說：「各位鄉親各位父老，我是傅正，對不起我不會說你們的臺灣話，不過我說的不是國語，而是江蘇話」，下面就會鼓掌。蘇瑞鏘（訪問、紀錄），〈林朝億先生訪問紀錄〉。

[60] 為了籌募競選基金，1989年傅正自行出版《對一黨專政開火》、《向蔣家父子挑戰》，以及《為中國民主黨・民主進步黨戰鬥》等3冊《傅正文選》，保留他一生重要的歷史文獻，也為臺灣民主發展留下重要的歷史見證。

[61] 傅正，〈請支持我為民主而戰──寫在「開火」、「挑戰」、「戰鬥」三本文選前面〉，頁21。

[62] 報導，〈又見暴力流血　老兵助選員受傷　傅正籲治安單位勿再等閒視之〉，

忽然有一重物擊中宣傳車的玻璃，傅正以毫釐之差，倖免於難[63]。另外，11月27日有人去函傅正，批評他參加「臺獨暴力叛國黨」[64]；11月30日也有人去函傅正，指責民進黨「搞臺獨像土匪般」，並批評傅正「認賊作父」，要他「退出民進黨」[65]。不過，傅正顯然並不畏懼這些「潛在危機」，而參選到最後。

傅正決定參選後，提出許多競選政見，清楚交代他的動機、目標、使命、主張與保證：

一、我的最初動機：愛臺灣，愛臺灣這塊土地上的每一位住民，不管是本省人或外省人。

二、我的最高目標：突破臺灣四十年來政治上老化、僵化、惡化的最嚴重困境，全力推動臺灣的真民主、真進步。

三、我的最大使命：傳遞雷震以「自由中國」半月刊為據點而為臺灣點燃的民主聖火，照亮立法院，帶給臺灣新希望。

四、我的最新主張：

（一）做揭發蔣家王朝反民主罪行最權威的活見證。

（二）做摧毀郝柏村為中心的軍事統治最勇猛的急

《民眾日報》，1989.11.21。

[63] 傅正戰報8號（1989.11.29），收入：中央研究院近代史研究所檔案館（藏），「雷震・傅正檔案」。

[64] 余正天（署名），致傅正函，收入：中央研究院近代史研究所檔案館（藏），「雷震・傅正檔案」。

[65] 楊遠東（署名），致傅正函，收入：中央研究院近代史研究所檔案館（藏），「雷震・傅正檔案」。

先鋒。

（三）做逼迫死不下臺的老代表下臺最有力的發言人。

（四）做剷除反民主帶來的省籍後遺症最有療效的好醫生。

（五）做促進眷村、榮家與老兵福利最有資格的代言人。

（六）做改善環境品質與社會風氣最有道德形象的代議士。

（七）做維護學術研究自由、爭取教師待遇、及推動校園民主最有經驗的民意代表。

（八）做爭取婦女、勞工、農民、老人、殘障、暨無住屋等一切弱勢族群與團體的權益最強而有力的人道鬥士。

五、我的最後保證：以我四十年來始終為臺灣民主而犧牲奮鬥的清白歷史保證，且以連續兩次感化在火燒島也燒不死的政治犯精神保證，更以為突破黨禁而在臺灣唯一跨越兩次組黨活動的歷史性紀錄保證，誓為誠心誠意為民主的民意代表，全力落實民主政治是民意政治的原則，一切以民意為依歸，制定人民所需要的法律，代表人民監督行政院，為人民看緊政府荷包而嚴防浪費納稅人的錢[66]。

---

[66] 傅正，〈增額立法委員選舉臺灣省臺北縣候選人政見稿〉（1989.10.30），收入：中央研究院近代史研究所檔案館（藏），「雷震‧傅正檔案」。

其中，在他的競選文宣「傅正能，老賊爲何不能？」裡，對「萬年國會」中的「老賊」批判甚力：

> 我們的萬年國會早已是民主之恥，貽笑國際！老賊位尊無功，俸厚無勞，國民黨則沆瀣一氣，彼此利用，使這些不經選民考驗的老賊成了忠貞的「表決部隊」，專為國民黨一黨的利益護航，眼中只有黨、沒有人民，因為人民奈他無何，老賊怎會把民意放在眼裡呢？尤有甚者，在舉國人民一致聲討譴責下，老賊卻仍戀棧權位，抵死不退，尚以「法統」、「大陸省份代表」為藉口，而不顧及憲政大義及民主「責任政治」的真諦，囂張若此！
>
> 傅老師出馬競選，就是要讓老賊們知道：即使是外省第一代，仍然要在人民的支持下進入國會，傅正即使年逾六十，仍得站到臺前，接受選民的考驗！傅正若能當選，他將會在立法院為這些老賊好好上一課，告訴他們：什麼是民主！什麼是責任政治！請北縣縣民支持傅正，讓傅正能至立院中痛斥老賊：「我來了，你們可以滾蛋了！」[67]

其實，早在1987年12月25日，民進黨發動國會全面改選

---

[67] 傅正戰報5號（1989.11.24），收入：中央研究院近代史研究所檔案館（藏），「雷震·傅正檔案」。

示威遊行[68]，此一政策的形成，傅正即參與其中[69]。1989年參選立委，傅正痛批「萬年國會」中的「老賊」，實有其脈絡的延續性。特別值得一提的是，當年《自由中國》對中央民意代表的改選問題，「先是未處理，其後雖然注意到，卻相對的不重視」[70]。相較之下，此時傅正已明顯超越《自由中國》的格局。

1989年12月2日選舉投票，尤清順利當選臺北縣長，傅正立委選舉卻高票落選。張世忠分析：傅正的敗選，黨籍與「省籍」因素都有。此外，基層黨員對傅正的認識度不高，也是原因之一[71]。黃怡也認為：傅正選不上立委，一方面與黨籍有關（因為新店選民多支持國民黨），另一方面則與「省籍」有關[72]。林朝億亦指出：傅正想幫尤清拉「外省」人的票，但「外省」人不大會投給民進黨[73]。顯然傅正的落選，一定程度可被解讀為統獨與「省籍」等「潛在危機」發酵的結果。

傅正參選立委失利，據說不但花光積蓄，還為此負債。而且為了選舉，身心都受到很大的衝擊。黃怡認為：傅正若沒參與選舉，應可活更久[74]。一年半後傅正即罹癌過世，不能說

---

[68] 李永熾（監督），薛化元（編輯），《臺灣歷史年表：終戰篇（III）》（臺北：業強出版社，1992），頁308。

[69] 蘇瑞鏘（訪問、紀錄），〈陳信傑先生訪問紀錄〉。

[70] 薛化元，《《自由中國》與民主憲政——1950年代臺灣思想史的一個考察》（臺北：稻鄉出版社，1996），頁391。

[71] 蘇瑞鏘（訪問、紀錄），〈張世忠先生訪問紀錄〉。

[72] 蘇瑞鏘（訪問、紀錄），〈黃怡女士訪問紀錄〉（2006.05.21，於臺北市Lamour烘培坊）

[73] 蘇瑞鏘（訪問、紀錄），〈林朝億先生訪問紀錄〉。

[74] 蘇瑞鏘（訪問、紀錄），〈黃怡女士訪問紀錄〉

完全與此無關。

第七節：病逝

1990年年末傅正被證實罹癌，直到1991年年中過世，前後只有半年時間。本節將討論傅正未竟之志，也要討論日後人們對他的紀念。

一、罹患癌症

1990年8月24日，傅正寫到他主編《雷震全集》的心路歷程時，提到他在1989年已發現罹患胃病：

> （主編《雷震全集》）需要的時間和精力，遠超出我的預估很多倍。……唯一的辦法，只有將睡眠時間一再縮短，大約有一年多的時間，我每天的睡眠，很少到三小時。……（到了1989年4月）才突然發現多年以來，我最有彈性的胃，可早可晚，可多可少，乃至可冷可熱、可酸可辣的胃，終於出現無法消化的毛病，而且直到今天還沒有治好[75]。

1990年11月7日，醫生初步診斷大腸癌，11月8日進臺大醫院複檢，12月5日開刀，證實罹患胃癌，並已擴散，12月

---

[75] 傅正，〈我願表示最高的歉意並請給予最大的寬恕——寫在「雷震全集」編後〉，頁217。

17日出院。1991年1月3日再住入臺大醫院，7日起進行化學治療[76]。這段期間，傅正多位學生輪流照顧他，而這些日子訪客不斷，學界與政界人士絡繹不絕[77]（圖8-16）（圖8-17）。

此時傅正仍念念不忘身體若能康復，想撰寫雷震及自己完整的傳記、中國民主黨與民主進步黨組黨的歷史[78]，以及蔣氏父子在臺灣等著作[79]，然終究未能如願。

二、逝世

1991年5月10日晚8時22分，傅正病逝於仁愛醫院內孫逸仙治療中心801病房[80]，享年65歲（1927-1991）（圖8-18）。

傅正臨終前留有遺言，收錄在宋英等人合著的《傅正先生紀念集》中[81]，但並不完整。其弟子黃卓權等人當時曾整理出一份完整版的〈傅正臨終留言〉（未刊），在這篇〈傅正臨終留言〉下面並附了一篇〈「傅正臨終留言」校錄小啓〉，黃卓權清楚交待這篇臨終留言的整理過程，且做了（註1～註4）共4個註釋來說明。茲將這篇完整版的〈傅正臨終留言〉與黃卓權的校錄小啓全文附錄於下[82]：

---

[76] 黃卓權（編），〈傅正先生大事年表〉（黃卓權提供，未刊稿）。

[77] 詳參：傅正病間記事(1)-(3)，收入：中央研究院近代史研究所檔案館（藏），「雷震・傅正檔案」。

[78] 陳正茂，〈民國人物小傳──傅正〉，《傳記文學》，81：5（臺北，2002.11），頁146。

[79] 蘇瑞鏘（訪問、紀錄），〈陳信傑先生訪問紀錄〉。

[80] 黃卓權（編），〈傅正先生大事年表〉。

[81] 〈傅正先生臨終遺言〉，收入：宋英（等），《傅正先生紀念集》，頁43-44。

[82] 這篇完整版的〈傅正臨終留言〉與小啓全文均由黃卓權所提供。

以下爲〈傅正臨終留言〉完整版全文：

傅正臨終留言（註1）

生逢戰亂，親歷抗戰，尤其國共大內戰悲劇，而堅信和平民主之可貴。

自一九五〇年五月由海南島撤退來臺不久，即獻身民主運動。一九六〇年九月，雖因追隨雷震先生組黨而下獄，乃至受盡政治犯少有之精神虐待與迫害，然對和平民主之信念迄未動搖。一九八六年（註2）七月三日晚，目擊黨外精英單打獨鬥，深恐終將落入各個擊破之敗局，乃不得不挺身而出，邀集組黨十人小組，創立民主進步黨。

民主進步黨創黨五年以來，固與創黨理想有重大差距，尤其真正之政黨政治尚未落實，然鑒於臺灣內部政情與兩岸關係之重大變局，原以為老一代外省人如我者，非僅在臺灣反對派有特殊歷史淵源，且在民主進步黨有特定身分並扮演特定角色（註3），對臺灣省籍問題、統獨問題及兩岸關係之促進（註4），應當可稍盡棉薄。不意天不假年，奈何！奈何！

然臨終之前，回顧六十餘年我所寄跡之世界，四十年前我所生長之中國大陸，以及四十年來除因返鄉探親離開十三日，而從未離開一步之臺灣，我仍無法忘懷，而期望走後臺灣、中國、世界，能真正落實和平民主，以和平民主救臺灣，以和平民主救中國，以和平民主救

世界。不分地域、宗教、性別、種族,共同為永久和平與真正民主而努力。

以下為〈「傅正臨終留言」校錄小啓〉全文:

「傅正臨終留言」校錄小啟

　　傅正先生因病情惡化,自知不久人世以後,便悄悄的在病房裡利用「臺北縣工業會便條」,親自草擬了一份四五〇字左右的臨終留言,並以兩頁二五〇格的稿紙,親筆整理了二五八個字共十三行不到,便可能因為病後虛弱,體力不支而暫時擱置,不料竟從此病勢急轉,再也無法把這份臨終留言親自整理完成。

　　先生去世後,隨侍的東吳、世新弟子,在衣櫃裡找到了這份珍貴的遺物,都迫切希望能根據便條上草擬的遺稿,把他不及謄抄整理的部分加以補全,以完成恩師的遺願並予公開。但因先生的遺稿是以他個人獨樹一格的草體字寫成,辨識不易,我有幸曾經追隨先生三年之久,斗膽自承重任,但願目前這份整理完成的「傅正臨終留言」,能與恩師的本意相合。

　　校錄時,發現幾個問題,必須在此作一補充說明。

註1:這是根據遺稿原題補錄,先生整理時並未抄錄,是否另有更改之意,無法知悉。

註2:先生在遺稿內以及抄錄整理時,都寫作「一九七六年」,但根據「傅正文選3」第三部分的第一篇文章「高舉黨外的民主旗幟前進——

一篇沒有對外發表的創黨宣言」，文末「傅正註」的說明，實應爲
「一九八六年」之筆誤，所以逕行更正。

註3：以上部份爲先生自行整理抄錄者，有些文字在抄錄時，已略作修
訂。以下部分，則是根據先生的遺稿逐字校錄而成。

註4：以上十九個字，後面的十八個字爲先生所添加，但未明確標出正確
位置，只能根據文意，擅自添入一個「對」字，置於此處。

弟子　卓權　謹啓
1991.5.30 凌晨二點　於板橋靈堂（吳碧寬提供）

　　細讀這篇〈臨終留言〉，除可看到傅正對和平、民主始終
一貫的深切期盼，也可看到他晚年相當關切「臺灣省籍問題、
統獨問題及兩岸關係」。而其眼界不僅只有臺灣與中國，也展
現世界主義的襟懷[83]。

　　1971年5月10日凌晨，傅正曾爲世新的社團刊物寫過一篇
〈幾句臨別贈言——寫給世新畢業班全體同學〉，在這篇長達數
千字的長文裡，他寫下了這麼一段話：

　　一個真正具有生命價值的人，活著的時候，對於世俗
社會的得失、榮辱、利害，都不會放在眼裡，乃至於
對天下的一切王冠、珠寶、榮銜，都能當作糞土看
待；當生命結束的時候，縱然沒有一個花圈，沒有一
付輓聯，沒有一個人流淚，乃至沒有一個人收屍，也
絕不會計較。所以，要想做一個真正具有生命價值的

---

[83] 早在1950年代，傅正就說過：「人類的生活範圍，還只能止於這個地球（世
界）的時候，人類的最終境界應該是世界主義，而不是國家主義。」傅正，
〈國家主義與世界主義（下）〉，頁13。

人，需要在社會上忍受各種不同的痛苦，但也正因能忍受痛苦，才能顯示生命價值的偉大[84]。

　　整整20年後（1991年）的5月10日，傅正結束了他的一生。6月8日上午9時，在臺北市民權東路第一殯儀館景行廳舉行告別式（圖8-19）（圖8-20），之後葬於南港自由墓園[85]（圖8-21），從此與同葬在自由墓園中的雷震、殷海光等人常相左右。與〈幾句臨別贈言〉內容不同的是，「民進黨為他在臺北市立殯儀館景行廳舉辦了盛大的告別式，四周擺滿了花圈，掛滿了輓聯，許多人替他流淚，許多學生替他執紼，送他走過生命中最後的一程」[86]！

〔附錄〕紀念活動（1991-2006）

　　傅正去世十幾年來，學界與政界舉辦過不少紀念活動，茲依時序介紹如下：

（一）民進黨舉辦「傅正先生紀念晚會」（1991年6月9日，馬偕醫院）

　　1991年6月9日，民進黨中央黨部於下午7時30分在中山北

---

[84] 傅中梅，〈幾句臨別贈言——寫給世新畢業班全體同學〉，《青年人》，6（臺北：世界新聞專科學校，1971.06），頁9。按：本文由黃卓權所提供。

[85] 黃卓權（編），〈傅正先生大事年表〉。

[86] 黃卓權，〈永遠懷念的傅中梅老師〉，「傅正先生逝世15周年紀念文」，http://blog.yam.com/fuchen_yblog/article/6004126，擷取時間：2006.05.15。

路馬偕醫院9樓大禮堂舉辦「傅正先生紀念晚會」[87]。晚會由黃煌雄主持，節目單如下：

表8-3：1991年6月9日民進黨舉辦「傅正先生紀念晚會」節目單一覽表

1	幻燈片
2	主持人致詞
3	黃信介致詞
4	胡佛：傅正先生的民主理念與實踐
5	啄木鳥室內樂團：1.西湖春2.丟丟銅
6	張忠棟：從蔣經國之路到雷震之路
7	陳明章：1.唐山過臺灣2.紅目達仔
8	張元隆：學生心目中的傅老師
9	朱約信：1.太湖船(江蘇民謠)2.花蕊
10	賀德芬：對傅正先生晚年的追憶
11	邱晨：1.祭歌2.天生硬頸
12	江鵬堅：傅正與民進黨的創建
13	邱垂貞：1.蕃薯不怕落土爛2.追求自由的歌聲
14	張俊宏：族群和海峽對立的融解者

※資料來源：黃卓權提供（2006年8月24日）。

（二）桂冠圖書公司出版《傅正先生紀念集》（1991年11月）

1991年傅正過世後，該年11月桂冠圖書公司出版了宋英等人合著的《傅正先生紀念集》，依序包括下列26篇文章：

表8-4：桂冠圖書公司出版《傅正先生紀念集》篇目一覽表

作者	文章
李敏勇	我們用綠色旗幟覆蓋你
傅正先生治喪委員會	傅正先生事略

---

[87] 民進黨中央黨部（主辦），「傅正先生紀念晚會」（節目單），由黃卓權所提供。

宋英	老天太不公平了──悼念傅正先生
黃信介	終生爲民主奮鬥而不悔──追念傅正先生
張忠棟	永遠活在衆人心中
賀德芬	典型在夙昔，來者猶可追
張俊宏	族群和海峽對立的融解者
夏道平	悼念傅正──民主運動的獻身者
黃爾璇	憶念與傅正先生共事的一段雪泥鴻爪
翁初美	我想念我的老師──傅正先生
（傅正）	傅正先生臨終遺言
林毓生	敬悼民主運動先驅者──傅正先生
宋文明	可歌可泣的民主運動者
邱垂亮	民主本平凡──我認識的傅正
韋政通	通向失望的階梯──敬悼爲臺灣民主奉獻一生的傅正先生
胡佛	民主、民主、還是民主──傅正先生的民主理念與實踐
朱伴耘	三感代三牲──悼傅正先生
唐德剛	歷史對他太不公平──敬悼傅正先生
司馬文武	他的心中祇有民主，沒有統獨──悼傅正
翁松燃	紀念傅正
黃怡	市場邊的哲學家──憶傅正
王美琇	他已經莊嚴地走入臺灣歷史
陳菊	讓我心送一程
黃昭弘	悼念 傅正老師
徐振國	敬悼傅正老師──一位堅韌寬和的當代自由主義者
報導	林義雄的省籍觀與六輕論──指出互相瞭解才能化解省籍隔閡 建不建六輕由全民票決（按：本文爲附錄，原載於《自立早報》，1991年6月8日）
報導	探視傅正，兩人數度擁抱（按：本文爲附錄，原載於《自立早報》，1991年6月8日）

※資料來源：宋英（等），《傅正先生紀念集》，臺北：桂冠圖書公司，1991。

這些撰稿者，有早年《自由中國》社的同仁，有世新、東吳的同事與學生，有晚年民進黨的同志，也有學術界的人士。他們彼此間的政治立場（特別在今天）或許不盡相同，然對於傅正的民主貢獻卻有識一同。

（三）臺北縣立文化中心舉辦「民主先生傅正先生紀念演講

會」（1992年5月9日、16日）

1992年5月9日及16日，臺北縣立文化中心舉辦「民主先生傅正先生紀念演講會」，9日邀請東吳大學政治系教授游盈隆主講「傅正與臺灣民主化」，16日邀請東吳大學政治系教授徐振國主講「從『自由中國』與臺灣民主化談傅正先生」[88]（圖8-22）。

（四）紀念殷海光先生學術基金會舉辦「傅正先生逝世三週年紀念暨專題演講會」（1994年5月）

1994年，適逢傅正逝世3週年，財團法人紀念殷海光先生學術基金會於該年5月12日舉辦了一場「傅正先生逝世三週年紀念暨專題演講會」，邀請陳芳明、陳永興、宋文明、尤清、瞿海源等人與會[89]（圖8-23）。

（五）紀念殷海光先生學術基金會舉辦「其人雖已沒，千載有餘情：紀念雷震先生百歲冥誕暨傅正先生逝世五週年」研討會並出版紀念文集（1996年7月）

1996年，適逢雷震百歲冥誕暨傅正逝世5週年，財團法人紀念殷海光先生學術基金會於該年7月7日舉辦了一場「其人雖已沒，千載有餘情：紀念雷震先生百歲冥誕暨傅正先生逝世五週年」紀念研討會，並編印一本紀念文集[90]。其中，悼念傅正

---

[88] 臺北縣立文化中心，「民主先生傅正先生紀念演講會」（請柬），黃卓權提供。

[89] 紀念殷海光先生學術基金會舉辦「傅正先生逝世3週年紀念暨專題演講會」活動相片，程積寬所提供。

[90] 財團法人紀念殷海光先生學術基金會（編），《其人雖已沒，千載有餘情：紀念雷震先生百歲冥誕暨傅正先生逝世五週年》，臺北：財團法人紀念殷海光先生學術基金會，1996。

的文章計有：尤清，〈緬懷臺灣政黨政治的催生者——傅正先生〉、周清玉，〈懷念傅正老師〉，以及陳菊，〈用生命實踐理想的人——懷念傅正老師〉等等（圖8-24）（圖8-25）。

（六）民進黨舉辦傅正逝世**10**週年紀念會（2001年5月9日）

2001年5月9日下午，民進黨在臺大校友會館舉辦傅正逝世10週年紀念會。總統陳水扁、總統府秘書長游錫堃、前民進黨主席林義雄、總統府資政姚嘉文、民進黨秘書長吳乃仁、民進黨大老張俊宏、新竹市長蔡仁堅、研考會主委林嘉誠，以及國史館館長張炎憲等人出席紀念會[91]。

陳總統在參加該紀念會的致詞時，推崇傅正為民主奮鬥獻身的精神，「奠定他在本土民主運動的先驅地位」以及「成為臺灣民主開花結果的推手」[92]。此外，陳總統也表示：在國家完成政黨輪替的民主歷程之後，重新緬懷傅正一生的行誼，更覺意義深遠，繼續堅持民主自由就是對傅正最好的悼念[93]（圖8-26）。

（七）民進黨舉辦傅正先生影像展（2006年5月1日-31日）

2006年5月1日-2006年5月31日，民進黨中央黨部舉辦傅正

[91] 陳盈盈（報導），〈總統出席傅正逝世紀念會緬懷行誼〉，http://news.sina.com.tw/sinaNews/rtn/twPolitics/2001/0509/3298988.html，擷取時間：2002.01.31。

[92] 中央社電，〈陳總統推崇傅正為臺灣民主自由付出的貢獻〉，http://news.sina.com.tw/sinaNews/rtn/twPolitics/2001/0509/3298704.html，擷取時間：2002.01.31。

[93] 孫仲達，〈陳總統參加傅正逝世十週年紀念會〉，文建會國家文化資料庫：http://nrch.cca.gov.tw/ccahome/photo/photo_meta.jsp?xml_id=0000518990&collectionname=2000%E5%B9%B4%E7%B8%BD%E7%B5%B1%E5%A4%A7%E9%81%B8，擷取時間：2007.03.31。

先生生命影像展，並製作傅正紀念部落格[94]，該部落格還依序
收錄下列10篇紀念文[95]：

表8-5：傅正部落格紀念文一覽表

作者	文章
游錫堃	以民主自由為我們的最高認同：紀念傅正逝世十五週年
謝長廷	帶領臺灣走向自由民主進步之路的旗手
張俊雄	斯人已遠——憑弔清風傲骨的一代哲人
周清玉	傅老師——真正實在之民主老師
陳　菊	把失落的價值尋回來，把偏離的路線修正回來
游盈隆	懷念傅正
顧忠華	自由的真義——紀念傅正先生逝世十五週年
陳瑞崇	傅正老師活得比人更活
張世忠	永遠懷念的民主鬥士
黃卓權	永遠懷念的傅中梅老師

※資料來源：傅正部落格，http://blog.yam.com/fuchen/，擷取時間：2006.05.10。

（八）東吳大學政治學系舉辦「自由、民主與認同：傅正老
師逝世十五週年紀念座談會」並出版文集（2006年5月10日）

　　2006年5月10日，傅正逝世15周年紀念日當天，東吳大學
政治學系舉辦了一場「自由、民主與認同：傅正老師逝世十五
週年紀念座談會」，由該系主任黃秀端主持，會中並邀請黃
默、顧忠華、黃昭弘，以及蘇瑞鏘等人擔任與談人，也編了
一本《自由、民主與認同——傅正老師逝世15週年紀念座談會》

---

[94] 廖繼銘（報導），〈創黨元老傅正逝世15周年　民進黨舉行追思會〉，《自立晚
報》，2006年5月10日。
[95] 詳閱：傅正紀念部落格，http://blog.yam.com/fuchen/，擷取時間：
2006.05.10。

的文集[96]，依序包括：陳瑞崇，〈教我如何不想他〉；顧忠華，〈自由的眞義——紀念傅正先生逝世十五週年〉；黃昭弘，〈悼念　傅正老師〉；蘇瑞鏘，〈超越黨籍、省籍與國籍——傅正參與戰後臺灣民主運動的三個超越〉；徐振國，〈亦儒亦俠的民主鬥士——傅正〉，以及黃榮源，〈憶我的人生導師——傅中梅〉等6篇文章（圖8-27）。

（九）民進黨舉辦傅正先生逝世15周年追思活動（2006年5月10日）

爲紀念傅正逝世15周年，民進黨也於2006年5月10日舉行傅正追思會。民進黨舉行中常會時，全體出席人員默哀一分鐘追思傅正[97]。

此外，黨主席游錫堃亦率領當年10人創黨小組成員之一的尤清、周清玉、陳菊等人赴南港墓園憑弔，並朗讀李敏勇的詩：〈我們用綠色旗幟覆蓋你〉。民進黨表示：「傅正是創黨十人小組之一，他以一介書生，參與民主運動，歷經過兩次籌組反對黨的過程，更是民主進步黨主要催生者。因此在臺灣自由主義的系譜中，他是有風骨的知識份子，更是行動的思想家」[98]。游錫堃亦在報章發表專文：〈民主自由　我們的最高認

---

[96] 東吳大學政治學系（編），《自由、民主與認同——傅正老師逝世15週年紀念座談會》，臺北：東吳大學政治學系，2006。

[97] 中央社（報導），〈民進黨中常會追思創黨元老傅正〉（2006.05.10），http://news.yam.com/cna/politics/200605/20060510646016.htm，擷取時間：2006.05.10。

[98] 蘇永耀（報導），〈游錫堃率創黨成員　憑弔傅正逝世15週年紀念日〉，《自由時報》，2006年5月11日；中央社（報導），〈追思與懷念〉（2006.05.10），http://news.yam.com/cna/politics/200605/20060510644148.htm，擷取時間：

同——紀念傅正先生逝世十五週年〉，回憶傅正在創黨時的角
色[99]（圖8-28）。

（十）**錢穆故居舉辦人文對談系列文化講座：「自由的鬥士
——雷震與傅正」**（2006年7月1日）

2006年7月1日開始，錢穆故居舉辦文化講座「人文對談」
系列，推出「當代思想家」系列，介紹雷震、傅正、張佛泉、
張君勱、徐復觀、唐君毅、牟宗三、殷海光等臺灣二十世紀極
富代表性的思想家。當天舉辦第一場講座：「自由的鬥士——
雷震（1897-1979）與傅正（1927-1991）」，由執行長葉海煙主持，
並邀請徐振國與蘇瑞鏘兩人參與對談[100]。由此可以看出，傅正
在歷史上的定位，不僅是民主運動者，也逐漸被學術界定位爲
「臺灣二十世紀極富代表性的思想家」之一，意義更是非凡[101]
（圖8-29）。

2006.05.10。

[99] 游錫堃，〈民主自由 我們的最高認同——紀念傅正先生逝世十五週年〉，《聯
合報》，2006年5月10日。

[100] 錢穆故居文化講座「人文對談」系列，http://www2.scu.edu.tw/chienmu/
newmain.htm，擷取時間：2006.07.01。

[101] 值得注意的是，此一「當代思想家」系列包含自由主義者與新儒家兩大陣
營，雷震、傅正、張佛泉、殷海光屬於前者，張君勱、徐復觀、唐君毅、
牟宗三屬於後者。在此傅正不但與雷震、張佛泉、殷海光並列爲當代自由
主義者的代表，而且還與學術涵養深邃的當代新儒家代表們並列而論，即
便這兩個陣營在文化立場是針鋒相對的（可參：蘇瑞鏘，〈民主與傳統的辯
證——1950年代後期臺港自由主義者與新儒家的論戰以及研究方向初探〉，
《彰中學報》，24〔彰化：國立彰化高中，2007.01〕，頁109-124）。尤其是
名列一代史學大家錢穆的故居講座主題，更可看出作爲思想家的傅正已逐
漸受到學術界的重視。

圖8-1：
民進黨政策研究中心主任聘書。資料來源：中央研究院近代史研究所檔案館（藏），「雷震・傅正檔案」，臺北：中央研究院近代史研究所檔案館。

圖8-2：
主持民進黨政策研究中心研討會。資料來源：傅正，《傅正文選（3）：為中國民主黨・民主進步黨戰鬥》（臺北：傅正自印，1989），正文前相片。

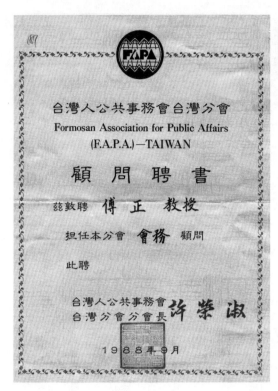

圖8-3：
臺灣人公共事務會（FAPA）
顧問聘書。資料來源：中
央研究院近代史研究所檔
案館（藏），「雷震・傅正檔
案」，臺北：中央研究院近
代史研究所檔案館。

圖8-4：
書房寫作（1988年）。資料
來源：傅正，《傅正文選
（2）：向蔣家父子挑戰》（臺
北：傅正自印，1989），正
文前相片。

圖8-5：
參加國是會議出席證。資料來源：中央研究院近代史研究所檔案館（藏），「雷震．傅正檔案」，臺北：中央研究院近代史研究所檔案館。

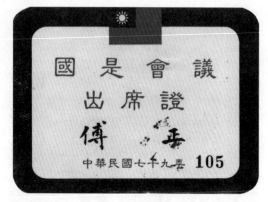

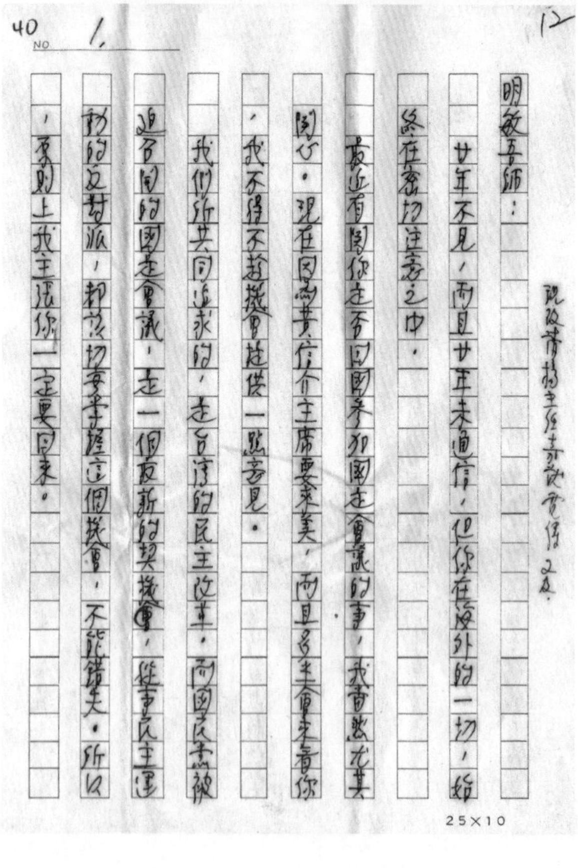

40 NO 1.

明敏吾師：

廿年不見，而且廿年未通信，但你在海外的一切，始終在密切注意之中。

最近有關你是否回國參加國是會議的事，我當然尤其關心。現在因為黃信介主席要來美，而且多半會來看你，我不得不趁機會提供一點意見。

我們所共同追求的，是台灣的民主改革。而國民黨被迫召開的國是會議，是一個最新的契機會，從事民主運動的反對派，都應切實掌握這個機會，不能錯失。所以，原則上我主張你一定要回來。

25×10

圖8-6：
致函其師彭明敏手稿片段。資料來源：中央研究院近代史研究所檔案館（藏），「雷震．傅正檔案」，臺北：中央研究院近代史研究所檔案館。

圖8-7：
鼓吹開放外省人返鄉探親（右二為傅正）。資料來源：宋英（等），《傅正先生紀念集》
（臺北：桂冠圖書公司，1991），正文前相片。

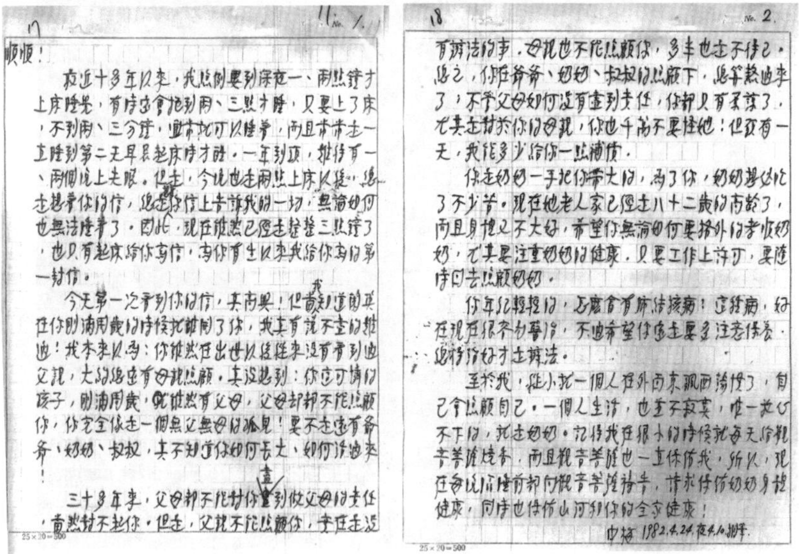

圖8-8：
寫給女兒傅順的第一封信（1982.04.24）。資料來源：中央研究院近代史研究所檔案館
（藏），「雷震‧傅正檔案」，臺北：中央研究院近代史研究所檔案館。

圖8-9：
返鄉探親（傅正身旁為其胞弟傅山河）。資料來源：傅山河提供。

圖8-10：
參與平反雷震案。資料來源：傅正，《傅正文選（2）：向蔣家父子挑戰》（臺北：傅正自印，1989），正文前相片。

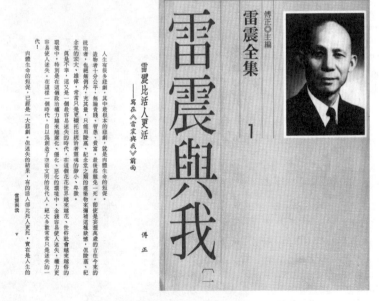

雷震全集

傅正◎主編

雷震與我

雷震比活人更活
——寫在《雷震與我》前面

傅　正

人生有很多悲劇，其中最根本的悲劇，就是與體生命的短促。造物者十分公平，無論貧賤、智愚、貧富，最後都難免一死。即使是妄想萬歲的古往今來的統治者，也絕無例外。尤其是，只能用詭詐、紀念堂之類的建築物來彌補這種缺憾，但陵墓、紀念堂的宏大、雄偉，常常只是更襯托出統治者靈魂的渺小、卑微。

俱是不幸，這又是一個最容易迷失的時代，在這個花花世界越來越俗的環境中，特別是在這個政治權力越來越異化、僵化、惡化的現代人，越大多數常常只是迷失、權力更容易使人迷失。在這樣一個時代，自以為創造了空前文明的現代環境中，

肉體生命的短促，已經是一大悲劇，但迷失的結果，有的活人卻比死人更死，實在是人生的一代！

雷震與我

▽

圖8-11：
主編雷震全集書影。資料來源：傅正（主編），《雷震全集（1）》，臺北：桂冠圖書公司，1989。

↑ 圖8-12：
被推薦為民進黨立委候選人
（左三為傅正）。資料來源：
宋英（等），《傅正先生紀念
集》（臺北：桂冠圖書公司，
1991），正文前相片。

圖8-13：
競選立委演說。資料來源：
宋英（等），《傅正先生紀念
集》（臺北：桂冠圖書公司，
1991），正文前相片。

圖8-14：
競選立委募款茶會傳單。資料來源：中央研究院近代史研究所檔案館（藏），「雷震‧傅正檔案」，臺北：中央研究院近代史研究所檔案館。

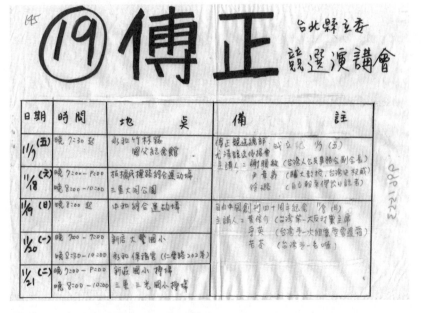

圖8-15：
競選立委演講會傳單。資料來源：中央研究院近代史研究所檔案館（藏），「雷震‧傅正檔案」，臺北：中央研究院近代史研究所檔案館。

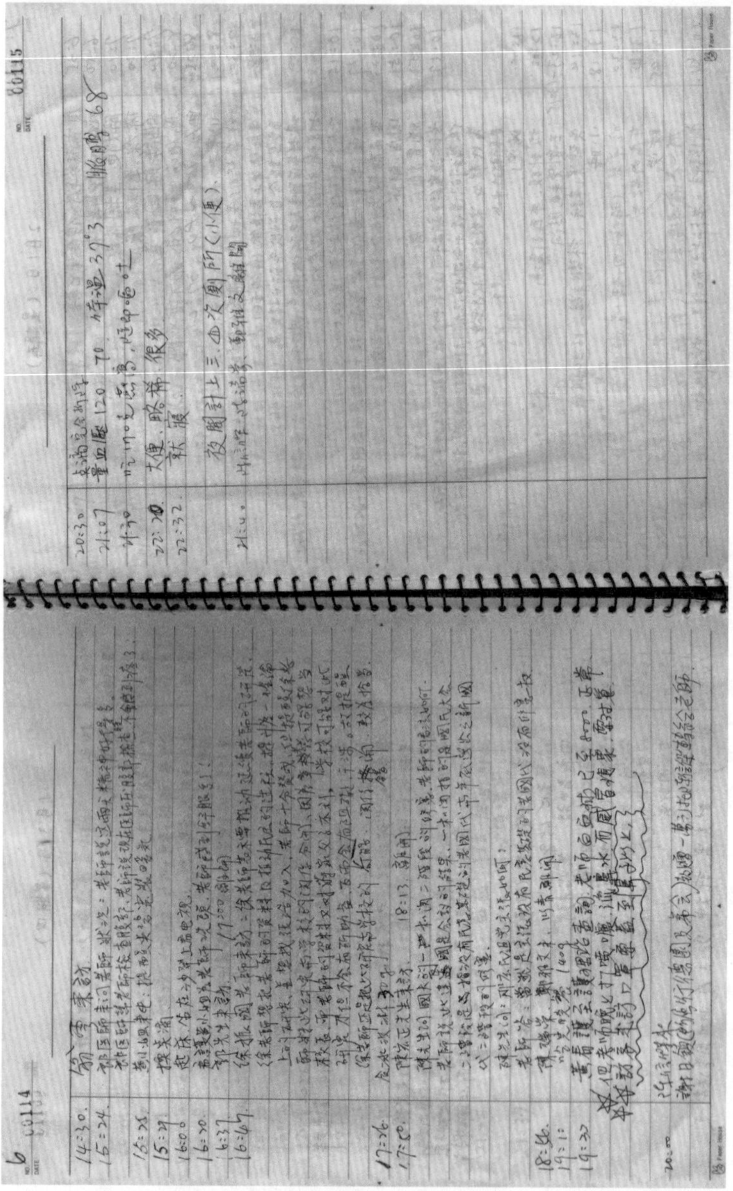

圖8-16：
病間記事（1991.01.31片段）。資料來源：中央研究院近代史研究所檔案館（藏），「雷震・傅正檔案」，臺北：中央研究院近代史研究所檔案館。

圖8-17：
林義雄探望病中傅正
（右）。原載：《自立
早報》，轉引自：宋英
（等），《傅正先生紀念
集》（臺北：桂冠圖書公
司，1991），頁136。

圖8-18：
傅正遺照。資料來源：
宋英（等），《傅正先生
紀念集》（臺北：桂冠圖
書公司，1991），正文
前相片。

超越黨籍、省籍與國籍——傅正與戰後台灣民主運動

　　我們所深深敬仰的傅正先生，已經於五月十日晚間八點，因胃癌不治而與世長辭了。

　　五月春夏更迭的季節，宇宙萬物正綻放蓬勃的生命力，台灣的民主化運動，也彷彿與時令同步而方興未艾，然而，為台灣民主奉獻一生的傅正先生，卻來不及分享這個民主果實，便悄然離開人世了，留下在世者無限的遺憾與眷念。

　　傅正先生，終其一生用他最真誠的民主信念與熾熱的生命意志力，走過了六十三個寒暑。「自由中國」時期，因與雷震先生組中國民主黨而入獄坐牢六年三個月；一九八六年，傅正先生仍不懼圖圄之苦，又與黨外民主鬥士努力催生了民主進步黨……傅正先生是台灣唯一身跨兩次組黨的人。

　　傅正先生正直不阿的個性，以及為民主奮戰不懈的高潔人格，一直深受民進黨內老、中、青三代，與學術界、學生們的深深敬重與愛戴。雖然，他無法親眼目睹台灣走向真正的民主化，可是，他的精神卻已經化為無數人前仆後繼的力量，正朝著他所期待的理想勇往邁進。

　　臨別前，傅正先生來不及留下完整的遺言，但是，他已經用他一生的奮鬥告訴了我們——什麼是生命價值。

　　此刻，我們正在創造歷史，而傅正先生，已經莊嚴又安靜地走入了台灣歷史。

　　我們懷著萬分悲戚的心情向您奉告這則不幸的消息，為了尊重傅正先生不發訃文的遺囑交待，我們必須選擇這種方式來向您告知，我們為傅正先生送別的告別

式時間與地點，盼望您能一起來參加這個向傅正先生告別的儀式。

　●時間：1991年6月8日（星期六）上午九時　　　　●懇辭花車輓樟
　●地點：台北市民權東路第一殯儀館景行廳

傅正先生治喪委員會

名譽主任委員	宋　英
主　任　委　員	黃信介

委　　　員	尤　清	王　拓	王兆釧	王聰敏	田再庭	申思聰	向　陽	江春男	江鵬堅	成嘉玲
	余陳月瑛	余政憲	吳乃仁	吳豐輝	吳哲朗	吳勇雄	吳樹民	吳豐山	李永熾	李宗藩
	李敏勇	李勝雄	李慶雄	李鴻禧	何春木	呂秀蓮	宋文明	周清玉	周滄淵	林文郎
	林文義	林正杰	林玉體	林純子	林義威	林義雄	林嘉誠	林瀚水	邱連輝	金承藝
	胡　佛	范振宗	范巽綠	洪奇昌	姚嘉文	施明德	徐　璐	徐明德	徐美英	徐振國
	徐曾淵	翁金珠	高顯堀	夏道平	馬之驌	張文英	張忠棟	張俊宏	張俊雄	張貴木
	張德銘	陳　菊	陳水扁	陳永興	陳忠信	陳定南	陳金泰	陳師孟	陳儀深	陳漢卿
	陳耀昌	許信良	許國泰	許雅棠	許榮淑	康水木	康寧祥	郭吉仁	莊淇銘	陶百川
	黃　中	黃天生	黃天福	黃秀端	黃昭弘	黃昭輝	黃煌雄	黃嶽璇	游錫堃	彭百顯
	彭明敏	傅政政	賀德芬	程頏寬	葉菊蘭	楊祖珺	楊國楊	楊嘉猷	雷德全	趙天儀
	廖煌銓	劉政群	蔡介雄	蔡式淵	蔡炫銘	鄭余鎮	鄭欽仁	盧修一	賴阿勝	錢江潮
	謝長廷	謝智偉	戴振耀	魏廷朝	魏耀乾	瞿海源	聶華苓	蘇貞昌	蘇培源	蘇嘉全

總　幹　事	黃煌雄
副總幹事	吳碧寶　陳信傑　許陽明　張富忠　蔡仁堅　鄭寶清

（按姓名筆劃排列）

圖8-19：
告別式通知單。資料來源：黃卓權提供。

圖8-20：
告別式會場。資料來源：宋英（等），《傅正先生紀念集》（臺北：桂冠圖書公司，
1991），正文前相片。

圖8-21：
自由墓園。資料來源：http://blog.
yam.comfuchenarchives1583460.
html，擷取時間：2006.05.12。

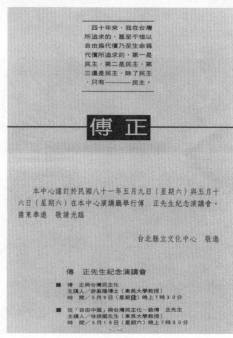

圖8-22：
臺北縣立文化中心舉辦「民主先生
傅正先生紀念演講會」請柬。資料
來源：黃卓權提供。

圖8-23：
殷海光基金會舉辦「傅正先生逝世三週年紀念暨專題演講會」。資料來源：程積寬提
供。

圖8-24：
殷海光基金會舉辦「紀念雷震先生百歲冥誕暨傅正先生逝世五週年」研討會。資料來
源：程積寬提供。

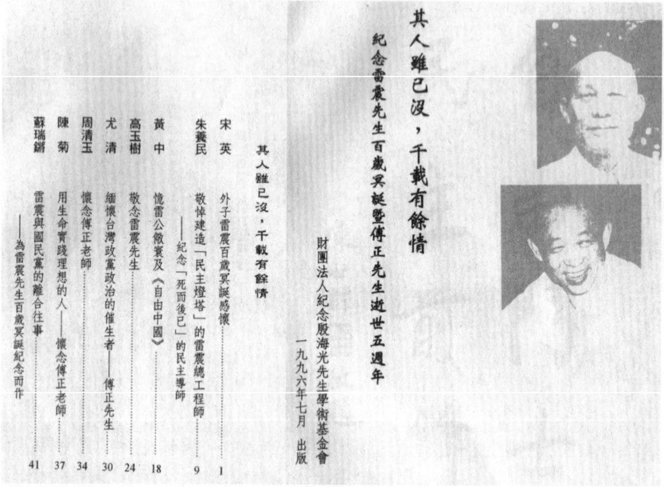

其人雖已沒，千載有餘情

紀念雷震先生百歲冥誕暨傅正先生逝世五週年

財團法人紀念殷海光先生學術基金會
一九九六年七月 出版

其人雖已沒，千載有餘情

圖8-25：
殷海光基金會舉辦「紀念雷震先生百歲冥誕暨傅正先生逝世五週年」紀念文集書影。資料來源：財團法人紀念殷海光先生學術基金會（編），《其人雖已沒，千載有餘情：紀念雷震先生百歲冥誕暨傅正先生逝世五週年》，臺北：財團法人紀念殷海光先生學術基金會，1996。

圖8-26：
陳水扁總統參加傅正逝世十週年紀念會。資料來源：中央社。

圖8-27：
東吳大學政治學系舉辦「自由、民主與認同：傅正老師逝世十五週年紀念座談會」活動。
資料來源：蘇瑞鏘拍攝。

圖8-28：
民進黨舉辦傅正逝世十五週年追思活動。資料來源：http://blog.yam.comfuchenarchives1583460.html，擷取時間：2006.05.12。

圖8-29：
錢穆故居舉辦人文對談系列文化講座：「自由的鬥士──雷震與傅正」。資料來源：朱建益拍攝並提供。

| 第九章 |

超越及其動力[1]

　　綜觀傅正參與戰後臺灣民主運動的過程，可以看到他不斷超越既有生命格局的努力。來臺之初的傅正，不但是國民黨黨員，而且還是軍中「訓練政工的政工」。之後由於不滿國民黨當局違反民主的行徑，遂脫離國民黨集團，這是「黨籍」的超越。而在主編《自由中國》、參與籌組中國民主黨與民主進步黨的過程中，本身為「外省」籍的傅正，不斷突破「省籍」的藩籬，一再與「本省」籍民主人士攜手合作，這是「省籍」的超越。1972年，面對臺灣外部的國際空間逐漸被中國排擠的危局，傅正曾幫助雷震完成〈救亡圖存獻議〉，提供給國民黨高

---

[1] 本章部分內容乃以下列拙著中的一部分作為基礎，進一步發展而成，除非必要，以下不再贅述。詳參：蘇瑞鏘，〈超越黨籍、省籍與國籍——傅正參與戰後臺灣民主運動的三個超越〉，收入：東吳大學政治學系（編輯），《自由、民主與認同——傅正老師逝世15週年》（臺北：東吳大學政治學系，2006），頁13-18；蘇瑞鏘，〈戰後臺灣自由主義與民族主義的辯證——以「外省籍」自由主義者傅正的國家定位為中心〉，未刊稿；蘇瑞鏘，〈傅正與1950年代臺灣民主運動——以《自由中國》半月刊和「『中國民主黨』組黨運動」為中心〉，收入：胡健國（主編），《20世紀臺灣民主發展：第7屆中華民國史專題論文集》（臺北：國史館，2004），頁282-294；蘇瑞鏘，〈傅正傳〉，《國史館館刊》，復刊39（臺北，2005.12），頁304-308。

層，建議「從速宣布成立『中華臺灣民主國』」。而民進黨成立後通過「住民自決」的決議，其中已蘊含臺灣住民選擇放棄中華民國國籍的可能性，傅正也表示支持，這些都是「國籍」的超越。至於其超越的動力，民主信念與道家情懷最值得深入剖析。

第一節：黨籍、省籍與國籍的超越[2]

傅正參與戰後臺灣民主運動的過程中，不斷超越其生命的格局，包括黨籍（中國國民黨籍）、省籍（「外省」籍）與國籍（中華民國籍），本節將依序討論之。

一、「黨籍」的超越[3]

1950年傅正來臺，之後被國防部總政治部分配到新竹國防部政幹班，不久又奉派到駐守嘉義的陸軍第75軍政治部服務。1952年再被調到剛由蔣經國成立的政工幹校工作，專門負責訓練政工幹部，成了蔣經國領導下「訓練政工的政工」，正式成為蔣經國／王昇「政工幫」的一員。

---

[2] 本節旨在歸納、總結傅正一生作為的主要脈絡，之前各章多已徵引過相關史料。因此，除非必要，以下不再贅引史料。原始論述詳參：蘇瑞鏘，〈超越黨籍、省籍與國籍──傅正參與戰後臺灣民主運動的三個超越〉，頁13-18。另外，必須指出：「『國籍』的超越」一段，主要是以田欣的論文作為認識的基礎，進一步發展而成。詳參：田欣，〈「外省人」自由主義者對「臺灣前途」的態度──以雷震、殷海光及傅正為例〉，收入：張炎憲等（編），《臺灣近百年史論文集》（臺北：吳三連臺灣史料基金會，1996），頁339-342。

[3] 本段基本史實詳參本書第2章第3節，除非必要，以下不再贅引史料。

就在這段期間，傅正對國民黨當局／蔣經國／王昇越來越多違反民主自由的言行，也開始有所反省，日後超越「黨籍」的轉折乃有跡可循。例如，1951年2月25日傅正指出：當時蔣經國要求他們做到「忠實性，這就是要無條件的服從領袖」與「鬥爭性，這就要健全的組織，組織者也就是只許我存在、不許別人存在」。傅正認為：「蔣主任在其思想正孕育成長時，只受了蘇聯式的教育，……他今天的一切鬥爭的方法都是師法蘇聯。」

另外，在第75軍政治部協助建立國民黨軍隊黨部的這段期間，傅正也逐漸反省到：「似乎民主國家的軍隊裡並沒有任何黨派的活動」、「中華民國是由中國國民黨創造出來的，但是，並不因此而使中華民國變成了國民黨的私有財產。」

此時，他也已警覺到臺灣正逐漸被國民黨形塑成「講統制思想的極權社會」。因此，他對蔣經國的態度也逐漸「由熱望而變成絕望」。於是在日記裡就不時出現要「剷除」他（按：指蔣經國）、「打倒他」的記載，甚至還痛罵蔣經國是「殺人不見血的劊子手」，也痛批蔣介石集團「都是當代的政治販子和青年販子」。

1953年初，傅正說他「想到自己也做了蔣經國的工具，變成了他的犧牲品，很感痛苦，但現在又沒法解脫，真使人更加難受」。後來決定「絕不能再在只講革命而不知民主的革命學校待下去，寧可冒坐牢的危險也要離開」，而要「想盡一切辦法，離開政工幹校，脫下軍裝」。

於是在1953年底，傅正毅然決然離開政工幹校，也正式脫離了參與多年的國民黨集團。

其實，日後隨著蔣經國在政壇上逐漸得勢，「政工幫」權傾一時。傅正當年若繼續留在政工系統，應該會有不錯的發展，然傅正當年卻反其道而行，即顯現其不平凡[4]，更可看出其民主理念超越政治黨派的一面。

二、「省籍」的超越

作為第一代「外省」新住民的傅正，在長期參與戰後臺灣民主運動的過程中，除了要面對國民黨當局的政治壓迫，還要面對「省籍」問題的糾葛。

傅正所面臨的「省籍」問題的糾葛，一部份來自民主陣營外部。例如1989年參選立委時，傅正就曾收過一封署名「你的同胞」的匿名信（1989.09.13），該信罵他是「外省狗」，還將「臺獨份子」與「殺外省人」連結在一起：

> 你（按：指傅正）是真糟蹋自己了，自以為自己行，可以有足夠力量去扭轉「臺獨暴力」份子的形象與事實，難道說，在你愛心教導下，臺獨份子就可以不讓外省人在臺灣土地上永遠消失？或是說因為你對尤清等人的賣命就可保住彼等不殺外省人的「好意」？真是異想天開，痴人說夢話啊[5]！

[4] 蘇瑞鏘（訪問、紀錄），〈張世忠先生訪問紀錄〉（2006.06.05，於海基會經貿處）。

[5] 你的同胞（匿名），致傅正函（1989.09.13），收入：中央研究院近代史研究所檔案館（藏），「雷震・傅正檔案」，臺北：中央研究院近代史研究所檔案館。

　　然而，傅正不但沒有退卻，反而在其競選文宣中向他口中的(外省)「老賊」們嗆聲：「即使是外省第一代，仍然要在人民的支持下進入國會。」相對的，在每場競選演說開頭，傅正都會十分謙卑地向聽不懂他的話的(本省)群眾三鞠躬，連說對不起[6]。以上的對照，都是傅正以民主超越「省籍」的明證。

　　此外，傅正所面臨「省籍」問題的糾葛，也有來自民主陣營內部。早在1950年代後期，隨著地方選舉的舉行，組黨運動逐漸進入實踐階段。由於「本省」籍地方政治人物參與組黨活動者亦日漸增多，而使得部分「外省」籍民主人士開始憂心新政黨會變成「本省」人的黨[7]，從而造成先前「鼓吹(組黨)者

---

[6] 詳參第8章第6節。

[7] 如陳啓天(青年黨領袖)謂「新黨是臺灣人的黨，臺灣人起來了不好」(傅正〔主編〕，《雷震全集(40)——雷震日記(1959年-1960年)：第一個10年(8)》〔臺北：桂冠圖書公司，1990〕，頁378)。王師曾(青年黨領袖)則「怕新黨為地方性，怕把臺灣人搞起來而不得了」(傅正〔主編〕，《雷震全集(40)——雷震日記(1959年-1960年)：第一個10年(8)》，頁393-394)。劉博崑(國民黨立委)認為「臺灣人起來了，不好辦，將來很難受，他是不參加的」(傅正〔主編〕，《雷震全集(40)——雷震日記(1959年-1960年)：第一個10年(8)》，頁323)。戴杜衡(《自由中國》編委)也認為「把臺灣人搞起來了，大陸人將來要受其欺壓的，大陸來的人，百分之九十不贊成這種作法」(傅正〔主編〕，《雷震全集(40)——雷震日記(1959年-1960年)：第一個10年(8)》，頁310-311)。胡秋原(國民黨立委)也說「新黨如變成本省人黨，『臺灣主義』之黨，將為甚壞之事」(胡秋原，《同舟共濟》〔臺北：自由世界出版社，1961〕，頁103)。此外，《人間世》亦曾以社論指出：「我們和一般人同樣地寄望中國出現一個強有力的在野黨，但必須是大公無私而沒有濃重地方色彩的才行。」(社論，〈平心靜氣談組黨〉，《人間世》，4：7〔臺北，1960.07〕，頁6。)就連「對新黨甚興奮，並謂不和臺灣人在一起，在新黨不會有力量」的胡適，在雷案爆發後亦向李萬居等人表示：「切不可使你們的黨變成臺灣人的黨。必須要和民、青兩黨合作，和無黨派的大陸同胞合

眾」、此時卻是「參與（組黨）者寡」的現象。此一現象的成因雖非僅一端，然與「省籍」意識密切相關[8]。不過，當時像雷震、傅正等若干「外省」籍民主人士，終究還是超越了「省籍」的藩籬，為了追求民主而與「本省」籍政治人物一同參與反對黨的籌組。誠如張忠棟在一篇追憶傅正的文章中所指出的：

> 一些早期為反共而爭取民主自由的人，看到地方力量興起，便開始猶豫退縮，甚至放棄爭民主爭自由的事業。唯有雷震和傅正，他們可以兼跨不同的時代，打破省籍的隔閡[9]。

而民主陣營內部「省籍」問題的糾葛，不僅發生在1950年代。在1980年代民進黨籌組之際、乃至民進黨成立之後，「省籍」問題仍是傅正必須面對的重要課題。特別是1980年代「本省」人在反對陣營中的主導地位，更甚於1950年代，加上民進

作。」（胡適，「胡適日記」〔1960.11.18〕，收入：胡適，《胡適的日記──手稿本（18）（1957年1月-1962年2月）》〔臺北：遠流出版公司，1990〕，不註頁碼。）究其原因，在雷震看來，「內地人在潛意識裏，是恐懼新黨成立之後，本省人在政治上佔了優勢，內地人可能要吃虧」（張健生〔報導〕，〈訪雷震‧談新黨〉，《公論報》，1960年8月24日）。因此，當組黨運動正式展開之後，雷震在指出「今後工作，……要力避臺灣人與大陸人的分開」的同時，也說「要做到使大陸來的人不生恐懼」。傅正（主編），《雷震全集（40）──雷震日記（1959年-1960年）：第一個10年（8）》，頁313。

[8] 蘇瑞鏘，《戰後臺灣組黨運動的濫觴──「中國民主黨」組黨運動》（臺北：稻鄉出版社，2005），頁91-97。

[9] 張忠棟，〈永遠活在眾人心中〉，收入：張忠棟，《自由主義人物》（臺北：允晨文化，1998），頁123。

黨成立後一步步由「住民自決」邁向「臺灣獨立」，「省籍」與「國籍」(國家認同)問題糾結在一起，導致若干原先參與民進黨的「外省」籍人士逐漸與民進黨疏離，然傅正直到過世都未離開民進黨[10]。而他也相當關心黨內這種「省籍」疏離感的擴大，並試圖化解。例如，學者胡佛曾指出：「他(按：指傅正)最主張省籍調和，曾一再託我勸說費希平先生不要脫離民進黨」[11]。司馬文武亦指出傅正「經常鼓勵外省籍人士參加民進黨」，甚至病逝前幾天，「猶念念不忘地說要勸勸林正杰」，司馬文武說：

> 林正杰退黨(按：指民進黨)時，第一個就想到傅正病逝前幾天，在仁愛醫院的病場上，猶念念不忘地說要勸勸林正杰，他這個外省的小老弟。⋯⋯他(按：指傅正)知道民進黨內有省籍情緒，但他認為那是歷史的債務，是一種過渡，他不祇不逃避，反而覺得自己應該做更多事，來改善這種氣氛，而且經常鼓勵外省籍人士參加民進黨[12]。

　　由此皆可看出，從主編《自由中國》、參與中國民主黨與民主進步黨的籌組與發展過程中，傅正不斷以民主的價值超越

---

[10] 詳參本節第3段：「國籍」的超越。

[11] 胡佛，〈民主，民主，還是民主——傅正先生的民主理念與實踐〉，收入：宋英(等)，《傅正先生紀念集》(臺北：桂冠圖書公司，1991)，頁74。

[12] 司馬文武，〈他的心中祇有民主，沒有統獨——悼傅正〉，收入：宋英(等)，《傅正先生紀念集》，頁87-88。

「省籍」的藩籬的歷史軌跡。對傅正而言,「在臺灣的民主運動中,沒有本省人與外省人之分,只有反民主的統治者與爭民主的被統治者之分」。追求民主的「本省」人與「外省」人之間,是可能做到「心心相印」的,下面即是一則令人動容的故事:1960年正當「中國民主黨」的組黨運動積極展開之際,7月12日傅正隨雷震、夏濤聲等人(「外省」籍)到彰化拜訪,中午與石錫勳等反對派人士共進午餐,席間甘得中(「本省」籍)幾乎聲淚俱下地對雷震與傅正等人指出,起初當國府軍隊在基隆碼頭登陸時,他感到相當興奮,且前去熱烈歡迎。然其後看到國民黨的所作所為,遂轉為「失望」、甚至「痛恨」。傅正認為:「甘老先生幾乎聲淚俱下的那一席話,當時就使我深深感覺到:國民黨的愚昧自私乃至無法無天,是如何傷透了本省人的心!但即使是甘老先生,對於獻身民主運動的外省人,卻能心心相印」[13]。

游錫堃曾在一篇紀念傅正的文章中指出:

> 民進黨的創黨,是許多民主先輩犧牲奉獻的結果,為了建立自由民主的國家,不同族群的人士都參與了這個歷史工程。……回想黨外時代和創黨歷史,「外省

---

[13] 傅正,〈我在臺灣活了三十八年!──舊曆新年的一點感觸〉,《遠望》,7(臺北,1988.03),頁32-33。按:該文由黃卓權所提供。值得一提的是,傅正認為二二八事件的歷史線索,在於「抗戰勝利的『接收』變成了『劫收』」、「一切的一切,在於國民黨權力中毒」(傅正,〈寫在「二二八事件」四十週年〉,《遠望》,1〔臺北,1987.03.20〕,頁24-25。按:本文由黃卓權所提供)。傅正對臺灣苦難的歷史有著這般「同情的理解」,難怪數十年來許多「本省」人會與他「心心相印」。

籍」知識份子對自由主義信念的堅持和信守，已經成為民主臺灣的深層文化資本。我認為，他們面對威權挺立了自由人的尊嚴，更以這樣的尊嚴見證和建立了「認同」的最高形式[14]。

其中，傅正就是重要的代表人物之一。

張俊宏則指出傅正對於化解族群仇恨的重要價值：

國民黨所帶來的惡質文化，也使得臺灣人強烈地反對外省人。這種強烈的敵視，本來是很有可能演變成宗教式的敵對。但是這種可能演變成族群仇恨的大悲劇，並沒有在臺灣發生，原因就是另一股清流的貢獻，而傅老師正是這股清流中非常重要的一員[15]。

上述這些評論，都相當能夠呈現傅正超越「省籍」的歷史角色。

三、「國籍」的超越

傅正在1950年代，其國家定位傾向「一個中國」（以「中華

---

[14] 游錫堃，〈以民主自由為我們的最高認同：紀念傅正逝世十五週年〉，資料來源：http://blog.yam.com/fuchen_yblog/article/6004644，擷取時間：2006.05.09。

[15] 張俊宏，〈族群和海峽對立的融解者〉，收入：宋英(等)，《傅正先生紀念集》，頁26。

民國」為代表)的立場[16]。到了1972年,面對臺灣的國際地位逐漸被中國取代的危局,雷震曾向蔣介石等統治核心提出〈救亡圖存獻議〉,其中要求「從速宣布成立『中華臺灣民主國』」。而當時傅正有感於獻議內容「的確具有遠見」,而替雷震將全文整理完稿,「特別注重文章的架構和條理,而且偶然也做一點內容上的修改」,可見傅正對雷震的主張基本上應是贊同的[17]。此時傅正的國家定位,已轉變為傾向「兩個中國」(「中華人民共和國」與「中華臺灣民主國」)的立場[18]。由此可見,為了捍衛臺灣不被中華人民共和國併吞,他連「中華民國」的國號都可以放棄,這是「國籍」的超越。

日後隨著民主政治的快速發展,臺灣作為一個國家的主體性也逐漸被確立。而「民主政治的追求,最終往往實現為住民自決的成果」[19],而在戰後特殊的歷史條件下,臺灣的「住民

---

[16] 傅正在1990年發表〈《自由中國》的時代意義〉一文,指出當年《自由中國》「主張一個中國的立場」,且認為「唯有自由中國的中華民國才能代表中國」。文中並徵引1960年他在該刊所寫的〈國庫不是國民黨的私囊〉,來說明該刊當時的「一個中國」主張。詳參:傅正,〈《自由中國》的時代意義〉,收入:澄社(主編),《臺灣民主自由的曲折歷程──紀念雷震案三十週年學術研討會論文集》(臺北:自立晚報社,1992),頁351-352。

[17] 詳參本書第6章第2節。

[18] 此時雷震的立場,即是「兩個中國」(「中華人民共和國」與「中華臺灣民主國」)的立場。詳參:薛化元,〈雷震與中華民國的國家定位〉,收入:胡健國(主編),《20世紀臺灣歷史與人物──第六屆中華民國史專題論文集》(台北:國史館,2002),頁1412。

[19] 薛化元指出:「民主政治的原始特質之一,原本就具備著以住地居民為主體、權利共享、命運自決的內涵,這是古希臘城邦政治所留下的古老民主傳統,也是近代民主思想一貫繼承的根本原則之一。這是為什麼在二十世紀兩次世界大戰之後,全球諸多新興國家擺脫帝國主義的控制,如雨後春

自決」又極可能發展成臺灣與中國的分離。傅正晚年所服務的
民進黨，即經歷一連串由「自決」邁向「獨立」的行動。

　　用姚嘉文的說法，戰後臺灣民主的發展，其主軸歷經爭
人權的反對運動（約在1977年以前）、爭民權的參政運動（約在
1977年以後），以及爭國權的建國運動（約在1986年以後）[20]。也就
是說，傅正所服務的民進黨，此時其訴求層次已逐漸提升到爭
國權的建國運動。

　　1986年9月28日民進黨成立當天，通過16項共同選舉政
見，第1項為「臺灣前途應由臺灣全體住民，以普遍且平等的
方式共同決定」。同年11月10日，民進黨召開第一次全國黨員
代表大會，在黨綱中正式標舉出住民自決的主張。1987年11月
9日，民進黨召開第2次全國黨員代表大會，通過「人民有主張

筍般紛紛成立的深層原因。民主政治的追求，最終往往實現為住民自決的
成果。」（薛化元、陳翠蓮、吳鯤魯、李福鐘、楊秀菁，《戰後臺灣人權史》
〔臺北：國家人權紀念館籌備處，2003〕，頁353。）洛克在《政府論》中便
曾如此宣揚：「不論在聖史或俗史中，都沒有比這再常見的事例，那就是
人們從他們生來就受的管轄權和在其中成長的家族或社會中退出，不再服
從，而在別的地方建立新的政府。……這一切都是父權統治權的反證，清
楚地證明最初構成政府的不是父親的自然權利的世代傳襲，因為，基於這
種論點就不可能有那麼多的小王國。如果人們當時沒有隨意地脫離他們的
家族和不論任何性質的政府，並依照他們所認為合適的形式建立不同的國
家和其他政府，那麼必然只會有一個統治全世界的君主國了。」約翰·洛克
（John Locke）（著），葉啟芳、瞿菊農（譯），《政府論·下篇》（北京：商務
印書館，1986），頁16、35-36。轉引自：薛化元、陳翠蓮、吳鯤魯、李福
鐘、楊秀菁，《戰後臺灣人權史》，頁354。

[20] 蘇瑞鏘（訪問、紀錄），〈姚嘉文先生訪問紀錄〉（2007.07.08，於彰化市
南北管音樂戲曲館）。另參：姚嘉文，《臺灣條約記》（臺北：多晶藝術，
2005），頁90。

臺灣獨立的自由」決議文。1988年4月17日，臨時全代會通過
「四一七決議文」，除重申「臺灣國際主權獨立，不屬於以北京
爲首都之『中華人民共和國』。任何臺灣國際地位之變更，必
經臺灣全體住民自決同意」，並決議「如果國共片面和談，如
果國民黨出賣臺灣人民之利益，如果中共統一臺灣，如果國民
黨不實施眞正的民主憲政，則本黨主張臺灣應該獨立」。1990
年10月7日，全代會通過「1007決議文」，申明「我國主權不及
於中國大陸及外蒙古。我國未來憲政體制及內政、外交政策，
應建立在事實領土範圍之上」[21]。

在民進黨這一步步由「自決論」邁向「獨立論」的過程中，
傅正一直在民進黨中央黨部服務，並歷經中央執行委員、政策
研究中心主任，以及顧問等職。在這段期間，姚嘉文（時任民
進黨黨主席）認爲：傅正受雷震1972年〈救亡圖存獻議〉兩個中
國的影響，當時可接受一邊一國、臺灣不是中華人民共和國的
一部分[22]。黃爾璇（時任民進黨秘書長）也指出：民進黨在討論住
民自決案與417決議文時，傅正都沒反對[23]。傅正的學生陳信

---

[21] 民進黨由「自決論」邁向「獨立論」的過程，詳參：李筱峰，《臺灣民主運動
40年》（臺北：自立晚報，1987），頁246；顏萬進，《在野時期民進黨大陸
政策》（臺北：新文京開發出版公司，2003），頁62-63；徐博東，《大陸學
者眼中的民進黨》（臺北：海峽學術出版社，2003），頁219；林魏立，〈反
對勢力中的臺獨意識之研究——民國七十六年九月至七十八年六月民進黨
個案分析〉，臺北：國立政治大學三民主義研究所碩士論文，1989；吳俊
德，〈民進黨統獨論述之分析〉，臺北：私立東吳大學政治學系碩士論文，
2001；葉欣怡，〈臺獨論述與民進黨轉型〉，臺北：國立臺灣大學社會學研
究所碩士論文，2001。

[22] 蘇瑞鏘（訪問、紀錄），〈姚嘉文先生訪問紀錄〉。

[23] 黃爾璇認爲這種尊重人民選擇的態度，應與雷震精神的影響有關。蘇瑞鏘

傑（當時也任職民進黨中央黨部）指出，民進黨這一連串由「自決論」邁向「獨立論」的決議，傅正都沒有反對，而且心理上早有準備[24]。

　　1986年9月28日民進黨成立當天，即通過「臺灣前途應由臺灣全體住民，以普遍且平等的方式共同決定」的共同選舉政見，該日原本有一篇由傅正執筆、然因時間倉卒而未及提出的創黨宣言，其中亦指出：「臺灣不是一黨一家的私產！臺灣是屬於大家的！是屬於出生在臺灣與生活在臺灣的全體人民的！所以，臺灣的命運和前途，絕不該由國民黨擅自決定，而該由我們所有出生在臺灣和生活在臺灣的全體人民共同決定」[25]，即明顯呼應住民自決的主張。

　　該年11月10日民進黨召開第1次全國黨員代表大會，在黨綱中正式標舉出住民自決的主張。在隔年2月的一場專訪中，傅正明確贊同住民自決。因為他擔心臺灣住民若無「自決」權，其權益恐會被國民黨出賣掉，他說：

（訪問、紀錄），〈黃爾璇先生訪問紀錄〉（2006.08.22，於臺北中和黃宅）。
[24] 蘇瑞鏘電話訪問陳信傑（2003年12月14日）。另外，陳信傑亦表示：傅正在民進黨服務的5年間，民進黨從住民自決邁向臺灣獨立的過程中，傅正的適應比費希平等人好。蘇瑞鏘（訪問、紀錄），〈陳信傑先生訪問紀錄〉（2006.04.24，於臺北市衡陽路居仁餐廳）。
[25] 傅正，〈高舉黨外的民主旗幟前進——一篇未對外發表的民進黨創黨宣言〉，收入：傅正，《傅正文選（3）：為中國民主黨・民主進步黨戰鬥》（臺北：傅正自印，1989），頁173-177；張富忠、邱萬興（編著），《綠色年代——臺灣民主運動25年（上冊）1975-1987》（臺北：印刻出版公司，2005），頁212-213。

臺灣不是屬於國民黨的財產，我們絕對反對臺灣的命
運將來由國民黨與共產黨雙方決定。我們主張「住民自
決」，是表示說我們在臺灣的人有權參與決定今後臺灣
的命運。由歷史的教訓，我們知道國、共這對難兄難
弟以往有兩度合作的經驗，我們是怕，時局一變，臺
灣住民的權益會被國民黨出賣掉[26]。

1987年民進黨通過「人民有主張臺灣獨立的自由」決議
文，1988年傅正即以該黨政策中心主任的身分主辦過10場「人
民有主張臺灣獨立的自由」之決議要不要列入黨綱的座談會與
問卷調查[27]。對此一情勢的發展，黃爾璇（時任民進黨中央黨部秘
書長）認爲傅正頗能適應[28]。

到了1989年，民進黨在「現階段中國大陸政策草案」的研
擬過程中，據張俊宏（時任民進黨中央黨部秘書長）指出：傅正
「堅持在臺灣具有獨立的國際主權前提下，以『終止臺海兩岸
對抗；基於臺灣人民之整體利益謀求合乎人道、平等、和平的
解決途徑』，提出各種具體主張」[29]。

曾研究傅正對「臺灣前途」態度的田欣認爲，傅正並不反

[26] 《中國先驅》（專訪），〈政黨政治的催生者──傅正〉，《中國先驅》，創刊號
（臺北，1987.03.01），轉引自：傅正，《傅正文選（3）：爲中國民主黨‧民
主進步黨戰鬥》，頁231。
[27] 傅正，〈「人民有主張臺灣獨立的自由」黨綱座談會說明〉，《民進黨周報》，
革新版第4期（臺北，1988.04.02-08），轉引自：傅正，《傅正文選（3）：爲
中國民主黨‧民主進步黨戰鬥》（臺北：傅正自印，1989），頁221-223。
[28] 蘇瑞鏘（訪問、紀錄），〈黃爾璇先生訪問紀錄〉。
[29] 張俊宏，〈族群和海峽對立的融解者〉，《中國時報》，1991年6月7日。

對民進黨所主張的住民自決，甚至更進一步能容忍臺灣往獨立
發展的可能性：

> 在臺灣獨立的方向上，傅正更較雷震往前走了一步，
> 雷震雖然主張成立獨立國來拒絕中國的吞併，但仍抱
> 持著中華民國的法統未來能在光復大陸時加以恢復的
> 想法，傅正所支持的住民自決，其中已有拋棄「反攻大
> 陸」，將臺灣建立成一個永遠與中國不相類屬的國家的
> 可能性，在傅正民主優於統獨的前提下，使之在同意
> 住民自決時，已在容忍這個發展的可能性[30]。

凡此皆可看出，傅正並不會固執中華民國的國號，而能
尊重臺灣人民意願的民主態度，在在顯現其「國籍」的超越。

傅正任教東吳政治系的同事、且曾和傅正共用過一個研
究室的游盈隆曾指出：「傅先生是外省人，年輕時即隨國民黨
政府撤退來台，他一生追求民主，自由與人權，更難能可貴
的是，他跳脫了常人難以克服的省籍情結，超越了一般外省
人如影隨形的中國認同，展現了民胞物與的仁者風，令人景
仰」[31]，即是傅正超越黨籍、省籍與國籍的見證。

---

[30] 田欣，〈「外省人」自由主義者對「臺灣前途」的態度──以雷震、殷海光及傅
正為例〉，收入：張炎憲等（編），《臺灣近百年史論文集》（臺北：吳三連
臺灣史料基金會，1996），頁341。

[31] 游盈隆，〈懷念傅正〉，「傅正先生逝世15周年紀念文」，http://blog.yam.com/
fuchen_yblog/article/6005084，擷取時間：2006.05.09。

第二節：「自決論」與「臺獨論」的辯證

　　雖然傅正在在顯現出「國籍」的超越，然不可忽略的是，晚年他對統獨與「省籍」問題的糾葛卻透露出相當程度的憂慮感[32]（圖9-1）。其中，他一方面贊成「住民自決」，另一方面卻又表示反對「臺獨」[33]，二者之間似乎存在著緊張關係，在此有

---

[32] 例如，傅正在去世前8個月所發表的〈《自由中國》的時代意義〉一文中即指出：「近幾年來，臺灣政治局面的變動，不止速度越來越快，而且深度越來越大，特別是統獨問題與省籍問題浮現以後，乃至省籍問題又進而與統獨問題糾纏在一起以後，稍稍回顧《自由中國》那段歷史，多少難免會發出幾分嘆息。」另外，他也提到：「假設……（統獨和省籍）兩種意識和情結又密不可分的糾纏在一起，……可能為臺灣政治埋下最可怕的地雷。」（傅正，〈《自由中國》的時代意義〉，收入：澄社〔主編〕，《臺灣民主自由的曲折歷程——紀念雷震案三十週年學術研討會論文集》〔臺北：自立晚報社，1992〕，頁350、367。）在答覆錢永祥的評論中，傅正再次表示：「看到近幾年來臺灣政治上的發展，特別是今年（按：1990年）七月四日國是會議結束之後，省籍問題忽然被凸顯出來，難免憂心，尤其省籍問題又與統獨問題有相當程度的糾纏，難免更憂心。」（收入：澄社〔主編〕，《臺灣民主自由的曲折歷程——紀念雷震案三十週年學術研討會論文集》，頁372-373。）

[33] 雖然也有如謝漢儒等，認為他是「臺獨」。謝漢儒說：「蔣介石讓一連串的臺灣民主運動挫敗、失望，反對運動也漸走向臺獨。但那不是我的理念，傅正參加臺獨運動後，我們就不來往了。他怎麼可以為了報復國民黨就轉為支持臺獨？」林奇伯，〈不容青史盡成灰——專訪謝漢儒〉，資料來源：臺灣光華雜誌網站http://www.taiwan-panorama.com/ch/show_issue.php3?id=2002119111102c.txt&page=1，擷取時間：2006.04.28。值得一提的是，謝漢儒認為傅正是「支持臺獨」，然其所指稱的「臺獨」，內涵並不明確。另外，他說傅正「為了報復國民黨就轉為支持臺獨」，此一詮釋更有待商榷。

進一步探討的必要。

　　在1987年的一次受訪中，傅正曾試圖解釋：「爲什麼像我，絕對反對臺獨，卻同意『臺灣前途應由臺灣全體住民決定』這一句話？」他說：「我們主張『住民自決』，是表示說我們在臺灣的人有權參與決定今後臺灣的命運」，而「『臺灣問題由臺灣住民自決』的主張，……住民包括外省籍，這句話不一定能夠解釋爲臺獨」[34]。另外，他在1990年指出：雷震（按：包括傅正本人）於1972年所主張的「中華臺灣民主國」，「實際上是不統不獨、不獨不統、既統又獨、既獨又統、統中有獨、獨中有統」[35]。而他也說過：「我只是誓死追求民主，對於極端的統或獨都沒有興趣」[36]。綜合研判上述史料，傅正明確贊成「臺灣住民自決」，應無疑義。而他所反對的「臺獨」，應特指「極端的獨」，而非指一切的臺獨。至於他所認知的「極端的獨」，頗可能是指排除「外省」人參與住民自決這一類的「獨」。

　　研究過傅正統獨立場的田欣即曾指出：傅正晚年「所反對的臺獨正與雷震在1972年上書中所反對的臺獨都是排除外省人的臺獨，而不是拒絕中國吞併，以保障臺灣全體住民之幸福爲核心的臺獨」[37]。也就是說，最晚自1972年與雷震共擬〈救亡

---

[34] 《中國先驅》（專訪），〈政黨政治的催生者——傅正〉，轉引自：傅正，《傅正文選（3）：爲中國民主黨·民主進步黨戰鬥》，頁230-231。

[35] 傅正，〈《自由中國》的時代意義〉，頁362。

[36] 傅正答覆錢永祥對其〈《自由中國》的時代意義〉的評論，收入：澄社（主編），《臺灣民主自由的曲折歷程——紀念雷震案三十週年學術研討會論文集》，頁372。

[37] 田欣，〈「外省人」自由主義者對「臺灣前途」的態度——以雷震、殷海光及傅正爲例〉，頁341。

圖存獻議〉以降[38]，傅正反對排除「外省人」的「臺獨」、卻可以接受拒絕中國吞併的「臺獨」，其態度基本上是一致的——雖然他似乎不怎麼喜歡「臺獨」這個名稱。也就是說，他是可以接受一種名稱不叫臺獨的「獨」：透過包括「外省」人在內的「臺灣住民」自決，來抗拒中國併吞的「獨」。至於他晚年憂慮的關鍵，應在「省籍」而不在「統獨」（分析詳下）。

接下來，爲了釐清傅正憂慮的本質，必須進一步處理「臺獨」與「自決」的實質內涵，而這必須放在戰後臺灣歷史的脈絡中來討論。就臺獨理論的發展來看，其內涵並非一成不變。在1964年彭明敏等人提出〈臺灣人民自救宣言〉之前，的確有臺獨人士主張臺灣獨立建國的主體要排除「外省」人（如廖文毅）。而在〈臺灣人民自救宣言〉之後，以臺灣住民作爲建國的主體，則已成爲臺獨主張的論述基調[39]。也就是說，1990年前

---

[38] 在〈救亡圖存獻議〉（特別是雷震後續答覆外界質疑的說明）中，即「同時出現贊成『臺灣獨立』與反對『臺灣獨立』兩種矛盾的主張」。對此一「矛盾」現象，薛化元曾分析指出：「他（按：指雷震）所反對的『臺灣獨立』＝『臺灣共和國』是『臺灣人』所推動的獨立運動。在他心中認爲，如此一來『大陸人』將會被排除在外。」薛化元，〈雷震與中華民國的國家定位〉，收入：國史館（編），《20世紀臺灣歷史與人物——第6屆中華民國史專題論文集》（臺北：國史館，2002），頁1411-1412。

[39] 薛化元指出：戰後臺獨運動，「在1950年代，最重要的代表便是臺灣共和國臨時政府大統領廖文毅，就此一主張臺灣獨立的運動而言，基本上認爲臺灣民族無論是人民的血統、文化與中華民族都是相異的另一個民族，主張民族自決成立臺灣共和國。但是隨著數以百萬計自戰後來自中國的新移民，於臺灣居住日久，臺灣獨立的主張也出現明顯的修正，在島內最明顯的表現在彭明敏、魏廷朝、謝聰敏三人起草的臺灣人民自救宣言。在此一宣言中，一方面主張必須臺灣獨立，但是同時臺灣獨立所強調的國民內涵，則與廖文毅前的主張立論有所不同，其重點在於無論是本省人或是外

後的臺獨主流論述，早已不排斥在臺灣的「外省」住民。另
外，回顧日後臺灣民主運動發展的歷史軌跡，「自決論」的下
一階段即是「臺獨論」，二者只有階段性的、甚至策略性的差
別，本質目標相去不遠。甚至更保守地說，「住民自決」的結
果有可能導致臺灣與中國的永久分離，主張「臺灣住民自決」
者，理論上應可接受臺灣住民（包含「外省」人在內）選擇「臺灣
獨立」的結果。因此，「自決論」與「臺獨論」（指接納「外省」人
參與「自決」以抗拒中國併吞臺灣的「臺獨」）之間，事實上並不存
在嚴重的緊張關係、甚至矛盾關係。因此，傅正的憂慮若真
是對「臺獨」內涵的誤解（指排除「外省」人的參與），顯然是過慮
了。

　　然不論如何，他晚年的憂慮的確存在。關於這點，除可
能來自前述他對「臺獨」內涵的誤解[40]，多少也與「外省」人逐
漸疏離民進黨的心理因素有關。學者薛化元認為傅正對國家
的定位問題最遲在協助雷震完成〈救亡圖存獻議〉之時已經解

省人、無論是先來後到，都共同構成臺灣國家國民的一份子，而與此相
對應的，海外臺灣人自決運動也明顯呈現了臺灣住民的概念。而在島內，
1970年代以後，臺灣住民自決的主張，漸漸成為黨外運動含糊的政治訴求
內涵。」薛化元，〈臺灣獨立理論的不同歷史發展面向——代導論〉，收入：
莊萬壽（主編），《臺灣獨立的理論與歷史》（臺北：前衛出版社，2002），
頁7。

[40] 即使傅正可能因誤解而反對臺獨，他也不怪罪臺灣人民，而是怪罪國民
黨。他說：「說到臺獨問題，……這完全是國民黨一手造成的，應該由國
民黨負責任。……在二十七年以前假使讓我們將中國民主黨組成，臺獨
問題絕不可能像今天這樣嚴重。」傅正，〈如何統一問題座談會發言要點〉
（1987.11.21），收入：中央研究院近代史研究所檔案館（藏），「雷震・傅正
檔案」。

決，晚年的憂慮應是「外省」人逐漸疏離民進黨所造成的情緒問題[41]。如傅正學生張世忠即認為，費希平離開民進黨對傅正的心理會造成影響[42]。也就是說：傅正晚年的憂慮，一方面可能是憂慮「臺獨」會排除「外省」人，另一方面則可能是憂慮「外省」人逐漸疏離民進黨。其憂慮的焦點恐非「統獨」問題（國家定位），而是「省籍」問題（同一個國家內部的族群問題）[43]。

最後必需指出，傅正晚年雖對「省籍」與「國籍」（統獨）問題有所憂慮，最後仍選擇了自由民主的普世價值。他曾說：「在民進黨裡，費希平委員和我都是反對將臺獨列入黨綱的」[44]。隨著民進黨成立後走向臺獨的跡象愈來愈明顯，有些人認為他也會離開民進黨。然過世前其學生陳瑞崇在醫院問過他的態度，傅正親口回答：「絕不退黨」[45]。甚至據說當年費

---

[41] 2007年7月10日，筆者向薛化元老師請教：如何詮釋傅正晚年憂慮「省籍」與「統獨」問題的現象？薛老師提出了他的詮釋，正文這段文字乃是筆者根據薛老師的詮釋所作的理解。

[42] 蘇瑞鏘（訪問、紀錄），〈張世忠先生訪問紀錄〉。

[43] 例如，傅正在去世前所發表的〈《自由中國》的時代意義〉一文文末指出：「現在，我只想用三十年前《自由中國》直指省籍問題的社論中的話作為結束：『從事政治的人，無論是在野的或執政的，煽動地域情感作為政治資本，都是不可原恕的罪過。』」（傅正，〈《自由中國》的時代意義〉，頁368。）隔年，在傅正去世前，林義雄去醫院探望他，他告訴林：「在政治上有人挑起省籍和地域的問題『很不好』，希望林義雄協助化解。」報導，〈探視傅正，兩人數度擁抱〉，《自立早報》，1991年6月8日。轉引自：宋英（等），《傅正先生紀念集》，頁135。

[44] 傅正，〈如何統一問題座談會發言要點〉（1987.11.21）。

[45] 蘇瑞鏘（訪問、紀錄），〈陳瑞崇先生訪問紀錄〉。黃爾璇也認為：傅正晚年不可能退黨，就算他活到臺獨黨綱通過，應該也不會退黨。蘇瑞鏘（訪問、紀錄），〈黃爾璇先生訪問紀錄〉。張世忠也認為傅正不會離開民進黨。蘇瑞

希平因統獨問題幾次想要退黨，傅正還曾加以勸阻[46]。這是傅正對民主價值優位的肯定，並且以此超越省籍與國籍問題的明證。

第三節：超越的動力——民主信念與道家情懷

傅正在參與戰後臺灣民主運動的過程中，之所以能夠超越黨籍、省籍與國籍，實與其民主信念密不可分。其中，早年逃難的生命經驗與國家工具論的理念特別值得討論。另外，道家情懷也是超越現實政治羈絆重要的精神動力。

一、民主信念

傅正之所以堅持民主，不可忽視早年他在武漢大學政治系所讀到的一些民主理念的影響[47]。而他在該校受到優良校風的薰陶而有機會逐漸養成「自由思考的習慣」與「獨立判斷的能力」，也是他此時所讀到的一些民主理念能夠逐漸生根的重要知識背景[48]。1940年代傅正就讀「民國五大名校」之一的武漢大學，該校與他在1950年代所就讀的臺灣大學一樣，都是「學風

鏘（訪問、紀錄），〈張世忠先生訪問紀錄〉。

[46] 蘇瑞鏘（訪問、紀錄），〈張世忠先生訪問紀錄〉。

[47] 傅正，〈從蔣經國到雷震之路！——叫我如何不想他〉，收入：傅正（主編），《雷震全集（2）——雷震與我（2）》（臺北：桂冠圖書公司，1989），頁352。

[48] 傅正在武漢大學所受的知識薰陶，詳參：傅正，〈珞珈山在暴風雨前夕的寧靜〉，收入：董鼐（主編），《學府紀聞》，第七冊：國立武漢大學（台北：南京出版有限公司，1981），頁378-384。按：本文由陳信傑提供。

優良，與現實社會脈動相繫的學校」，「傅正在兩校就讀，不能說不會受到影響」[49]。

然而，更主要的影響乃是國共內戰。傅正過世前3年（1988年），有一篇文章回憶早年從專制的「蔣經國之路」轉折到民主的「雷震之路」的心路歷程，他說：

> （國共內戰）這種槍桿子出政權而使無辜人民遭殃的循環悲劇，使我失望、厭惡、痛恨到了極點。而我在武漢大學政治系所讀到的那點政治知識，特別是民主理念，在我腦海中不斷盤旋，終於使我堅信唯有民主可以救中國，唯有民主可以使無辜的中國人民免於同樣的悲慘命運，我也該在我有生之年為民主而奮鬥[50]。

到了過世前，他在「臨終遺言」頭一句話就寫道：「生逢戰亂，親歷抗戰尤其國共大內戰悲劇，而堅信和平民主之可貴」[51]。特別是國共內戰期間的逃難經驗，更令他刻骨銘心。

---

[49] 任育德，〈身為當代史作者的傅正〉，《當代》，229（臺北，2006.09.01），頁65-66。任育德分析道：「抗戰結束後，武漢大學周鯁生校長辦學時服膺蔡元培的治校精神，認定優秀的師資是辦好大學的先決條件。他延聘留美青年教師五十多人，而且大多都是親自登門邀請，周氏在任期間，武漢大學……位居『民國五大名校』之一。」（任育德，〈身為當代史作者的傅正〉，頁65-66。）至於傅正在臺灣大學所受到的知識薰陶，詳參本書第2章第5節。

[50] 傅正，〈從蔣經國到雷震之路！——叫我如何不想他〉，頁352。

[51] 傅正，〈傅正臨終遺言〉，收入：宋英（等），《傅正先生紀念集》，頁43。對傅正來說，和平與民主「這是永遠的追求」。例如，傅正過世前告訴過林義雄：「他最大的願望就是臺灣的民主政治上軌道，並以『和平』、『民主』四個字勉勵林義雄為民主運動貢獻力量」，傅正說：「這是永遠的追求。」

而由於國共內戰的悲劇經驗，也強化了傅正對民主的堅定信念。他說：

> 所有這一幕又一幕血淋淋的悲劇，一次又一次而且是連續不斷的衝擊而來，對於近代中國的悲劇，我不得不一想再想，想了又想。無論如何，對於國共兩黨的調調，都無法認同。眼前活生生的事實證明，國共兩黨都是口口聲聲為人民，但無數受害犧牲的卻正是無辜善良的人民。問題的癥結是，國共兩黨是一胎所生的一對攣生兄弟，都是革命政黨，相信槍桿子出政權，以槍桿子起家。因此，真要使人民逃出用槍桿子搶政權的循環悲劇，唯有民主一條路，沒有第二條路。我既然幸而未死，就該以有生之年，奉獻給民主[52]。

> 親身經歷了國共兩黨用槍桿子搶政權的血淋淋教訓後，更堅定了我對民主的信念。……所以，四十年

（報導，〈探視傅正，兩人數度擁抱〉，《自立早報》，1991年6月8日。轉引自：宋英〔等〕，《傅正先生紀念集》，頁135。）不過，萬一「和平」與「民主」發生「魚與熊掌不能兼得」之時（例如，當年臺灣人民若因堅持民主而不願接受中國國民黨政權的獨裁統治，卻可能引起國民黨政權鎮壓之時；又如，今天臺灣人民若因堅持民主而不願接受中國共產黨的「統一」，卻可能引起共產黨政權入侵之時），臺灣人民要不要放棄民主來換取屈辱的、苟且偷生的「和平」？還是為了捍衛民主而會以非和平手段對抗到底？也就是說，「和平」與「民主」的價值優位為何？傅正似乎未曾做過較有系統的論述。

[52] 傅正，〈我為什麼兩次參加組黨？〉，收入：傅正（主編），《雷震全集（14）——雷震文選：雷震與政黨政治》（臺北：桂冠圖書公司，1989），頁12-14。

> 來，我在臺灣所追求的，甚至不惜以自由為代價乃至
> 生命為代價所追求的，第一是民主，第二是民主，第
> 三還是民主。除了民主，只有民主[53]。

　　由此可以看出，經由苦難所焠鍊出的民主信念，乃是傅
正日後從事政治志業時，之所以能不斷超越既有生命格局的動
力來源。

　　另外必須指出，探討傅正的民主理念，還需進一步分析
其「國家工具論」（指「國家只是工具，個人才是目的」的政治觀點或
信念）的核心思維。因為他之所以能超越「國籍」，理論上必須
先存在著國家並非實體、而是工具的概念才有可能[54]。而分析
其著作可以發現，最晚在1950年代發表於《自由中國》最初的
三篇文章中，即可看出傅正強烈主張「國家工具論」[55]。例如他

---

[53] 傅正，〈請支持我為民主而戰！──寫在「開火」、「挑戰」、「戰鬥」三本文
選前面〉，收入：傅正，《傅正文選（1）：對一黨專政開火》（臺北：傅正自
印，1989），頁20。

[54] 薛化元分析雷震從「一個中國」的主張往「兩個中國」的概念移動，即是持此
觀點。詳參：薛化元，〈雷震與中華民國的國家定位〉，收入：胡健國（主
編），《20世紀臺灣歷史與人物──第六屆中華民國史專題論文集》（台北：
國史館，2002），頁1413-1414。

[55] 〈個人自由乎？國家自由乎？〉（9：6〔1953.09.16〕）、〈國家主義與世界
主義（上）〉（13：6〔1955.09.18〕）、〈國家主義與世界主義（下）〉（13：7
〔1955.10.01〕）、〈國家要把人當人〉（15：7〔1956.10.01〕）。例如：「國
家要把人當目的，不要把人當工具。否則，國家便不應存在。」（〈國家要
把人當人〉，頁9）、「『國家』只不過是一種工具，只是人類生活史上的某一
時代的工具而已。」（〈個人自由乎？國家自由乎？〉，頁13）、「國家既無權
威，更說不上神聖。人類並非為國家而生，國家才是為人類而有。」（〈國家
主義與世界主義（下）〉，頁12）。晚年傅正自編《傅正文選》時的前3篇，就

認為：

> 國家只能以人為目的，發揮其工具的性能；超過這範
> 圍，便沒有存在的理由和價值。這個原則，實際上是
> 一般學者所公認的。例如洛克（Locke）認為：政府的目
> 的，是在謀「人類的幸福」[56]。

　　就其意識型態的傾向來論，可以看出該觀點殆近於洛克
（John Locke）以個人主義為主體而展開的自由主義國家觀[57]。
　　另外，在他看來，國家不僅只有「工具性」的意義，相對
於「世界」而言，國家也只具「階段性」的意義。擴而大之，就
整個「宇宙」的角度來看，甚至連「世界」一樣也只具「階段性」
的意義。他說：「人類的生活範圍，還只能止於這個地球（世

是當年《自由中國》這3篇，而且還將它們收在「我如何為人道而戰？」的標
題之下，傅正「從人道出發」的用心不言而喻。傅正，《傅正文選（1）：對一
黨專政開火》，頁29-78。

[56] 傅正，〈國家要把人當人〉，頁9。

[57] 薛化元指出：「從啟蒙運動發展出來，以個人作為主體展開的自由主義國家
觀……洛克的思想無疑是最具代表性的，洛克基本上認為人在自然（法）狀
態下是自由平等的存在，但是由於面對來自其他人可能的侵害，因此，人
交出了『自然權力』（natural power），成立了共同社會，並在其政治機構上
建立了國家，以求保障人的『自然權利』（natural right）。在其思想中，因而
國家的工具性格就非常濃厚。」（薛化元，〈雷震與中華民國的國家定位〉，
頁1399。）另可參閱：約翰·洛克（著），葉啟芳、瞿菊農（譯），《政府論次
講》，臺北：唐山出版社，1986；華特金士（Frederick M．Watkins）、克拉
姆尼克（Isaac Kramnick）（著），張明貴（譯），《意識型態的時代──從1750
年到現在的政治思想》（臺北：聯經出版公司，1989），頁10-11。

界)的時候，人類的最終境界應該是世界主義，而不是國家主義。假使人類的生活範圍，已經擴展另一個星球以至另幾個星球的時候，人類便該放棄世界主義，而採取宇宙主義」[58]。

再者，他認為：「人之所以可貴，並非因為屬於那一個國家，而是由於人的本身有其不容否認的人格尊嚴」，因為「人類之所以隸屬於某一個國家，原是一種極偶然的機緣，這是由於自己的父母屬於某一國家，或是出生的地點在某一個國家，如此而已」[59]。

由此可以看出，傅正是用「工具性」、「階段性」與「偶然性」來解消國家的神聖性，從而突出人的「目的性」、「永恆性」與「必然性」，進而彰顯人生真正的意義與價值，他說：

> 人只有被國家當做人看待，才能意識到人生的意義與價值，才能盡己之性，以盡人之性；由盡人之性，進而盡物之性；再由盡物之性，而贊天地之化育，進而與天地相參。唯有如此，人類才可能感覺到：人生是喜劇而不是悲劇，國家是可愛而不是可怕，世界是可戀而不是可厭[60]。

可見最晚從1950年代開始，他已逐漸形成其「國家只是工具，個人才是目的」的信念。一直到晚年主編《雷震全集》

---

[58] 傅正，〈國家主義與世界主義（下）〉，頁13。

[59] 傅正，〈國家主義與世界主義（下）〉，頁14。

[60] 傅正，〈國家要把人當人〉，頁9。

時[61]、乃至於生命結束前8個月的一場學術研討會上，他仍對此一信念關切再三[62]。要探究傅正來臺41年間，何以能無怨無悔地參與一次又一次的民主運動，而且能夠超越黨籍、省籍與國籍的藩籬，必不可忽略他對民主理念的深刻觀照與信仰[63]。

二、道家情懷

早在1950年代傅正的日記中，即可明顯看出他在中國古典諸子學派中，特別傾心於道家[64]。就讀臺大期間，專攻道家哲學的王叔岷對他影響極為深刻。他曾在日記中寫道：「曾擔任課程而為我所修讀之老師，固亦不少，然真正能於學術上予

[61] 例如，雷震，「雷震日記」（1958.11.27），傅正註。收入：傅正（主編），《雷震全集（39）——雷震日記（1957年-1958年）：第一個10年（7）》（臺北：桂冠圖書公司，1990），頁413。

[62] 1990年9月澄社召開一場「紀念雷震案三十週年學術研討會」，傅正不論是自己發表的論文（含答覆評論）、乃至於評論李鴻禧的文章，仍對「國家是為個人而存在」的國家工具論申論再三。參見：傅正，〈《自由中國》的時代意義〉，收入：澄社（主編），《臺灣民主自由的曲折歷程——紀念雷震案三十週年學術研討會論文集》，頁349-373；傅正評論李鴻禧，〈雷震之憲法學者像素描〉，收入：澄社（主編），《臺灣民主自由的曲折歷程——紀念雷震案三十週年學術研討會論文集》，頁30。

[63] 傅正對民主政治有著強烈的信仰，此乃無庸置疑。然而，從政治學的角度來觀察，傅正所認知的民主，究竟屬於哪一類型，則有待進一步分析。此可詳參：David Held, *Models of Democracy*, CA: Stanford University Press, 1987. 中譯：戴維・赫爾德（著），李少軍、尚新建（譯），《民主的模式》，臺北：桂冠圖書公司，2002。

[64] 特別是他在1950年代所寫的日記，更可非常明顯看出此一特質。詳參：傅正，「傅正日記」，收入：中央研究院近代史研究所檔案館（藏），「雷震・傅正檔案」。

我啓悟者,唯王叔岷教授一人而已」[65]。甚至表示他在臺大政治系的畢業論文,「本擬就老莊政治思想方面撰題,但必須王叔岷教授指導,始可有收穫可言」,然未獲系方通過,只得作罷[66]。

然而,研究道家思想的心願並未完全放棄。1960年初,他一邊忙著反對運動,該年度的工作計劃重點之一竟是「努力於道家政治思想的研究」[67]。幾個月後雷震案爆發,傅正被捕時隨手帶走的是憨山大師撰的《莊子內篇注》[68]。即使人在獄中,還請程積寬幫他寄來《莊子集釋》[69]。

將近30年後,當他著手主編《雷震全集》時,在第1冊的序言中,傅正引《莊子‧齊物論》天下「莫壽於殤子,而彭祖爲夭」一句話,說明「生命的意義,原在是否能足性,能否活生生的活得像自己」,來突顯「在這個世界上,雷震先生雖然也不過活了八十三歲,但憑他的執著,憑他對理想的高度執著,所以有勇氣面對世俗的是非、成敗、得失、利害、榮辱,乃至毀譽、窮達,而永遠活得有血、有淚、有思想、有情感、有靈

---

[65] 傅正,「傅正日記」(1957.05.02)。

[66] 傅正,「傅正日記」(1957.05.08)。梁學渡指出:傅正非常喜歡老莊,講起當年旁聽王叔岷的課會眉飛色舞,這是他所嚮往的豁達人生態度。蘇瑞鏘(訪問、紀錄),〈梁學渡先生訪問紀錄〉(2006.05.08,於臺北市集智館)。

[67] 傅正,「傅正日記」(1960.01.15)。

[68] 傅正,〈組黨下獄的第一天〉,《自立晚報》(1988年5月23-24日)。轉引自:傅正(主編),《雷震全集(3)──雷震風波:雷案始末(1)》(臺北:桂冠圖書公司,1989),頁38。

[69] 傅正,致程積寬函(1960.11.25)(程積寬提供)。

魂、有個性」[70]。

同樣，傅正在主編《雷震全集》中的「雷震文選」之序言裡，又引用《莊子·天道篇》「世之所貴道者，書也。書不過語，語有貴也。語之所貴者，意也。意有所隨。意之所隨者，不可以言傳也。而世因貴言傳書。世雖貴之，我猶不足貴也，爲其貴非其貴也」一句話，說明「雷先生的文選雖可貴，但文選中所包涵的雷先生的人格精神實在更可貴」[71]。

傅正的學生黃卓權指出，傅正一生中最想寫的一本書乃是《莊子研究》，黃說：

> 傅老師曾經親口告訴我，他一生中最想寫的一本書，就是《莊子研究》，因為《莊子》是他在綠島海邊的獨居房裡，陶百川先生送給他的書，也是他在綠島期間，唯一能夠讀到的「稱得上書的書」[72]。

傅正東吳政治系的同事徐振國，則強調傅正有著「堅韌而又寬和的性格」，應與老莊思想有關：

---

[70] 傅正，〈雷震比活人更活——寫在《雷震與我》前面〉，收入：傅正（主編），《雷震全集(1)——雷震與我(1)》（臺北：桂冠圖書公司，1989），頁vi。

[71] 傅正，〈疾雷破山風震海！——寫在《雷震文選》前面〉，收入：傅正（主編），《雷震全集(13)，——雷震文選：雷震與自由中國》（臺北：桂冠圖書公司，1989），正文前頁7-8。

[72] 黃卓權，〈永遠懷念的傅中梅老師〉，資料來源：「傅正先生逝世15周年紀念文」，http://blog.yam.com/fuchen_yblog/article/6004126，擷取時間：2006.05.15。

自由民主的古典精義原來在闡揚個人人格的自主和尊
嚴，流露在行事為人上，自然應該有種謙謙儒雅的君
子風範。然而近代文化價值錯亂和動盪偏激的大時代
風浪下，中國新萌芽的自由主義思想，經常會首當其
衝的遭到壓迫。自由主義者的性格和言行，也因此很
容易變得壓抑而扭曲。中國自由主義者這種艱難的處
境是很值得同情的。然而，傅正卻能超越這些壓抑和
扭曲，而呈現出堅韌而又寬和的性格。……
縱觀傅正的一生，我們不能不問，是什麼樣的精神力
量支持著他渡過艱難而保持那堅韌寬和的性格呢？
深受他大學老師王淑〔叔？〕岷的影響，傅正深好莊
子。……這清靜脫俗的老莊之言，卻培育了他「若可託
天下，爰以身為天下」的入世精神[73]。

其實老莊思想，原本就蘊含「出世」與「入世」、「虛靜恬
淡」與「積極用世」的雙重辯證。深受莊子影響的傅正，自然可
見其堅韌的一面，也可見其寬和的一面。因此，在他一生中常

---

[73] 徐振國，〈亦儒亦俠的民主鬥士──傅正〉，收入：李豐楙（主編），《當代臺
灣俠客誌》（臺北：東宗出版社，1993），頁144-145。傅正這種「堅韌而又
寬和的性格」，他的學生黃怡也有類似觀察。黃怡說傅正個性很直、嫉惡
如仇、有正義感，然天生對人好。雖然經過那麼大的事，可是相當開朗，
沒有什麼太大顧忌。有些人坐牢後會疑神疑鬼，但傅正不會。黃怡接觸過
許多政治犯，沒有太多人像他那樣勇往直前、個性open-minded。黃怡甚至
認為傅正當年能超越政工的格局，實與他的這些人格特質有關。蘇瑞鏘（訪
問、紀錄），〈黃怡女士訪問紀錄〉（2006.05.21，於臺北市Lamour烘培坊）。

可看到「明知其不可爲而爲之」的堅韌情操[74]，也可看到他待人寬和、與世無爭的生命情調。欲了解傅正的政治觀與人生觀，道家思想乃其重要的線索。這也是傅正在「民主鬥士」的形象之外，另一個更爲細緻的生命面向（圖9-2）。

---

[74] 雷震去世後，傅正在悼念文中寫道：「我最敬愛的雷公：你何嘗不清楚：在今天，要想打敗癌症是沒有希望的？你又何嘗不清楚：在此時此地，要想實現眞正的民主憲政更是沒有可能的？但是：你尤其清楚：癌症畢竟是應該打敗的！眞正的民主憲政畢竟更是應該實現的！所以，你願發揮最足以證明人類偉大高貴的生命力，不但跟癌症做沒有希望的搏鬥，爲民主憲政作知其不可爲而爲之的搏鬥。」（轉引自：傅正，〈雷震《回憶錄》的歷史意義〉，《當代》，29〔臺北，1988.09〕，頁78。）這種「明知其不可爲而爲之」的堅韌情操，在傅正參與民主運動的過程中亦是歷歷可見。從1960年組黨運動逐漸進入實踐階段之際，傅正就不時指出當時臺灣的政治環境根本不宜從事合法的組黨活動，但一想到被統治者愚弄與迫害的無辜百姓，又不忍退下去。因此，還是要堅定信心，抱著「明知其不可爲而爲之」的精神，爲理想而與惡勢力戰鬥。傅正，「傅正日記」（1960.03.24）、（1960.08.24）、（1960.08.26）等等。

圖9-1：
晚年參加雷震案三十週年研討會（上圖左二為傅正）。資料來源：宋英（等），《傅正先生紀念集》（臺北：桂冠圖書公司，1991），正文前相片。

圖9-2：

雷震以道家名句贈傅正。資料來源：傅正，《傅正文選（1）：對一黨專政開火》（臺北：傅正自印，1989），正文前相片；傅正，《傅正文選（3）：為中國民主黨‧民主進步黨戰鬥》（臺北：傅正自印，1989），正文前相片。

| 第十章 |

結論

　　傅正，本名中梅，1927年生於中國江蘇省高淳縣，1940
年代後期當過國民黨鎮壓學運的政治打手。1950年來臺，原爲
中國國民黨黨員，走的是國民黨／蔣經國之路，曾協助建立國
民黨軍隊黨部，擔任過蔣經國和王昇底下的政工幹部。然不久
即走上「雷震」《自由中國》之路。較之50年代中期以後若干與
統治當局由親而疏、由合而分的國民黨內開明人士，傅正其
「覺醒」也快、「從良」也早。

　　此後，傅正一步步地從《自由中國》半月刊的讀者、作者
進而登堂入室成爲該刊的編者。在這段期間，傅正作爲該刊的
「作者」，其所發表過的文章爲數甚多，且經常在該刊（特別是
後期）若干議題中扮演不可忽略的角色，特別是在力主撤銷救
國團、反對蔣介石尋求三連任總統、鼓吹反對黨，以及批判國
民黨黨產等相關議題上。其中，他是第一位使該刊的反對黨主
張與地方選舉發生關係、並將臺灣本土政治人物納入反對黨思
考的關鍵人物。另外，作爲該刊的「編者」，傅正憑藉著與雷
震之間志同道合的情誼與默契，在該社的編務方面有著頗大的
揮灑空間，進而對該刊後期的發展曾發揮相當程度的影響力。
其中，特別在反對蔣介石三連任總統與1960年的地方選舉等議

題上，他所發揮的積極影響力非一般編者所能比擬。不過，傅正擔任編輯期間也有一些思慮欠周之處，陳懷琪的投書風波即是一例。

就在他主編《自由中國》的那段期間，民主人士組織反對黨的呼聲也與日俱增，此時傅正不但在言論上大力支持，1960年更是實際追隨雷震參與籌組「中國民主黨」。對此而言，傅正同時具有「思想之先覺者」與「行動之先驅者」的雙重角色。在此期間，傅正負責起草文稿和接洽聯絡。從傅正參與組黨的過程，可以看出許多重大的歷史意義。首先，這象徵組黨運動的兩個脈絡（「選舉活動脈絡」與「思想啟發脈絡」）之連結。其次，不像雷震等組黨菁英有著濃得化不開的「胡適情結」，傅正很早就放棄對胡適領導組黨的期待，並且意識到「抓住臺灣地方人士」的重要性。再者，他成功地超越了組黨運動中「鼓吹者眾而參與者寡」的困局，背後亦有以民主超越「省籍」藩籬的意義。另外，在實際組黨過程中，他雖扮演「檯面下」的角色，然其所獲得的實際經驗卻相當程度地傳承到日後民主進步黨的籌組。

1960年9月4日雷震案爆發，傅正與雷震等人遭警備總部拘捕。由於他曾在《自由中國》半月刊撰刊〈護憲乎？毀憲乎──望國大代表作明智的抉擇〉與〈豈容「御用」大法官濫用解釋權？〉兩篇反對蔣介石三連任總統的文章，軍事檢察官認其內容「超越學術研究，意見討論之範圍，係挑撥分化，破壞法統，阻撓國民大會集會，與匪之統戰策略相呼應，便利匪幫之叫囂」，而將他交付感化。而當局在傅正3年感化將屆滿之際，找理由再將他感化3年，造成表面上是兩次各3年的感化，

實際上是連續超過法定3年以下的感化，前後失去自由長達6年又3個月。

　　1966年出獄之後，在世界新聞專科學校與東吳大學政治系作育英才。上課雖持「政教分離」的態度，但仍相當關心國家的發展，1970年代初期即與雷震討論出〈救亡圖存獻議〉。1979年3月雷震過世、同年12月爆發美麗島事件，遂再度投入民主運動。

　　1986年與黨外民主菁英共同組成民主進步黨，成為戰後臺灣戒嚴時期極少數積極參與兩次組黨的民主鬥士。而且在前後兩次參與組黨的過程中，本身為「外省」籍的傅正，一再與「本省」籍民主人士攜手合作，意義相當深遠。在民主進步黨成立的過程中，傅正常扮演排難解紛的角色。而且許多人對傅正在組黨過程中展現認真的態度、過人的勇氣、無比的熱情，以及非凡的智慧，多給予高度的評價。在戰後臺灣組黨運動史上，傅正並傳承組黨經驗，更是不可忽視的重要角色。此外，傅正也將他所經驗到的中國政治文化，讓對此頗為陌生的「本省」籍民主人士能夠了解，可說是另類的「經驗」傳承。

　　民進黨成立之後曾擔任該黨黨職，並致力於鼓吹開放外省人返鄉探親、發起平反雷震案、主編《雷震全集》，以及競選立法委員等等，晚年也返回江蘇老家探親。1991年5月10日病逝於孫逸仙治癌醫院，享年65歲。

　　蓋棺以來，有論者讚譽他是「集學者、評論家、政治家與道德實踐者美譽於一身的臺灣政黨政治先驅」[1]，然更多人是以

---

[1] 陳建仲（特稿），〈一生奉獻政黨政治，風範常存人間——傅正病逝，春蠶吐

「自由主義者」來論定他，如稱他為「自由的鬥士」[2]、「自由主義的典範」[3]，以及「堅貞的自由主義者」[4]等等。其實，臺灣從「自由化」到「民主化」的發展歷程中，傅正不僅是一位「自由主義者」，更是一位「民主主義者」。例如，《自由中國》當年相對不重視中央民意代表的改選問題，然傅正晚年則明顯支持國會全面改選。

　　另外，綜觀傅正參與戰後臺灣民主運動的過程，可以看到他不斷超越既有生命格局的努力。來臺之初的傅正，不但是國民黨黨員，而且還是軍中的政工幹部。之後由於不滿國民黨當局諸多違反民主的行徑，遂脫離國民黨集團，這是對其原屬「黨籍」的超越。而在主編《自由中國》、參與籌組中國民主黨與民主進步黨的過程中，本身為「外省」籍的傅正，不斷突破「省籍」的藩籬，一再與「本省」籍民主人士攜手合作，這是

　盡〉，《自由時報》，1991年5月11日。

[2] 2006年7月1日，錢穆故居舉辦文化講座「人文對談」系列第一場講座，主題是「自由的鬥士──雷震（1897-1979）與傅正（1927-1991）」，詳參本書第8章第7節。

[3] 顧忠華指出：「傅正先生一輩子處在困頓之中，更從來沒有為個人的名利作過任何計算，但是他永遠保持樂觀進取的態度，並確信只要貫徹自由民主的原理，人類的理性終會戰勝各種黑暗勢力。這樣的人格，是自由主義的典範，因為傅正先生把自由的真義做了絕佳的展現：在一個全面控制人們思想和行動的時代，他以個人的生命來爭取臺灣人的集體自由，這種運用自由的方式，正是自由在人類社會可以發揮的最大能量！」顧忠華，〈自由的真義──紀念傅正先生逝世十五週年〉，收入：東吳大學政治學系（編輯），《自由、民主與認同──傅正老師逝世15週年》（臺北：東吳大學政治學系，2006），頁9。

[4] 宋文明稱傅正是「堅貞的自由主義者」。蘇瑞鏘（訪問、紀錄），〈宋文明先生訪問紀錄（2）〉（2007.06.05，臺北市YMCA一樓餐廳）。

對其原屬「省籍」的超越。1972年，面對臺灣外部的國際空間逐漸被中國排擠的危局，雷震曾提出〈救亡圖存獻議〉給國民黨高層，建議「從速宣布成立『中華臺灣民主國』」。雷震這篇「獻議」初稿完成以後，是由傅正全文整理並加以條理化，可見傅正對雷震更改中華民國國號以「救亡圖存」的主張應該是贊同的。另外，民進黨成立後通過「住民自決」的決議，其中已蘊含臺灣住民放棄中華民國國籍而選擇臺灣獨立的可能性，基於民主優位原則，傅正亦表支持，這些皆是對其原屬「國籍」的超越[5]。從1950年代的「一個中國」立場（《自由中國》以「中華民國」代表「一個中國」），轉變到1970年代的「兩個中國」立場（〈救亡圖存獻議〉當中的「中華人民共和國」與「中華臺灣民主國」），再演變到1980年代的「容許一中一臺（臺灣獨立）」立場（民進黨「住民自決」的主張蘊含臺灣住民選擇「臺灣獨立」的可能性），可明顯看到其超越「中華民國」國籍的軌跡。值得注意的是，傅正在其國家定位轉折的過程中，內心並非毫無糾葛，只是雖有糾葛，但最後終能超越。至於其超越的動力，除來自道家的情懷，更有來自民主的堅持。而其對民主的堅持，主要是受國共內戰悲劇的影響。

　　國共內戰的時代悲劇影響了傅正那個世代的中國人，此後許多來自中國的「外省」人（如傅正）會與臺灣結緣，即源於此一時代悲劇。只是不盡相同的是，有些「外省」人會牽就國

---

[5] 以上關於傅正一生事跡的簡述，除歸納自本書各章，另參：蘇瑞鏘，〈傅正〉，收入：國史館，「國家歷史資料庫──戰後臺灣的發展」專題：「民主運動的萌芽與挫折」詞條（國史館即將公開的網路資料庫）。

民黨政權，傅正卻敢批評蔣家，這一點就很了不起[6]。由此可以看出，時代環境（國共內戰，隨蔣政權遷臺）會制約某些人的認知與行動的格局，但強烈的自由意志亦可能突破時代環境的限制。傅正在臺灣從「蔣經國之路」轉向「雷震之路」，即是展現高度自由意志以突破時代環境制約的顯證。特別是從「身體化」的角度來觀察，更具「精神史」上的重大意義[7]。

最後，談到傅正對民主政治的堅持，十幾年前他曾說過這麼一席話：「四十年來，我在臺灣所追求的，甚至不惜以自由為代價乃至生命為代價所追求的，第一是民主，第二是民主，第三還是民主。除了民主，只有民主」[8]；然近年來卻有學者調查顯示：「一股強大而在日益增強的民主逆流，阻礙著臺灣民主政治的繼續發展」[9]。對照傅正過去對民主政治的堅持與

---

[6] 蘇瑞鏘（訪問、紀錄），〈黃爾璇先生訪問紀錄〉（2006.08.22，於臺北中和黃宅）。

[7] 學者鄭欽仁引述史家森三樹三郎所撰《梁の武帝：仏教王朝の悲劇》（京都市：平楽寺，1956）一書關於「精神史」與「思想史」的區別，指出：「精神史在我們人的內部，帶動我們生活的一種力量。思想雖也有具備那種力量的情形，但是有時只停留在腦中的構想，還沒有身體化。」鄭欽仁，〈龍與意識形態之論爭〉，收入：鄭欽仁，《生死存亡年代的臺灣》（臺北：稻鄉出版社，1989），頁109。

[8] 傅正，〈請支持我為民主而戰！──寫在「開火」、「挑戰」、「戰鬥」三本文選前面〉，收入：傅正，《傅正文選（1）：對一黨專政開火》（臺北：傅正自印，1989），頁20。

[9] 瞿海源，〈民主的逆流〉，《中國時報》，2003年8月3日。該文指出：「在七月初完成的一項全國調查中，當民眾被問到『近幾年臺灣的政治情況來看，臺灣還不適合實施民主政治』時，有百分之三十五的民眾表示同意」；「在最近這次調查中，也問民眾說『……像解嚴之前蔣經國時代那樣的政治，對臺灣會比較好』，結果同意的比不同意的還多」；「目前有堅定民主立場的民眾大

臺灣近來民主逆流的甚囂塵上，不禁令人感慨萬千，然卻也益發突顯出傅正這一位超越黨籍、省籍與國籍的民主主義者精神之可貴。

約接近三分之一，但也有將近四分之一的堅定地反民主」；「國民黨近半世紀的威權統治，經由長期的政治社會化，使得大部分民眾，尤其是在戒嚴時期成長的民眾，都具有威權而反民主的心態。直到今天，這種影響還在。」

317

傅正先生年譜簡編

西元	大事記
1927	一歲。1月14日（陰曆丙寅年12月11日子時），出生於中國江蘇省高淳縣。父傅廷鴻，母王挑弟，姊傅秋美，弟傅珊和（山河）。
1937	十一歲。多，中日戰爭蔓延到江蘇，遂隨父母搭小船逃難。
1940	十四歲。4月14日，加入中國國民黨，黨證為天字第00339號。
1942	十六歲。在安徽廣德縣就讀高中時，因日軍攻佔廣德，而逃往安徽省績溪縣。
1944	十八歲。第一次被共產黨俘虜，在押解途中脫逃。12月31日，參加青年軍，編入208師（二等兵），駐紮江西省黎川縣，當時蔣經國為該軍政治部主任。
1946	二十歲。1月，由政治協商會議的消息中，首次知道該會議秘書長雷震其人。6月，青年軍復員後，在杭州青年軍第四大學補習班就讀，初見蔣經國。一說這年9月10日（另一說為1948年下半年），與邢藍因（蘭英）結婚。10月，分發到上海大同大學經濟系就讀。
1947	二十一歲。5月，學潮洶湧。與上海各大專院校青年軍同學，在蔣經國指揮下，擔任「平定」學潮的工作。7月，奉蔣經國之令，與京滬沿線各大學的青年軍組成二十位左右的延安參觀團，前往延安參觀，並擔任採訪組長。由延安歸來後，進入蔣經國所主持的嘉興夏令營受訓。10月，轉學國立武漢大學政治系就讀，學號36251，民主理念逐漸萌芽。
1948	二十二歲。秋天過完暑假重回武漢大學讀書，自此與父母及其妻永訣。
1949	二十三歲。4月底，其妻生女雙胞胎（其後一名夭折）。5月10日，因國、共戰局急轉直下，遂離開武漢大學，隨白崇禧的部隊一路逃難。9月，進入華中長官公署擔任文教處軍薦二階處員。11月，入華中長官公署勘亂建國幹部學校研究部軍政配合組研習。隨著白崇禧的大軍覆沒，12月6日深夜，逃至廣東省欽縣時，在中共軍隊的槍聲下夾在難民群中飛奔逃命。12月15日，逃到海南島。在逃難中愈加堅信唯有民主可以救國救民，而發願在有生之年為民主奮鬥。

1950	二十四歲。4月底，由海南島榆林港深夜撤退。5月初，抵達臺灣，後被分配到新竹縣山崎國防部政幹班。7月，被派到駐守嘉義的陸軍第七十五軍政治部擔任第一科科員，負責特種黨務工作。
1951	二十五歲。1月，進入陸軍第七十五軍政治部軍報社任上尉隨軍記者。2月，調國防部政幹第一分班。12月，兼任中國國民黨特種第十八黨部第三科（宣傳科）科長。
1952	二十六歲。7月，調到新成立不久的政工幹校任輔導員，負責訓練政工幹部。然不久便對當局的若干言論和作風有愈來愈多的反省與批判，對蔣經國「由熱望而變成絕望」。
1953	二十七歲。9月，以傅中梅本名在《自由中國》半月刊發表第一篇文章〈個人自由乎？國家自由乎？〉，向政工系統公開挑戰。12月底，傅正（時為政工幹校第四大隊第13中隊上尉幹事）請長假離開政工幹校，被以逃亡罪名移送軍法單位。
1954	二十八歲。春，第一次跨進軍法處，後以不起訴結案，也了結與政工幹校的關係。
1955	二十九歲。2月，插班寄讀臺灣大學政治學系二年級。
1956	三十歲。1956年下半年，在香港《自由人》半週刊寫「阿里山下」專欄（1956-1957）。10月，以傅正筆名在《自由中國》半月刊發表〈國家要把人當人〉，領稿費時與雷震第一次見面。
1957	三十一歲。4月，擔任自立晚報主筆（1957-1958），曾負責該報「徵言」一欄的短評。6月，臺灣大學政治學系畢業。8月1日起，任教於新竹縣立關西初級中學。
1958	三十二歲。4月，進入《自由中國》半月刊社，擔任編輯委員並主編政治版。
1960	三十四歲。2、3月間，分別發表〈護憲乎？毀憲乎？——望國大代表作明智的抉擇！〉與〈豈容「御用」大法官濫用解釋權？〉兩篇反對蔣介石三連任總統的文章。5月18日起，參與籌組中國民主黨，擔任秘書。9月4日，與雷震、馬之驌、劉子英等4人同時被捕下獄。
1963	三十七歲。11月，第2次感化3年。
1964	三十八歲。由土城生教所送到綠島。
1966	四十歲。從綠島警備總部新生訓導處送回生教所。12月21日，結束6年3個月又17天的政治牢災。

1967	四十一歲。9月，任教世界新聞專科學校，講授「世界近代史」。
1970	四十四歲。9月，雷震出獄，定居木柵溝子口，兩人時相往返。
1971	四十五歲。9月，獲聘為東吳大學政治系兼任講師。先後講授「中國憲法與政府」、「中國近代政治史」、「中國政治思想史」、「行政法」、「中國政治學名著選讀」等課程。
1972	四十六歲。協助雷震完成〈救亡圖存獻議〉，主張「從速宣布成立『中華臺灣民主國』，以求自保自全，並安撫臺灣人，開創一個新局面」。
1975	四十九歲。8月，改聘為東吳大學政治系專任講師。該年由木柵溝子口遷往新店鎮檳榔路10號3樓。
1979	五十三歲。3月7日雷震去世，12月10日美麗島事件爆發，開始參與黨外民主運動。
1986	六十歲。參與秘密組黨，為10人小組成員。9月28日於圓山大飯店成立民主進步黨，黨證字號0486000019。11月10日於環亞飯店參加第1屆黨員代表大會，獲選為民主進步黨第1屆中執委，並擔任中央黨部政策研究中心主任。
1987	六十一歲。支援「外省」人返鄉省親相關活動。獲選為民主進步黨第2屆中執委。
1988	六十二歲。4月8日，向監察院陳情，「請求徹查最高法院駁回本人涉嫌叛亂交付感化案」。7月7日晚，在臺北市體育場參加民進黨主辦「反革命群眾大會」，並發表演說，痛斥國民黨堅持革命政黨屬性，進行反民主勾當。7月中返鄉探親，是第一次、也是最後一次。8月9日參與「控訴國府不當毀損雷震回憶錄」遊行。9月獲聘為臺灣人公共事務會（FAPA）臺灣分會會務顧問。
1989	六十三歲。主編《雷震全集》陸續出版。該年改任民進黨顧問。代表民主進步黨參選臺北縣立法委員，為籌募基金，出版3冊《傅正文選》，分別為：「對一黨專政開火」、「向蔣家父子挑戰」，以及「為中國民主黨・民主進步黨戰鬥」。12月，立法委員選舉落選。
1990	六十四歲。《雷震全集》出版達43冊。11月7日醫生初步診斷大腸癌，11月8日進臺大醫院複檢，12月5日開刀，證實罹患胃癌，並已擴散。12月17日出院。

1991	六十五歲。1月3日再入臺大醫院，7日起進行化學治療。5月10日晚8時22分逝世於仁愛醫院內孫逸仙治療中心801病房。6月8日，上午9時在臺北市民權東路第一殯儀館景行廳舉行告別式。

◎主要資料來源

本年表主要以黃卓權（編），〈傅正先生大事年表〉，（黃卓權提供〔部分資料得自陳信傑〕，未刊稿）為基礎，並參酌下列著作，進一步補充、修改而成：

1. 〈民主進步黨創黨元老——傅正先生大事年表〉，http://blog.yam.com/fuchen/973e8f31.doc，擷取時間：2006.05.12。

2. 〈傅正先生略傳、年譜簡編〉，http://archives.sinica.edu.tw/main/52/my%20webs/hu.htm，擷取時間：2007.04.19。

3. 〈傅正教授經歷〉，http://o2u.org.tw/fuz001/modules/tinyd3/，擷取時間：2007.04.19。

4. 不著撰者，〈傅正先生事略〉，收入：國史館（編印），《國史館現藏民國人物傳記史料彙編（第7輯）》（臺北：國史館，1992），頁373-377。

5. 東吳大學政治系（編），〈傅正老師生平〉，收入：東吳大學政治學系（編輯），《自由、民主與認同——傅正老師逝世15週年》（臺北：東吳大學政治學系，2006），頁2-4。

6. 陳正茂，〈民國人物小傳——傅正〉，《傳記文學》，81：5（臺北，2002.11），頁144-146。

7. 傅山河，致蘇瑞鏘函，2007.07.10（未刊）。

8. 傅正，《傅正文選（1）：對一黨專政開火》，臺北：傅正自印，1989。

9. 傅正，《傅正文選（2）：向蔣家父子挑戰》，臺北：傅正自印，1989。

10. 傅正，《傅正文選（3）：為中國民主黨‧民主進步黨戰鬥》，臺北：傅正自印，1989。

11. 蘇瑞鏘（訪問、紀錄），〈傅山河先生訪問紀錄（1）〉（2007.06.19，電話訪問）。

12. 蘇瑞鏘，〈傅正傳〉，《國史館館刊》，復刊39（臺北：國史館，2005.12），頁257-286。

13. 蘇瑞鏘，〈傅正與1950年代臺灣民主運動——以「《自由中國》半月刊」和「『中國民主黨』組黨運動」為中心〉，收入：胡健國（主編），《20世紀臺灣民主發展：第7屆中華民國史專題論文集》（臺北：國史館，2004），頁263-317。

徵引文獻目錄

一、中、日文

(一)檔案、公報

1. 《立法院公報》
2. 《臺灣省臨時省議會公報》
3. 《臺灣省議會公報》
4. 《總統府公報》
5. 民主進步黨中央黨部秘書處檔案，臺北：民主進步黨中央黨部。
6. 胡適紀念館館藏檔案，臺北：中央研究院近代史研究所胡適紀念館。
7. 雷震・傅正檔案，臺北：中央研究院近代史研究所檔案館。
8. 蔣中正總統檔案，臺北：國史館。
9. 檔案管理局「國家檔案」，臺北：檔案管理局。

(二)專書

1. 八十年代出版社（編），《臺灣的憲政危機》，臺北：八十年代出版社，1983。
2. 中國社會科學院近代史研究所中華民國史研究室（編），《黃炎培日記摘錄》，北京：中華書局，1979。
3. 中國論壇編輯委員會（主編），《知識分子與臺灣發展》，臺北：聯經出版公司，1989。
4. 毛慶禎、洪健榮、李逸峰（編），《尹章義教授還曆紀念論文集》（將出版）。
5. 王美琇、邱萬興（主編），《翼堅之刻　鵬飛之時——江鵬堅紀念文集》，臺北：民主進步黨中央黨部，2000。
6. 王燈岸，《磺溪一老人》，彰化：王燈岸自印，1980。
7. 民主進步黨（編），《傅正先生悼念文集》，臺北：民主進步黨中央黨部，1991。
8. 民主進步黨中央黨部黃信介紀念文集小組（編），《民主老仙覺——黃信介紀念文集》，臺北：民主進步黨中央黨部，2000。

9. 田弘茂（著），李晴暉、丁連財（譯），《大轉型——中華民國的政治和社會變遷》，臺北：時報出版公司，1989。

10. 任育德，《雷震與臺灣民主憲政的發展》，臺北：國立政治大學歷史學系，1999。

11. 朱天心，《想我眷村的兄弟們》，臺北：麥田出版社，1992。

12. 江南，《蔣經國傳》，臺北：李敖出版社，1993。

13. 吳文程，《政黨與選舉概論》，臺北：五南圖書公司，2003。

14. 呂政達，《謝長廷——人生這條路》，臺北：大村文化出版公司，1995。

15. 宋英（等），《傅正先生紀念集》，臺北：桂冠圖書公司，1991。

16. 宋朝欽、何榮幸、張瑞昌，《民進黨執政之路》，臺北：風雲論壇社，1993。

17. 宋隆泉，《另一種注目——見證臺灣民主風起雲湧的年代（1986.519-1989.519）》，臺北：桂冠圖書公司，2004。

18. 李永熾（監修），薛化元（主編），《臺灣歷史年表：終戰篇Ⅰ（1945-1965）》，臺北：國家政策資料研究中心，1990。

19. 李永熾（監督），薛化元（編輯），《臺灣歷史年表：終戰篇Ⅲ（1979-1988）》，臺北：業強出版社，1992。

20. 李永熾，張炎憲，薛化元（主編），《人權理論與歷史論文集》，臺北：國史館，2004。

21. 李敖（編著），《雷震研究》，臺北：李敖出版社，1988。

22. 李筱峰，《臺灣民主運動40年》，臺北：自立晚報社，1987。

23. 李筱峰、莊天賜（編），《快讀臺灣歷史人物（2）》，臺北：玉山社，2004。

24. 李鴻禧，《李鴻禧憲法教室》，臺北：元照出版公司，2001。

25. 李鴻禧教授六秩華誕祝賀論文集編輯委員會（編輯），《現代國家與憲法：李鴻禧教授六秩華誕祝賀論文集》，臺北：月旦出版社，1997。

26. 李豐楙（主編），《當代臺灣俠客誌》，臺北：東宗出版社，1993。

27. 杜維運、黃俊傑（編），《史學方法論文選集》，臺北：華世出版社，1987。

28. 沈雲龍、林泉、林忠勝（訪問），林忠勝（記錄），《齊世英先生訪問記錄》，臺北：中央研究院近代史研究所，1990。

29. 東吳大學政治學系（編），《自由、民主與認同——傅正老師逝世15週年紀念座談會》，臺北：東吳大學政治學系，2006。

30. 林山田，《五十年來的臺灣法制（1945-1995）》，臺北：林山田發行，1996。

31. 林山田,《刑法通論》,臺北:林山田發行,1990。

32. 林正弘(主編),《殷海光全集(12):政治與社會》,下,臺北:桂冠圖書公司,1990。

33. 林正弘(主編),《殷海光全集(18):殷海光紀念集》,臺北:桂冠圖書公司,1990。

34. 林志恆,《蘭陽之子游錫堃》,臺北:天下遠見出版公司,1998。

35. 邵玉銘,《中美關係研究論文集》,臺北:傳記文學出版社,1980。

36. 邱萬興(主編),《與我同行──周清玉的政治路》,彰化:財團法人關懷文教基金會,2007。

37. 姚嘉文,《臺灣條約記》,臺北:多晶藝術,2005。

38. 柏楊(口述),周碧瑟(執筆),《柏楊回憶錄》,臺北:遠流出版公司,1996。

39. 約翰‧洛克(John Locke)(著),葉啟芳、瞿菊農(譯),《政府論‧下篇》,北京:商務印書館,1986。

40. 約翰‧洛克(John Locke)(著),葉啟芳、瞿菊農(譯),《政府論次講》,臺北:唐山出版社,1986。

41. 胡秋原,《同舟共濟》,臺北:自由世界出版社,1961。

42. 胡健國(主編),《20世紀臺灣民主發展──第7屆中華民國史專題論文集》,臺北:國史館,2004。

43. 胡健國(主編),《20世紀臺灣歷史與人物──第6屆中華民國史專題論文集》,臺北:國史館,2002。

44. 胡頌平(編著),《胡適之先生年譜長編初稿(9)(1960年)》,臺北:聯經出版公司,1984。

45. 胡適,《胡適的日記──手稿本(18)(1957年1月-1962年2月)》,臺北:遠流出版公司,1990。

46. 范泓,《風雨前行──雷震的一生》,桂林:廣西師範大學出版社,2004。

47. 若林正丈(著),洪金珠、許佩賢(譯),《臺灣──分裂國家與民主化》,臺北:月旦出版社,1994。

48. 迪韋爾熱(Maurice Duverger)(著),雷競璇(譯),《政黨概論》,香港:青文化公司,1991。

49. 徐博東,《大陸學者眼中的民進黨》,臺北:海峽學術出版社,2003。

50. 秦孝儀(主編),《先總統 蔣公思想言論總集》,卷26,臺北:國民黨中央委員會黨史委員會,1984。

51. 財團法人紀念殷海光先生學術基金會（編），《其人雖已沒，千載有餘情：紀念雷震先生百歲冥誕暨傅正先生逝世五週年》，臺北：財團法人紀念殷海光先生學術基金會，1996。

52. 馬之驌，《雷震與蔣介石》，臺北：自立晚報社，1993。

53. 高玉樹（口述），吳君瑩（紀錄），林忠勝（撰述），《高玉樹回憶錄：玉樹臨風步步高》，臺北：前衛出版社，2007。

54. 高明輝（口述），范立達（整理），《情治檔案——一個老調查員的自述》，臺北：商周文化事業公司，1995。

55. 國史館（編印），《國史館現藏民國人物傳記史料彙編（第七輯）》，臺北：國史館，1992。

56. 張世瑛（訪問紀錄），《勇者的身影——江鵬堅先生行誼訪談錄》，臺北：國史館，2004。

57. 張忠棟，《自由主義人物》，臺北：允晨文化，1998。

58. 張忠棟，《胡適·雷震·殷海光——自由主義人物畫像》，臺北：自立晚報社，1990。

59. 張炎憲（總編輯），《二二八事件研究論文集》，臺北：吳三連臺灣史料基金會，1998。

60. 張炎憲等（編），《臺灣近百年史論文集》，臺北：吳三連臺灣史料基金會，1996。

61. 張富忠、邱萬興（編著），《綠色年代——臺灣民主運動25年（上冊）1975-1987》，臺北：印刻出版公司，2005。

62. 現代學術研究基金會，《現代學術研究（專刊13）——戰後臺灣歷史省思》，臺北：現代學術研究基金會，2004。

63. 莊萬壽（主編），《臺灣獨立的理論與歷史》，臺北：前衛出版社，2002。

64. 許雪姬（等），《臺灣歷史辭典》，臺北：行政院文化建設委員會，2004。

65. 許雪姬（編），《「戒嚴時期政治案件」專題研討會論文暨口述歷史紀錄》，臺北：財團法人戒嚴時期不當叛亂暨匪諜審判案件補償基金會，2003。

66. 許陽明（主編），《民主大憲章實錄》，臺北：民主進步黨中央黨部，1991。

67. 許福明，《中國國民黨的改造（1950-1952）》，臺北：正中書局，1986。

68. 郭廷以，《近代中國史綱》，香港：中文大學出版社，1980。

69. 郭惠娜、林衡哲（編），《郭雨新紀念文集》，臺北：前衛出版社，1989。

70. 陳世宏、張世瑛、許瑞浩、薛月順（編），《雷震案史料彙編：國防部檔案選輯》，臺北：國史館，2002。

71. 陳世宏、張世瑛、許瑞浩、薛月順（編），《雷震案史料彙編：黃杰警總日記選輯》，臺北：國史館，2003。

72. 陳君愷，《臺灣「民主文化」發展史研究》，臺北：記憶工程股份有限公司，2004。

73. 陳菊，《黑牢嫁粧：一個臺灣女子的愛與戰鬥》，臺北：月旦出版社，1993。

74. 陳新民，《中華民國憲法釋論》，臺北：陳新民發行，1995。

75. 陳儀深，《近代中國政治思潮——從鴉片戰爭到中共建國》，臺北：稻鄉出版社，1997。

76. 陶百川，《困勉強狷八十年》，臺北：東大圖書公司，1984。

77. 傅正（主編），《雷震全集（1）——雷震與我（1）》，臺北：桂冠圖書公司，1989。

78. 傅正（主編），《雷震全集（2）——雷震與我（2）》，臺北：桂冠圖書公司，1989。

79. 傅正（主編），《雷震全集（3）——雷震風波：雷案始末（1）》，臺北：桂冠圖書公司，1989。

80. 傅正（主編），《雷震全集（4）——雷震風波：雷案始末（2）》，臺北：桂冠圖書公司，1989。

81. 傅正（主編），《雷震全集（5）——雷震風波：雷案始末（3）》，臺北：桂冠圖書公司，1989。

82. 傅正（主編），《雷震全集（9）——雷震回憶錄：我的學生時代（1）》，臺北：桂冠圖書公司，1989。

83. 傅正（主編），《雷震全集（11）——雷震回憶錄：雷案回憶（1）》，臺北：桂冠圖書公司，1990。

84. 傅正（主編），《雷震全集（12）——雷震回憶錄：雷案回憶（2）》，臺北：桂冠圖書公司，1989。

85. 傅正（主編），《雷震全集（13）——雷震文選：雷震與自由中國》，臺北：桂冠圖書公司，1989。

86. 傅正（主編），《雷震全集（14）——雷震文選：雷震與政黨政治》，臺北：桂冠圖書公司，1989。

87. 傅正（主編），《雷震全集（27）——雷震特稿：給蔣氏父子的建議與抗議》，臺北：桂冠圖書公司，1990。

88. 傅正（主編），《雷震全集（36）——雷震日記（1961年）：獄中十年（1）》，

臺北：桂冠圖書公司，1989。

89. 傅正（主編），《雷震全集（39）——雷震日記（1957年-1958年）：第一個10年（7）》，臺北：桂冠圖書公司，1990。

90. 傅正（主編），《雷震全集（40）——雷震日記（1959年-1960年）：第一個10年（8）》，臺北：桂冠圖書公司，1990）。

91. 傅正（主編），《雷震全集（45）——雷震日記（1971年-1972年）：最後十年（1）》，臺北：桂冠圖書公司，1990。

92. 傅正（主編），《雷震全集（46）——雷震日記（1973年-1974年）：最後十年（2）》，臺北：桂冠圖書公司，1990。

93. 傅正（主編），《雷震全集（47）——雷震日記（1975年-1977年）：最後十年（3）》，臺北：桂冠圖書公司，1990。

94. 傅正，《傅正文選（1）：對一黨專政開火》，臺北：傅正自印，1989。

95. 傅正，《傅正文選（2）：向蔣家父子挑戰》，臺北：傅正自印，1989。

96. 傅正，《傅正文選（3）：為中國民主黨‧民主進步黨戰鬥》，臺北：傅正自印，1989。

97. 彭明敏，《自由的滋味——彭明敏回憶錄》，臺北：前衛出版社，1992。

98. 彭明敏文教基金會（編），《臺灣自由主義的傳統與傳承》，臺北：彭明敏文教基金會，1994。

99. 彭懷恩，《臺灣政治變遷40年》，臺北：自立晚報社，1992。

100. 森三樹三郎，《梁の武帝:仏教王朝の悲劇》，京都市：平樂寺，1956。

101. 華特金士（Frederick M . Watkins）、克拉姆尼克（Isaac Kramnick）（著），張明貴（譯），《意識型態的時代——從1750年到現在的政治思想》，臺北：聯經出版公司，1989。

102. 費希平，《理想與期待——民主政治家費希平先生言論集》，臺北：費希平發行，1990。

103. 黃秀政、張勝彥、吳文星，《臺灣史》，臺北：五南圖書公司，2002。

104. 黃卓權，《跨時代的臺灣貨殖家:黃南球先生年譜（1840-1919）》，臺北，國立中央圖書館臺灣分館，2004。

105. 黃煌雄，《戰略:臺灣向前行》，臺北：前衛出版社，1995。

106. 黃德福，《民主進步黨與臺灣地區政治民主化》，臺北：時英出版社，1992。

107. 楊金虎，《七十回憶（上）》，臺北：龍文出版公司，1990。

108. 楊祖珺，《玫瑰盛開——楊祖珺十五年來時路》，臺北：時報出版公司，1992。

109. 楊逸舟（著），張良澤（譯），《受難者》，臺北：前衛出版社，1990。

110. 楊肇嘉，《楊肇嘉回憶錄》，臺北：三民書局，1988。

111. 萬麗鵑（編註），潘光哲（校閱），《萬山不許一溪奔——胡適雷震來往書信選集》，臺北：中央研究院近代史研究所，2001。

112. 葉石濤，《一個臺灣老朽作家的50年代》，臺北：前衛出版社，1991。

113. 雷震，《雷震回憶錄之新黨運動黑皮書》，臺北：遠流出版公司，2003。

114. 臺北市二二八紀念館（編），《臺北市二二八紀念館活動成果（2000-2001）》，臺北：臺北市二二八紀念館，2001。

115. 臺灣省諮議會（編著），《臺灣省參議會、臨時省議會暨省議會時期史料彙編計畫》，臺中：臺灣省諮議會，2001。

116. 臺灣省諮議會（編輯），《「深化臺灣民主、促進地方建設」學術研討會會議論文集》，臺中：臺灣省諮議會，2004。

117. 劉作揖，《保安處分執行法論》，臺北：黎明文化公司，1983。

118. 澄社（主編），《臺灣民主自由的曲折歷程——紀念雷震案三十週年學術研討會論文集》，臺北：自立晚報社，1992。

119. 鄭牧心，《臺灣議會政治40年》，臺北：自立晚報社，1991。

120. 鄭欽仁，《生死存亡年代的臺灣》，臺北：稻鄉出版社，1989。

121. 戴維‧赫爾德（著），李少軍、尚新建（譯），《民主的模式》，臺北：桂冠圖書公司，2002。

122. 戴寶村（主編），《「臺灣人民自救宣言」四十週年歷史省思》，臺北：臺灣歷史學會，2004。

123. 薛化元（主編），《《自由中國》全23卷總目錄暨索引》，臺北：遠流出版公司，2000。

124. 薛化元（編著），《臺灣開發史》，臺北：三民書局，2003。

125. 薛化元，《《自由中國》與民主憲政——1950年代臺灣思想史的一個考察》，臺北：稻鄉出版社，1996。

126. 薛化元，《臺灣全志‧政治志‧民主憲政篇》，南投：國史館臺灣文獻館，2007。

127. 薛化元、陳翠蓮、吳鯤魯、李福鐘、楊秀菁，《戰後臺灣人權史》，臺北：國家人權紀念館籌備處，2003。

128. 謝長廷，《黨外黨》，臺北：謝長廷出版，1983。

129. 謝漢儒，《早期臺灣民主運動與雷震紀事——為歷史留見證》，臺北：桂冠圖書公司，2002。

130. 鍾年晃，《失落的民進黨》，臺北：商智文化，2001。

131. 璐蒂・泰鐸（著），鄭純宜（譯），《變遷中的正義》，臺北：商周出版社，2001。

132. 顏萬進，《在野時期民進黨大陸政策》，臺北：新文京開發出版公司，2003。

133. 蘇瑞鏘，《戰後臺灣組黨運動的濫觴——「中國民主黨」組黨運動》，臺北：稻鄉出版社，2005。

134. 蘇嫻雅，《尤清前傳》，臺北：商周文化，1994。

135. 龔宜君，《「外來政權」與本土社會——改造後國民黨政權社會基礎的形成（1950-1969）》，臺北：稻鄉出版社，1998。

（三）論文

1. 不著撰者，〈政黨政治的催生者：傅正——「中國先驅」創刊號專訪〉，《中國先驅》，1，臺北，1987.03.01。

2. 不著撰者，〈傅正先生事略〉，收入：國史館（編印），《國史館現藏民國人物傳記史料彙編（第7輯）》，臺北：國史館，1992。

3. 尤清，〈緬懷臺灣政黨政治的催生者——傅正教授〉，收入：財團法人紀念殷海光先生學術基金會（編），《其人雖已沒，千載有餘情：紀念雷震先生百歲冥誕暨傅正先生逝世五週年》，臺北：財團法人紀念殷海光先生學術基金會，1996。

4. 尤清，〈贊助傅正 支持民主——推薦傅老師三本文選〉，收入：傅正，《傅正文選（1）：對一黨專政開火》，臺北：傅正發行，1989。

5. 方望思，〈請看香港發出的臺灣政治颱風警報〉，《自由中國》，20：4，臺北，1959.02.16。

6. 王正，〈給監察院看病〉，《前瞻》，3，臺北，1983.12。

7. 王美琇，〈他已莊嚴地走入臺灣史——記傅正先生為民主而戰的一生〉，收入：宋英（等），《傅正先生紀念集》，臺北：桂冠圖書公司，1991。。

8. 古淑芳，〈臺灣黨外運動（1977-1986）——以黨外言論為中心之研究〉，臺北：國立臺灣師範大學歷史研究所碩士論文，1999。

9. 司法院大法官會議，〈釋字第85號解釋〉，《總統府公報》，1096，臺北，1960.02.12。

10. 司馬文武，〈他的心中衹有民主，沒有統獨——悼傅正〉，收入：宋英（等），《傅正先生紀念集》，臺北：桂冠圖書公司，1991。

11. 本刊資料室，〈看臺灣各縣市群雄角逐！——關於全省二十一縣市選局報

導〉,《自由中國》,22:8,臺北,1960.04.16。

12. 田欣,〈「外省人」自由主義者對「臺灣前途」的態度──以雷震、殷海光及傅正為例〉,收入:張炎憲等(編),《臺灣近百年史論文集》,臺北:吳三連臺灣史料基金會,1996。

13. 任育德,〈身為當代史作者的傅正〉,《當代》,229,臺北,2006.09.01。

14. 朱天心,〈想我眷村的兄弟們〉,收入:朱天心,《想我眷村的兄弟們》,臺北:麥田出版社,1992。

15. 朱伴耘,〈三感代三牲──悼傅正先生〉,收入:宋英(等),《傅正先生紀念集》,臺北:桂冠圖書公司,1991。

16. 吳俊德,〈民進黨統獨論述之分析〉,臺北:私立東吳大學政治學系碩士論文,2001。

17. 呂秀蓮,〈由民主大憲章到催生新憲法〉,http://www5.www.gov.tw/PUBLIC/view.php3?id=39808&main=GOVNEWS&sub=49,擷取時間:2007.04.10。

18. 宋文明,〈可歌可泣的民主運動者〉,收入:宋英(等),《傅正先生紀念集》,臺北:桂冠圖書公司,1991。

19. 宋英,〈老天太不公平了!──悼念傅正先生〉,收入:宋英(等),《傅正先生紀念集》,臺北:桂冠圖書公司,1991。

20. 宋英,〈雷震蓋棺十年可論定!──寫在「雷震全集」前面〉,收入:傅正(主編),《雷震全集(1)──雷震與我(1)》,臺北:桂冠圖書公司,1989。

21. 李永熾,〈兩蔣獨裁政權的成立與變化〉,《當代》,231,臺北,2006.11.01。

22. 李敏勇,〈我們用綠色旗幟覆蓋你〉,收入:宋英(等),《傅正先生紀念集》,臺北:桂冠圖書公司,1991。

23. 李筱峰,〈我的一道期中考題〉,《自由時報》,2006年11月12日。

24. 李筱峰,〈知識分子與政治革新運動〉,收入:中國論壇編輯委員會(主編),《知識分子與臺灣發展》,臺北:聯經出版公司,1989。

25. 李寧(採訪),〈紀念雷震先生專訪──蓋棺三年話雷震〉,《政治家》,24,臺北,1982.03.01。

26. 卓遵宏、劉筱齡(訪問),許伸弘(紀錄整理),許瑞浩(修訂),〈馬之驌先生訪問紀錄:生教所的悲歡歲月〉,《國史館館刊》,復刊35,臺北,2003.12。

27. 周清玉,〈傅老師──真正實在之民主老師〉,「傅正先生逝世15周年紀念文」,http://blog.yam.com/fuchen_yblog/article/6005084,擷取時間:2006.05.09。

28. 周清玉,〈懷念傅正老師〉,收入:財團法人紀念殷海光先生學術基金會(編),《其人雖已沒,千載有餘情:紀念雷震先生百歲冥誕暨傅正先生逝世五週年》,臺北:財團法人紀念殷海光先生學術基金會,1996。

29. 官家良,〈官家良「申冤」的陳情書〉,《自由中國》,20:5,臺北,1959.03.01。

30. 林山田,〈論政治犯罪〉,《刑事法雜誌》,34:3,臺北,1990.06。

31. 林奇伯,〈不容青史盡成灰——專訪謝漢儒〉,收入:臺灣光華雜誌,http://www.taiwan-panorama.com/ch/show_issue.php3?id=2002119111102c.txt&page=1,擷取時間:2006.04.28。

32. 林淇瀁,〈意識型態・媒介與權力:《自由中國》與50年代臺灣政治變遷之研究〉,臺北:國立政治大學新聞學系博士論文,2003。

33. 林朝億,〈黃爾璇回憶民進黨組黨艱辛〉,http://www.taiwannation.org.tw/republic/rep21-30/no28_07.htm,擷取時間:2007.04.15。

34. 林朝億,〈憶東吳大學兩、三事〉,http://gptaiwan.org.tw/~cylin/articles/2000_1_22.htm,擷取時間:2006.05.15。

35. 林毓生,〈敬悼民主運動先驅者傅正先生〉,收入:宋英(等),《傅正先生紀念集》,臺北:桂冠圖書公司,1991。

36. 林魏立,〈反對勢力中的臺獨意識之研究——民國七十六年九月至七十八年六月民進黨個案分析〉,臺北:國立政治大學三民主義研究所碩士論文,1989。

37. 治喪委員會,〈傅正先生事略〉,收入:宋英(等),《傅正先生紀念集》,臺北:桂冠圖書公司,1991。

38. 社論,〈三論青年反共救國團撤銷問題〉,《自由中國》,23:5,臺北,1960.09.01。

39. 社論,〈反對黨問題(「今日的問題」之15)〉,《自由中國》,18:4,臺北,1958.02.16。

40. 社論,〈平心靜氣談組黨〉,《人間世》,4:7,臺北,1960.07。

41. 社論,〈再論青年反共救國團撤銷問題〉,《自由中國》,18:11,臺北,1958.06.01。

42. 社論,〈欣幸中的疑慮——關於蔣總統反對修憲的聲明〉,《自由中國》,20:1,臺北,1959.01.01。

43. 社論,〈青年反共救國團問題(「今日的問題」之十二)〉,《自由中國》,18:1,臺北,1958.01.01。

44. 社論，〈豈容「御用」大法官濫用解釋權？〉，《自由中國》，22：5，臺北，1960.03.01。

45. 社論，〈國庫不是國民黨的私囊！──從民社黨拒受宣傳補助費說到國民黨把國庫當作黨庫〉，《自由中國》，22：11，臺北，1960.06.01。

46. 社論，〈護憲乎？毀憲乎？──望國大代表作明智的抉擇！〉，《自由中國》，22：5，臺北，1960.03.01。

47. 邵玉銘，〈中美共同防禦條約之簽訂、終止與後果〉，收入：邵玉銘，《中美關係研究論文集》，臺北：傳記文學出版社，1980。

48. 邱垂亮，〈民主本平凡──我認識的傳正〉，收入：宋英（等），《傳正先生紀念集》，臺北：桂冠圖書公司，1991。

49. 南方朔，〈為有源頭活水來！──雷震先生逝世十週年祭〉，收入：傅正（主編），《雷震全集(1)：雷震與我(1)》，臺北：桂冠圖書公司，1989。

50. 姜思章，〈從流離到團圓──一個大陸來臺老兵的親身經歷〉，資料來源：南方電子報，http://www.esouth.org/modules/wordpress/?p=16，擷取時間：2007.06.28。

51. 胡佛（發言），收入：「三十年來臺灣的發展」座談會，《中國論壇》，9：7，臺北，1980.01。

52. 胡佛，〈民主，民主，還是民主──傳正先生的民主理念與實踐〉，收入：宋英（等），《傳正先生紀念集》，臺北：桂冠圖書公司，1991。

53. 胡佛，〈威權體制的傘狀結構〉，《二十一世紀》，5，香港：香港中文大學中國文化研究所，1991.06。

54. 胡志成，〈從「自由中國」事件到中美斷交〉，收入：八十年代出版社（編），《臺灣的憲政危機》，臺北：八十年代出版社，1983。

55. 胡國台，〈蔣經國先生與青年軍〉，《近代中國》，125，臺北，1998.06.25。

56. 胡虛一，〈讀「愛荷華憶雷震」書後〉，收入：李敖（編著），《雷震研究》，臺北：李敖出版社，1988。

57. 胡適，〈胡適之先生上蔣介石總統萬言書全文〉，《中國人物》，1：1，臺北，1997春。

58. 胡適，〈從爭取言論自由談到反對黨〉，《自由中國》，18：11，臺北，1958.06.01。

59. 胡適，「胡適日記」(1960.11.18)，收入：胡適，《胡適的日記──手稿本(18)(1957年1月-1962年2月)》，臺北：遠流出版公司，1990。

60. 韋政通，〈通向失望的階梯──敬悼為臺灣民主奉獻一生的傳正先生〉，收

入：宋英（等），《傅正先生紀念集》，臺北：桂冠圖書公司，1991。

61. 唐德剛，〈歷史對他太不公平——敬悼傅正先生〉，收入：宋英（等），《傅正先生紀念集》，臺北：桂冠圖書公司，1991。

62. 夏道平，〈悼念傅正——民主運動的獻身者〉，收入：宋英（等），《傅正先生紀念集》，臺北：桂冠圖書公司，1991。

63. 孫仲達，〈陳總統參加傅正逝世十週年紀念會〉，文建會國家文化資料庫：http://nrch.cca.gov.tw/ccahome/photo，擷取時間：2007.03.31。

64. 徐振國，〈亦儒亦俠的民主鬥士——傅正〉，收入：李豐楙（主編），《當代臺灣俠客誌》，臺北：東宗出版社，1993。

65. 徐振國，〈亦儒亦俠的民主鬥士——傅正〉，收入：東吳大學政治學系（編輯），《自由、民主與認同——傅正老師逝世15週年紀念座談會》，臺北：東吳大學政治學系，2006。

66. 徐振國，〈敬悼傅正老師——一位堅韌寬和的當代自由主義者〉，《東吳青年》，88，臺北，1991.06.29。

67. 徐復觀，〈青年反共救國團的健全發展的商榷〉，《自由中國》，7：8，臺北，1952.10.16。

68. 殷海光，〈剖析國民黨〉，收入：林正弘（主編），《殷海光全集(12)：政治與社會》，下，臺北：桂冠圖書公司，1990。

69. 翁松燃，〈紀念傅正〉，收入：宋英（等），《傅正先生紀念集》，臺北：桂冠圖書公司，1991。

70. 翁初美，〈我想念我的老師——傅正先生〉，收入：宋英（等），《傅正先生紀念集》，臺北：桂冠圖書公司，1991。

71. 馬之驌，〈追憶中梅——一個救國主義者〉，《自立晚報》，1992年5月10日。

72. 馬之驌，〈憶苦受感化歲月兼記親友故舊〉，《歷史月刊》，184，臺北，2003.05。

73. 張世忠，〈永遠懷念的民主鬥士〉，「傅正先生逝世15周年紀念文」，http://blog.yam.com/fuchen_yblog/article/6005905，擷取時間：2006.05.15。

74. 張世瑛（訪問紀錄），〈黃爾璇先生訪談紀錄〉，收入：張世瑛（訪問紀錄），《勇者的身影——江鵬堅先生行誼訪談錄》，臺北：國史館，2004。

75. 張忠棟，〈永遠活在眾人心中〉，收入：宋英（等），《傅正先生紀念集》，臺北：桂冠圖書公司，1991。

76. 張忠棟，〈永遠活在眾人心中〉，收入：張忠棟，《自由主義人物》，臺北：允晨文化，1998。

77. 張忠棟,〈夏道平與殷海光〉,收入:張忠棟,《自由主義人物》,臺北:允晨文化,1998。

78. 張忠棟,〈雷震和國民黨分手的開始〉,收入:張忠棟,《胡適・雷震・殷海光——自由主義人物畫像》,臺北:自立晚報社,1990。

79. 張俊宏,〈民主巨星的殞落——悼念黃信介先生〉,收入:民主進步黨中央黨部黃信介紀念文集小組(編),《民主老仙覺——黃信介紀念文集》,臺北:民主進步黨中央黨部,2000。

80. 張俊宏,〈族群和海峽對立的融解者〉,《中國時報》,1991年6月7日。

81. 張俊宏,〈族群和海峽對立的融解者〉,收入:宋英(等),《傅正先生紀念集》,臺北:桂冠圖書公司,1991。

82. 張俊雄,〈斯人已遠——憑弔清風傲骨的一代哲人〉,「傅正先生逝世15周年紀念文」,http://blog.yam.com/fuchen_yblog/article/6006075,擷取時間:2006.05.09。

83. 張淑雅,〈美國對臺政策轉變的考察〉,《中央研究院近代史研究所集刊》,19,臺北,1990.06。

84. 許瑞浩,〈從官方檔案看統治當局處理「雷震案」的態度與決策——以國防部檔案為中心〉,收入:胡健國(主編),《20世紀臺灣民主發展:第7屆中華民國史專題論文集》,臺北:國史館,2004。

85. 郭正亮,〈國民黨政權在臺灣的轉化(1945-88)〉,臺北:國立臺灣大學社會研究所碩士論文,1988。

86. 陳三井,〈蔣經國先生與中國青年反共救國團〉,《近代中國》,92,臺北,1992.12.01。

87. 陳世宏,〈《雷震案史料彙編》導論〉,收入:陳世宏、張世瑛、許瑞浩、薛月順(編輯),《雷震案史料彙編:黃杰警總日記選輯》,臺北:國史館,2003。

88. 陳正茂,〈民國人物小傳——傅正〉,《傳記文學》,81:5,臺北,2002.11。

89. 陳正然,〈臺灣五○年代知識份子的文化運動——以「文星」為例〉,臺北:國立臺灣大學社會學研究所碩士論文,1985。

90. 陳立剛(口述),康韶娟(整理),〈永恆不滅的傳燈——追憶政治系傅正教授〉,《東吳校友(網路電子報)》8,http://www.scu.edu.tw/alumni/mgz8/t9-2.htm,擷取時間:2007.06.18。

91. 陳君愷,〈從轉型正義觀點看國民黨黨產問題〉,財團法人臺灣智庫(主

辦），「轉型正義經驗比較國際研討會」會議論文，2007年7月28日。

92. 陳君愷、蘇瑞鏘，〈威權統治時期校園政治案件中的人權侵害初探〉，國立臺灣大學社會科學院、財團法人戒嚴時期不當叛亂暨匪諜審判案件補償基金會（主辦），「臺灣人權與政治事件學術討論會」會議論文，2005年12月8日。

93. 陳孟元，〈臺灣1980年代黨外運動之研究〉，桃園：國立中央大學歷史研究所碩士論文，1996。

94. 陳明通，〈威權政體下臺灣地方政治菁英的流動（1945-1986）——省參議員及省議員流動的分析〉，臺北：國立臺灣大學政治學研究所博士論文，1990。

95. 陳信傑，〈民主進步黨的創黨過程：外省菁英份子所扮演的角色〉，臺北：中國文化大學政治學研究所碩士論文，2000。

96. 陳信傑，致蘇瑞鏘函，2007.08.08。

97. 陳建仲（特稿），〈一生奉獻政黨政治，風範常存人間——傅正病逝，春蠶吐盡〉，《自由時報》，1991年5月11日。

98. 陳菊，〈用生命實踐理想的人——懷念傅正老師〉，收入：財團法人紀念殷海光先生學術基金會（編），《其人雖已沒，千載有餘情：紀念雷震先生百歲冥誕暨傅正先生逝世五週年》，臺北：財團法人紀念殷海光先生學術基金會，1996。

99. 陳菊，〈把失落的價值尋回來，把偏離的路線修正回來〉，「傅正先生逝世15周年紀念文」，http://blog.yam.com/fuchen_yblog/article/6005144，擷取時間：2006.05.09。

100. 陳菊，〈讓我心送一程——悼念傅正老師〉，收入：宋英（等），《傅正先生紀念集》，臺北：桂冠圖書公司，1991。

101. 陳菊，〈讓我心送一程——悼念傅正老師〉，收入：陳菊，《黑牢嫁粧：一個臺灣女子的愛與戰鬥》，臺北：月旦出版社，1993。

102. 陳順珍，〈民主進步黨創黨與首任黨主席的角色分析〉，臺灣省省諮議會（主辦），「臺灣民主的興起與變遷學術研討會」會議論文，2006年10月18日。

103. 陳瑞崇，〈教我如何不想他〉，收入：東吳大學政治學系（編），《自由、民主與認同——傅正老師逝世15週年紀念座談會》，臺北：東吳大學政治學系，2006。

104. 陳瑞崇，〈傅正老師活得比人更活〉，「傅正先生逝世15周年紀念文」，

http://blog.yam.com/fuchen_yblog/article/6005010，擷取時間：2006.05.09。

105. 陳翠蓮，〈戒嚴時期臺灣的情治機關——以美麗島事件為例〉，收入：胡健國（主編），《中華民國史專題第7屆討論會：20世紀臺灣民主發展》，臺北：國史館，2004。

106. 陳儀深，〈自由主義的兩種類型——《獨立評論》與《自由中國》的比較〉，《中國論壇》，31：1，臺北，1990.10.10。

107. 陳儀深，〈國共鬥爭下的自由主義（1941-1949）〉，《中央研究院近代史研究所集刊》，23，臺北，1994.06。

108. 陳儀深，〈臺灣制憲運動的回顧〉，http://advocates.tomeet.biz/wooooa/front/bin/ptdetail.phtml?Part=seminar02&PreView=1，擷取時間：2007.04.10。

109. 傅山河，致蘇瑞鏘函，2007.07.10（未刊）。

110. 傅中梅，〈個人自由乎？國家自由乎？〉，《自由中國》，9：6，臺北，1953.09.16。

111. 傅中梅，〈幾句臨別贈言——寫給世新畢業班全體同學〉，《青年人》，6，臺北：世界新聞專科學校，1971.06。

112. 傅正（主講），「『自由中國』與中國民主黨（1949-60）」，收入：〈民主的香火：中國民主運動發展史（2）——臺灣部分（1946～81）〉，《八十年代》，4：1，臺北，1982.02。

113. 傅正（執筆），〈本院康委員寧祥等十三人，為請從速澈底平反雷震案，以刷清政府於民主憲政史上留下之重大污點，特向行政院提出質詢〉，《立法院公報》，77：31，臺北，1988.04.16。

114. 傅正，〈《自由中國》的時代意義〉，收入：澄社（主編），《臺灣民主自由的曲折歷程——紀念雷震案三十週年學術研討會論文集》，臺北：自立晚報社，1992。

115. 傅正，〈《雷案回憶》補注〉，收入：傅正（主編），《雷震全集（11）——雷震回憶錄：雷案回憶（1）》，臺北：桂冠圖書公司，1990。

116. 傅正，〈《雷案回憶》補註說明〉，收入：傅正（主編），《雷震全集（11）——雷震回憶錄：雷案回憶（1）》，臺北：桂冠圖書公司，1990。

117. 傅正，〈「人民有主張臺灣獨立的自由」黨綱座談會說明〉，《民進黨週報（革新版）》，4，臺北，1988.04.02-08。

118. 傅正，〈「春蠶到死絲方盡！」——介紹「雷震日記」「最後十年」〉，收入：傅正（主編），《雷震全集（45）——雷震日記（1971年-1972年）：最後十年

(1)》，臺北：桂冠圖書公司，1990。

119. 傅正，〈「給蔣氏父子的建議與抗議」的編輯說明〉，收入：傅正（主編），《雷震全集(27)——雷震特稿：給蔣氏父子的建議與抗議》，臺北：桂冠圖書公司，1990。

120. 傅正，〈半生半死的候補制度——國大、立委候補人際遇不同〉，《前瞻》，臺北：1983.10。

121. 傅正，〈回家的時候到了——外省人返鄉探親促進會聲明〉，收入：傅正，《傅正文選(1)：對一黨專政開火》，臺北：傅正自印，1989。

122. 傅正，〈我在臺灣活了三十八年！——舊曆新年的一點感觸〉，《遠望》，7，臺北，1988.03。

123. 傅正，〈我為什麼兩次參加組黨？〉，收入：傅正（主編），《雷震全集(14)——雷震文選：雷震與政黨政治》，臺北：桂冠圖書公司，1989。

124. 傅正，〈我們決心為雷震案共同奮鬥——雷震案後援會聲明〉，收入：傅正，《傅正文選(3)：為中國民主黨‧民主進步黨戰鬥》，臺北：傅正自印，1989。

125. 傅正，〈我國不是內閣制嗎？〉，《自由中國》，20：12，臺北，1959.06.16。

126. 傅正，〈我願表示最高的歉意並請給予最大的寬恕——寫在「雷震全集」編後〉，收入：傅正（主編），《雷震全集(47)——雷震日記(1975年-1977年)：最後十年(3)》，臺北：桂冠圖書公司，1990。

127. 傅正，〈抗議不准返鄉省親的不人道政策〉，《遠望》，臺北，1987.05。

128. 傅正，〈東北最後一位鐵漢〉，收入：沈雲龍、林泉、林忠勝（訪問），林忠勝（記錄），《齊世英先生訪問記錄》，臺北：中央研究院近代史研究所，1990。

129. 傅正，〈是歷史，也是鏡子！——寫在《我的學生時代》前面〉，收入：傅正（主編），《雷震全集(9)——雷震回憶錄：我的學生時代(1)》，臺北：桂冠圖書公司，1989。

130. 傅正，〈軍事審判制度總檢討〉，《關懷》，39，臺北，1985.02。

131. 傅正，〈修憲已沒有「合法途徑」了！〉，《自由中國》，21：5，臺北，1959.09.01。

132. 傅正，〈珞珈山在暴風雨前夕的寧靜〉，收入：董鼐（主編），《學府紀聞》，第7冊：國立武漢大學，臺北：南京出版有限公司，1981。

133. 傅正，〈疾雷破山風震海！——寫在《雷震文選》前面〉，收入：傅正（主編），《雷震全集(13)——雷震文選：雷震與自由中國》，臺北：桂冠圖書公司

，1989。

134. 傅正，〈高舉黨外的民主旗幟前進——一篇未對外發表的民進黨創黨宣言〉，收入：傅正，《傅正文選（3）：為中國民主黨‧民主進步黨戰鬥》，臺北：傅正自印，1989。

135. 傅正，〈國民黨的政黨觀——不要再走革命政黨的死路〉，《前瞻》，2，臺北，1983.11.16。

136. 傅正，〈國家主義與世界主義（上）〉，《自由中國》，13：6，臺北，1955.09.18。

137. 傅正，〈國家主義與世界主義（下）〉，《自由中國》，13：7，臺北，1955.10.01。

138. 傅正，〈國家要把人當人〉，《自由中國》，15：7，臺北，1956.10.01。

139. 傅正，〈從責任政治說到反對黨〉，《自由中國》，17：7，臺北，1957.10.01。

140. 傅正，〈從速實施憲政體制下的地方體制——請從制定省縣自治通則開始〉，《民眾日報》，1985年6月7日。

141. 傅正，〈從蔣經國到雷震之路！——叫我如何不想他〉，收入：傅正（主編），《雷震全集（2）——雷震與我（2）》，臺北：桂冠圖書公司，1989。

142. 傅正，〈組黨救國下獄的第一天——1960年9月4日〉，《自立晚報》，1988年5月23-24日。

143. 傅正，〈莫謂書生空議論！——追憶中國民主憲政之母張君勱先生〉，《八十年代》，臺北，1986.02.06。

144. 傅正，〈傅正「誓為平反雷震案奮鬥到底」〉，收入：傅正，《傅正文選（3）：為中國民主黨‧民主進步黨戰鬥》，臺北：傅正自印，1989。

145. 傅正，〈傅正不服警總非法裁定之「軍法抗告書狀」——第一次非法感化部分〉，收入：傅正，《傅正文選（1）：對一黨專政開火》，臺北：傅正自印，1989。

146. 傅正，〈傅正先生臨終遺言〉，收入：宋英（等），《傅正先生紀念集》，臺北：桂冠圖書公司，1991。

147. 傅正，〈傅正對警總「聲請書」「答辯書狀」——第一次非法感化部分〉，收入：傅正，《傅正文選（3）：為中國民主黨‧民主進步黨戰鬥》，臺北：傅正自印，1989。

148. 傅正，〈傅正臨終留言（完整版）〉（未刊稿）。

149. 傅正，〈黃克強先生紀念會引起的感觸〉，《中華雜誌》，11：12，臺北，

1973.12。

150. 傅正,〈敬悼郭雨新先生〉,《八十年代》,79,臺北,1985.08.17。

151. 傅正,〈雷震《回憶錄》的歷史意義〉,《當代》,29,臺北,1988.09。

152. 傅正,〈雷震比活人更活——寫在《雷震與我》前面〉,收入:傅正(主編)
,《雷震全集(1)——雷震與我(1)》,臺北:桂冠圖書公司,1989。

153. 傅正,〈團結、組黨、爭民主——為紀念郭雨新先生逝世一週年而寫〉,收
入:郭惠娜、林衡哲(編),《郭雨新紀念文集》,臺北:前衛出版社,
1989。

154. 傅正,〈對本屆地方選舉的檢討〉,《自由中國》, 16:9,臺北,
1957.05.01。

155. 傅正,〈對殷海光先生的一段懷念〉,收入:林正弘(主編),《殷海光全
集(18):殷海光紀念集》,臺北:桂冠圖書公司,1990。

156. 傅正,〈種籽發芽了!——雷震案的歷史意義〉,《自立晚報》,1988年10
月13日。

157. 傅正,〈維護憲政,何需「法統」?〉,《前瞻》,1,臺北,1983.10.14。

158. 傅正,〈寫在「二二八事件」四十週年〉,《遠望》,1,臺北,1987.03.20。

159. 傅正,〈寫在前面的幾句話〉,收入:傅正(主編),《雷震全集(3)——雷
震風波:雷案始末(1)》,臺北:桂冠圖書公司,1989。

160. 傅正,〈請支持我為民主而戰!——寫在「開火」、「挑戰」、「戰鬥」三本
文選前面〉,收入:傅正,《傅正文選(1):對一黨專政開火》,臺北:
傅正自印,1989。

161. 傅正,〈「憲法」的文盲——給內政部長和立法委員上一課〉,《八十年代》
,85,臺北,1985.10.03。

162. 傅正,〈憑什麼將我連續兩次感化?——對國民黨的一點公開控訴〉,收入
:傅正(主編),《雷震全集(5)——雷震風波:雷案始末(3)》,臺北:
桂冠圖書公司,1989。

163. 傅正,〈護憲乎?毀憲乎?——望國大代表作明智的抉擇!〉,《自由中國
》,22:4,臺北,1960.02.16。

164. 傅正,致程積寬函,1960年11月25日(未刊稿)。

165. 勞榦,〈在時代風暴邊緣——胡適式自由主義的困境〉,《中國論壇》, 31
:3,臺北,1990.12.01。

166. 游盈隆,〈懷念傅正〉,「傅正先生逝世15周年紀念文」,http://blog.yam.
com/fuchen_yblog/article/6005084,擷取時間:2006.05.09。

167. 游錫堃，〈以民主自由為我們的最高認同：紀念傅正逝世十五週年〉，「傅正先生逝世15周年紀念文」，http://blog.yam.com/fuchen_yblog/article/6004644，擷取時間：2006.05.09。

168. 游錫堃，〈民主自由 我們的最高認同──紀念傅正先生逝世十五週年〉《聯合報》，2006年5月10日。

169. 短評，〈伍藻池闖下「言禍」〉，《自由中國》，19：12，臺北，1958.12.16。

170. 短評，〈谷鳳翔逍遙法外！〉，《自由中國》，20：3，臺北，1959.02.01。

171. 短評，〈撤銷警備總司令部！〉，《自由中國》，20：1，臺北，1959.01.01。

172. 程積寬，〈我所知道傅正先生的軼事〉（未刊稿）。

173. 賀德芬，〈典型在夙昔，來者猶可追〉，收入：宋英（等），《傅正先生紀念集》，臺北：桂冠圖書公司，1991。

174. 黃卓權（編），〈傅正先生大事年表〉（未刊稿）。

175. 黃卓權，〈永遠懷念的傅中梅老師〉，「傅正先生逝世15周年紀念文」，http://blog.yam.com/fuchen_yblog/article/6004126，擷取時間：2006.05.15。

176. 黃怡，〈市場邊的哲學家──憶傅正〉，收入：宋英（等），《傅正先生紀念集》，臺北：桂冠圖書公司，1991。

177. 黃信介，〈終生為民主奮鬥而不悔──追念傅正先生〉，收入：宋英（等），《傅正先生紀念集》，臺北：桂冠圖書公司，1991。

178. 黃俊傑，〈思想史方法論的兩個側面〉，收入：杜維運、黃俊傑（編），《史學方法論文選集》，臺北：華世出版社，1987。

179. 黃昭弘，〈悼念 傅正老師〉，收入：東吳大學政治學系（編輯），《自由、民主與認同──傅正老師逝世15週年紀念座談會》，臺北：東吳大學政治學系，2006。

180. 黃昭弘，〈悼念傅正老師〉，收入：宋英（等），《傅正先生紀念集》，臺北：桂冠圖書公司，1991。

181. 黃榮源，〈憶我的人生導師──傅中梅〉，收入：東吳大學政治學系（編輯），《自由、民主與認同──傅正老師逝世15週年紀念座談會》，臺北：東吳大學政治學系，2006。

182. 黃爾璇，〈憶念與傅正先生共事的一段雪泥鴻爪〉，收入：宋英（等），《傅正先生紀念集》，臺北：桂冠圖書公司，1991。

183. 葉欣怡，〈臺獨論述與民進黨轉型〉，臺北：國立臺灣大學社會學研究所碩士論文，2001。

184. 裴佩恩，〈戰後臺灣政治犯的法律處置〉，臺北：臺灣大學法律研究所碩

士論文，1997。

185. 雷震，〈人心！人心！人心！——從臺中縣、臺南市、雲林縣事例說到唐
秘書長和田部長的談話〉，《自由中國》，22：8，臺北，1960.04.16。

186. 雷震，〈國民黨早以陳懷琪為迫害雷震工具〉，收入：傅正（主編），《雷
震全集(11)——雷震回憶錄：雷案回憶(1)》，臺北：桂冠圖書公司，
1990。

187. 雷震，〈敬向國大代表同仁說幾句話〉，《自由中國》，22：5，臺北，
1960.03.01。

188. 雷震〈「雷震給蔣氏父子等五人的「救亡圖存獻議」〉，收入：《雷震全集(
27)——雷震特稿：給蔣氏父子的建議與抗議》，臺北：桂冠圖書公司，
1990。

189. 監察院雷案調查小組，〈監察院雷案調查小組報告〉，《聯合報》，1961年
3月10日。

190. 臺灣警備總司令部（編），〈傅正匪嫌案偵查報告表〉，收入：陳世宏、張
世瑛、許瑞浩、薛月順（編），《雷震案史料彙編：國防部檔案選輯》，臺
北：國史館，2002。

191. 臺灣警備總司令部，〈總統府軍事會談報告參攷資料〉，收入：《臺北市
二二八紀念館活動成果（2000-2001）》，臺北：臺北市二二八紀念館，
2001。

192. 趙寧靜（訪問），〈訪費希平談組黨的心路歷程〉，收入：費希平，《理想
與期待——民主政治家費希平先生言論集》，臺北：費希平發行，1990。

193. 劉熙明，〈蔣中正與蔣經國在戒嚴時期「不當審判」中的角色〉，《臺灣史
研究》，6：2，臺北：中央研究院臺灣史研究所籌備處，2000.10。

194. 蔣中正（演講），〈保障人權及言論自由各問題〉，收入：秦孝儀（主編），
《先總統 蔣公思想言論總集》，卷26，臺北：國民黨中央委員會黨史委
員會，1984。

195. 鄭欽仁，〈龍與意識形態之論爭〉，收入：鄭欽仁，《生死存亡年代的臺
灣》，臺北：稻鄉出版社，1989。

196. 選舉改進座談會，〈選舉改進座談會的聲明〉，22：12，臺北，1960.06.16。

197. 選舉改進座談會，〈選舉改進座談會鄭重要求內政部長連震東公開答覆〉
，23：1，臺北，1960.07.01。

198. 薛化元（訪問），薛化元（紀錄），〈胡學古先生訪問紀錄〉（2002年12月24
日，訪於臺北市胡宅），收入：許雪姬（編），《「戒嚴時期政治案件」專

題研討會論文暨口述歷史紀錄》，臺北：財團法人戒嚴時期不當叛亂暨匪諜審判案件補償基金會，2003。

199. 薛化元，〈《自由中國》「反對黨」主張的歷史考察〉，《臺灣風物》，45：4，臺北，1995.12。

200. 薛化元，〈《自由中國》民主憲政史料的歷史意義〉，《臺灣史料研究》，8，臺北：財團法人吳三連臺灣史料基金會，1996.08。

201. 薛化元，〈《自由中國》對中央政府體制主張的分析（1949-1960）──臺灣自由主義思想的一個考察〉，收入：李鴻禧教授六秩華誕祝賀論文集編輯委員會（編輯），《現代國家與憲法：李鴻禧教授六秩華誕祝賀論文集》，臺北：月旦出版社，1997。

202. 薛化元，〈《自由中國》雜誌自由民主理念的考察──1950年代臺灣思想史研究之一〉，《臺灣史研究》，2：1，臺北：中央研究院臺灣史研究所，1995.06。

203. 薛化元，〈中央民意代表延任與臺灣本土政治精英的態度：以「五龍一鳳」為中心（1950-1969）〉，財團法人吳三連臺灣史料基金會等（主辦），「邁向21世紀的臺灣民族與國家」研討會，1999年12月21、22、23日。

204. 薛化元，〈從「反共擁蔣」掛帥到人權意識的抬頭──《自由中國》與執政當局互動關係的一個歷史考察〉，《法政學報》，5，臺北，1996.01。

205. 薛化元，〈雷震與中華民國的國家定位〉，收入：胡健國（主編），《20世紀臺灣歷史與人物──第6屆中華民國史專題論文集》，臺北：國史館，2002。

206. 薛化元，〈臺灣（臨時）省議會對地方自治改革的主張──以五龍一鳳為中心的討論〉，收入：臺灣省諮議會（編輯），《「深化臺灣民主、促進地方建設」學術研討會會議論文集》，臺中：臺灣省諮議會，2004。

207. 薛化元，〈臺灣自由主義思想發展的歷史考察（1949-60）：以反對黨問題為中心〉《思與言》，34：3，臺北，1996.09。

208. 薛化元，〈臺灣獨立理論的不同歷史發展面向──代導論〉，收入：莊萬壽（主編），《臺灣獨立的理論與歷史》，臺北：前衛出版社，2002。

209. 薛化元，〈戰後十年臺灣的政治初探（1945-1955）──以國府在臺統治基盤的建立為中心〉，收入：張炎憲（總編輯），《二二八事件研究論文集》，臺北：吳三連臺灣史料基金會，1998。

210. 薛化元、楊秀菁，〈強人威權體制的建構與轉變（1949-1992）〉，收入：李永熾，張炎憲，薛化元（主編），《人權理論與歷史論文集》，臺北：國

史館，2004。

211. 謝長廷，〈帶領臺灣走向自由民主進步之路的旗手〉，「傅正先生逝世15周年紀念文」，http://blog.yam.com/fuchen_yblog/article/6006931，擷取時間：2006.05.09。

212. 謝學賢，〈敢於身體力行的雷震〉，收入：傅正（主編），《雷震全集（2）——雷震與我（2）》，臺北：桂冠圖書公司，1989。

213. 瞿海源，〈民主的逆流〉，《中國時報》，2003年8月3日。

214. 轟華苓，〈雷震說：我有何罪？（上）〉，《中國時報》，1996年7月1日。

215. 顏淑芳，〈自由中國半月刊的政黨思想〉，臺北：中國文化大學政治學研究所碩士論文，1989。

216. 魏誠，〈自由中國半月刊內容演變與政治主張〉，臺北：國立政治大學新聞研究所碩士論文，1984。

217. 蘇瑞鏘，〈《自由中國》〉，收入：國史館，「國家歷史資料庫——戰後臺灣的發展」專題：「民主運動的萌芽與挫折」詞條（國史館即將公開的網路資料庫）。

218. 蘇瑞鏘，〈「中國民主黨」組黨運動之研究〉，臺北：國立臺灣師範大學歷史研究所碩士論文，1995。

219. 蘇瑞鏘，〈1950年代臺灣民主發展史〉，《歷史教學新視界》，1，臺南：南一書局，2005.11。

220. 蘇瑞鏘，〈中國民主黨〉，收入：國史館，「國家歷史資料庫——戰後臺灣的發展」專題：「民主運動的萌芽與挫折」詞條（國史館即將公開的網路資料庫）。

221. 蘇瑞鏘，〈五龍一鳳〉，收入：國史館，「國家歷史資料庫——戰後臺灣的發展」專題：「民主運動的萌芽與挫折」詞條（國史館即將公開的網路資料庫）。

222. 蘇瑞鏘，〈反對黨問題〉，收入：國史館，「國家歷史資料庫——戰後臺灣的發展」專題：「中央體制的變革」詞條（國史館即將公開的網路資料庫）。

223. 蘇瑞鏘，〈民主與傳統的辯證——1950年代後期臺港自由主義者與新儒家的論戰以及研究方向初探〉，《彰中學報》，24，彰化：國立彰化高中，2007.01。

224. 蘇瑞鏘，〈白色恐怖與轉型正義——戰後臺灣政治人權侵害案件的研究意義與相關資料介紹〉，《彰中學報》，24，彰化：國立彰化高中，2007.01。

225. 蘇瑞鏘，〈地方選舉改進座談會〉，收入：國史館，「國家歷史資料庫——

戰後臺灣的發展」專題：「民主運動的萌芽與挫折」詞條（國史館即將公開的網路資料庫）。

226. 蘇瑞鏘，〈自由的鬥士——雷震與傅正〉，錢穆故居（主辦），「文化講座人文對談（系列一）：自由的鬥士——雷震與傅正」與談稿（未刊），2006年7月1日。

227. 蘇瑞鏘，〈戒嚴時期政治案件的法律處置對人權的侵害——以1960年的雷震案為中心〉，國史館（主辦），「中華民國史專題第8屆討論會：臺灣1950-1960年代的歷史省思」會議論文，2005年11月25日。

228. 蘇瑞鏘，〈國民黨長期戒嚴論述的歷史省思〉，東森新聞報（ETtoday），2007年7月21日，http://www.ettoday.com/2007/07/21/142-2129282.htm，擷取時間：2007年7月21日。

229. 蘇瑞鏘，〈從「擁蔣」到「批蔣」——雷震自由精神之形成、暫抑與再現〉，收入：毛慶禎、洪健榮、李逸峰（編），《尹章義教授還曆紀念論文集》（將出版）。

230. 蘇瑞鏘，〈救亡與啟蒙的辯證——1950年代雷震與國民黨當局分合關係之探討〉，《彰中學報》，23，彰化，2002.04。

231. 蘇瑞鏘，〈傅正〉，收入：國史館，「國家歷史資料庫——戰後臺灣的發展」專題：「民主運動的萌芽與挫折」詞條（國史館即將公開的網路資料庫）。

232. 蘇瑞鏘，〈傅正的選擇〉，《自由時報》，2006年5月11日。

233. 蘇瑞鏘，〈傅正傳〉，《國史館館刊》，復刊39，臺北，2005.12。

234. 蘇瑞鏘，〈傅正傳——以參與戰後臺灣民主運動為中心〉，收入：《中華民國史稿：國史擬傳》，第12輯，臺北：國史館，將出版。

235. 蘇瑞鏘，〈傅正與1950年代臺灣民主運動——以「《自由中國》半月刊」和「『中國民主黨』組黨運動」為中心〉，國史館（主辦），「中華民國史專題第7屆討論會：20世紀臺灣民主發展」會議論文，2003年9月24-26日。收入：胡健國（主編），《20世紀臺灣民主發展：第7屆中華民國史專題論文集》，臺北：國史館，2004。

236. 蘇瑞鏘，〈評介任育德，《雷震與臺灣民主憲政的發展》〉，《近代中國史研究通訊》，33，臺北：中央研究院近代史研究所，2002.03。

237. 蘇瑞鏘，〈超越黨籍、省籍與國籍——傅正參與戰後臺灣民主運動的三個超越〉，東吳大學政治學系（主辦），「自由、民主與認同——傅正老師逝世15週年」會議論文，2006年5月10日。收入：東吳大學政治學系（編輯），《自由、民主與認同——傅正老師逝世15週年》，臺北：東吳大學政治

學系，2006。

238. 蘇瑞鏘，〈雷震、《自由中國》與「中國民主黨」組黨運動〉，《社會新天地》，5，臺北：龍騰文化，2003.09。

239. 蘇瑞鏘，〈雷震〉，收入：國史館，「國家歷史資料庫——戰後臺灣的發展」專題：「民主運動的萌芽與挫折」詞條（國史館即將公開的網路資料庫）。

240. 蘇瑞鏘，〈臺灣（臨時）省議會「五龍一鳳」對結社權的態度——以「中國地方自治研究會」為中心〉，臺灣省諮議會（主辦），「深化臺灣民主、促進地方建設」學術研討會會議論文，2004年10月3日。收入：臺灣省諮議會（編輯），《「深化臺灣民主、促進地方建設」學術研討會會議論文集》，臺中：臺灣省諮議會，2004。

241. 蘇瑞鏘，〈臺灣戒嚴時期政治案件中「非軍人交付軍事審判」之爭議——以雷震案為例〉，國立政治大學歷史學系、國立政治大學臺灣史研究所、國立政治大學文學院中國近代史研究中心、日本東京大學大學院總合文化研究科、國立國父紀念館（主辦），「第二屆近代中國思想與制度學術討論會」學術研討會會議論文，2005年10月22日。

242. 蘇瑞鏘，〈臺灣戰後政黨政治的拓荒者——雷震〉，收入：李筱峰、莊天賜（編），《快讀臺灣歷史人物(2)》，臺北：玉山社，2004。

243. 蘇瑞鏘，〈臺灣警備總司令部〉，收入：國史館，「國家歷史資料庫——戰後臺灣的發展」專題：「民主運動的萌芽與挫折」詞條（國史館即將公開的網路資料庫）。

244. 蘇瑞鏘，〈戰後臺灣「外省」籍自由主義者國家定位的轉折——傅正個案研究〉（題目暫訂），將宣讀於：國史館（主辦），「中華民國史專題第9屆討論會：戰後檔案與歷史研究」學術研討會，2007年11月29-30日。

245. 蘇瑞鏘，〈戰後臺灣自由主義與民族主義的辯證——以「外省籍」自由主義者傅正的國家定位為中心〉，2004年完成，未刊稿。

246. 蘇瑞鏘，〈戰後臺灣戒嚴時期政治案件之研究〉，國立政治大學歷史學系博士論文研究計劃（2005年6月13日），未刊稿。

247. 蘇瑞鏘，〈戰後臺灣歷史發展「動因」與「脈絡」的再思考——以「中國民主黨」組黨運動為中心〉，現代學術研究基金會（主辦），「戰後臺灣歷史省思」學術研討會會議論文，2004年12月25日。收入：現代學術研究基金會，《現代學術研究（專刊13）——戰後臺灣歷史省思》，臺北：現代學術研究基金會，2004。

248. 蘇瑞鏘，〈懲治叛亂條例〉，收入：國史館，「國家歷史資料庫──戰後臺灣的發展」專題：「民主運動的萌芽與挫折」詞條（國史館即將公開的網路資料庫）。

249. 闞正宗、蘇瑞鏘，〈臺南開元寺僧證光（高執德）的「白色恐怖」公案再探〉，中央研究院近代史研究所兩岸發展研究群（主辦），「冷戰初期的海峽兩岸」會議論文，2004年9月10日。收入：《中華人文社會學報》，2，新竹：中華大學人文社會學院，2005.03。

250. 顧忠華，〈自由的真義──紀念傅正先生逝世十五週年〉，收入：東吳大學政治學系（編輯），《自由、民主與認同──傅正老師逝世15週年》，臺北：東吳大學政治學系，2006。

（四）報紙、雜誌

1. 《八十年代》
2. 《中央日報》
3. 《中國人物》
4. 《中國先驅》
5. 《中國論壇》
6. 《公論報》
7. 《民眾日報》
8. 《民進報》
9. 《自由中國》
10. 《自由時報》
11. 《自立早報》
12. 《自立晚報》
13. 《東吳青年》
14. 《社會新天地》
15. 《青年人》
16. 《前瞻》
17. 《政治家》
18. 《傳記文學》
19. 《臺灣光華雜誌》
20. 《臺灣時報》
21. 《遠望》
22. 《歷史月刊》
23. 《聯合報》

24.《關懷》

(五)網站

1. 中央社，http://www.cna.com.tw。
2. 文建會國家文化資料庫，http://nrch.cca.gov.tw/ccahome/about.jsp。
3. 民主進步黨，http://www.dpp.org.tw。
4. 東吳校友（網路電子報），http://www.scu.edu.tw/alumni/mgz/。
5. 東森新聞報（ETtoday），http://www.ettoday.com。
6. 南方電子報，http://www.esouth.org/modules/wordpress/。
7. 國史館，「民主的雷聲，人權的鬥士──雷震」網站：http://www.drnh.gov.tw/www/page/C/ray/main3-1.htm。
8. 傅正網站，http://blog.yam.com/fuchen。
9. 戰後臺灣歷史年表（學術版），http://twstudy.iis.sinica.edu.tw/twht/Professional。

(六)訪談記錄

1. 蘇瑞鏘（訪問、紀錄），〈宋文明先生訪問紀錄（1）〉（1995.03.26，於宋宅）。
2. 蘇瑞鏘（訪問、紀錄），〈陳信傑訪問紀錄〉（2006.04.24，於臺北市衡陽路居仁餐廳）。
3. 蘇瑞鏘（訪問、紀錄），〈楊順德先生訪問紀錄〉（2006.05.01，於臺北縣汐止楊宅）。
4. 蘇瑞鏘（訪問、紀錄），〈梁學渡先生訪問紀錄〉（2006.05.08，於臺北市集智館）。
5. 蘇瑞鏘（訪問、紀錄），〈陳瑞崇先生訪問紀錄〉（2006.05.10，於東吳大學外STARBUCKS）。
6. 蘇瑞鏘（訪問、紀錄），〈林朝億先生訪問紀錄〉（2006.05.15，於臺北林宅）。
7. 蘇瑞鏘（訪問、紀錄），〈黃怡女士訪問紀錄〉（2006.05.21，於臺北市Lamour烘培坊）。
8. 蘇瑞鏘（訪問、紀錄），〈張世忠先生訪問紀錄〉（2006.06.05，於海基會經貿處）。
9. 蘇瑞鏘（訪問、紀錄），〈黃爾璇先生訪問紀錄〉（2006.08.22，於臺北中和黃宅）。
10. 蘇瑞鏘（訪問、紀錄），〈黃卓權先生訪問紀錄〉（2006.08.24，於新竹關西黃宅）。
11. 蘇瑞鏘（訪問、紀錄），〈宋文明先生訪問紀錄（2）〉（2007.06.05，於臺北

市YMCA一樓餐廳）。

12. 蘇瑞鏘（訪問、紀錄），〈傅山河先生訪問紀錄（1）〉（2007.06.19，電話訪問）。

13. 蘇瑞鏘（訪問、紀錄），〈陳宏正先生訪問紀錄〉（2007.07.04，通信訪問）。

14. 蘇瑞鏘（訪問、紀錄），〈姚嘉文先生訪問紀錄〉（2007.07.08，於彰化市南北管音樂戲曲館）。

15. 蘇瑞鏘（訪問、紀錄），〈周清玉女士訪問紀錄〉（2007.07.14，於彰化市寓所）。

16. 蘇瑞鏘（訪問、紀錄），〈傅山河先生訪問紀錄（2）〉（2007.07.24，電話訪問）。

二、英文

Chen, Chun-kai, "The Problem of the KMT's assets, from the Perspective of Transitional Justice", *International Conference on the Comparative Studies of Transitional Justice,* Taipei: Taiwan Thinktank, July 28, 2007.

Dahl, Robert A , eds., *Political Oppositions in Western Democracies,* New Haven: Yale University Press, 1966.

Duverger, Maurice, *Political Parties: Their Organization and Activity in the Modern State,* New York: John Wiley & Sons, 1959.

Held, David, *Models of democracy,* CA: Stanford University Press, 1987.

Teitel, Ruti G., *Transitional Justice,* New York: Oxford University Press, 2000.

Townson, *Duncan, ed., Dictionary of Modern History 1789-1945*, London: Penguin Books, 1994.

Turk, Austin T., *Political Criminality: The Defiance and Defense of Authority*, California: Sage Publications, 1982.

Wu, Nai－Teh , "The Politics of a Regime Patronage System: Mobilization and Control within an Authoritarian Regime", Chicago: University of Chicago PH.D. Dissertation, 1987.

國家圖書館出版品預行編目資料

超越黨籍、省籍與國籍：傅正與戰後台灣民主運動 /
蘇瑞鏘著. -- 初版. -- 台北市：前衛, 2008. 01
352面；15x21公分
ISBN 978-957-801-562-3（精裝）
1. 傅正 2. 台灣政治 3.民主運動 4.政黨

576.24   96019196

超越黨籍、省籍與國籍
——傅正與戰後臺灣民主運動

著　　者　蘇瑞鏘
責任編輯　周俊男
出 版 者　前衛出版社
　　　　　11261 台北市關渡立功街79巷9號
　　　　　Tel: 02-28978119　Fax: 02-28930462
　　　　　郵撥帳號：05625551
　　　　　E-mail: a4791@ms15.hinet.net
　　　　　http://www.avanguard.com.tw
出版總監　林文欽
法律顧問　南國春秋法律事務所 林峰正律師
出版日期　2008年1月初版一刷
總 經 銷　紅螞蟻圖書有限公司
　　　　　台北市內湖舊宗路二段121巷28.32號4樓
　　　　　Tel: 02-27953656　Fax: 02-27954100

©Avanguard Publishing House 2007

Printed in Taiwan　ISBN 978-957-801-562-3

定　　價　新台幣 350元

※封面照片經中研院近史所檔案館授權使用